스포츠인문학

저자 옥 광

충북대학교 출판부

책을 내면서,

이 교재 스포츠인문학은 스포츠를 단순한 신체적 활동이나 오락으로 보는 기존의 관점에서 벗어나, 그것이 인류 역사와 문화, 그리고 철학적 사고와 어떤 관계를 맺어왔는지를 탐구하고자 한 시도이다. 스포츠인문학은 스포츠를 매개로 인간다움의 본질을 이해하고, 사회적, 문화적 가치와 스포츠 간의 상호작용을 밝히는 학문적 접근을 포함한다. 이를 통해 스포츠는 단순한 경쟁의 장을 넘어, 인간 삶의 깊이를 탐구하는 독특한 장으로 자리매김한다.

스포츠인문학의 개념은 다양한 학문적 분야가 융합된 결과물이다. 체육학은 스포츠의 기술적, 신체적 수행에 중점을 두는 반면, 인문학은 스포츠의 철학적, 역사적, 사회적 의미를 탐구한다. 이러한 융합적 접근은 스포츠를 인간 경험의 복합적 산물의 일부로 분석하며, 특히 현대 사회에서 스포츠가 어떤 방식으로 개인과 집단의 정체성을 형성하고 있는지를 밝힌다. 스포츠는 신체적 역량의 발현을 넘어, 사회적 규범과 윤리를 재정립하며, 새로운 미적 경험을 제공하는 인류의 독특한 활동이다.

현재 스포츠인문학은 스포츠의 역사적 발전, 철학적 기초, 윤리적 딜레마를 비롯하여 스포츠와 정치, 미디어, 젠더, 환경 간의 관계를 분석하는 데 초점을 맞추고 있다. 이러한 연구는 스포츠가 현대 사회에서 수행하는 역할을 보다 깊이 이해하고, 이를 통해 스포츠의 미래 방향성을 제시하고자 한다. 이 책에서는 스포츠의 다양한 역사적 맥락과 윤리적 문제를 탐구하며, 동시에 독자들이 스포츠를 통해 인간의 본질과 사회적 관계를 이해할 수 있도록 돕고자 한다.

스포츠인문학의 발전은 스포츠와 인간 삶의 다양한 연결고리를 조명하는 데 중점을 둔다. 이 책은 스포츠의 역사적 기원을 살펴보고, 고대부터 현대에 이르는 스포츠의 발전 과정을 논의한다. 특히 고대 올림픽과 현대 올림픽의 비교를 통해 스포츠가 사회와 문화의 변화를 어떻게 반영했는지를 밝히고자 한다. 또한 스포츠가 철학적 질문, 윤리적 딜레마, 그리고 미적 경험과 어떻게 연결되는지를 탐구하며, 스포츠의 다층적 의미를 분석한다.

본 서적의 집필과 출판 과정에서 물심양면으로 지원을 아끼지 않은 충북대학교 출판부에 깊은 감사를 드리며, 집필 과정에서 변함없는 격려와 지원을 아끼지 않은 가족들에게도 깊은 감사의 말을 전한다.

앞으로도 스포츠인문학이 학문적, 실천적 가치를 확장하며 다양한 독자들에게 영감을 줄 수 있기를 희망하며, 이 책이 독자들에게 스포츠와 인간 삶의 관계를 깊이 이해하는 데 유용한 도구가 되기를 바란다.

2025년 2월

개신골 연구실에서

옥 광

차 례

I 스포츠인문학 개관

1. 스포츠인문학의 개념

스포츠인문학은 '스포츠'와 '인문학'의 합성어로, 스포츠를 인간의 문화적, 역사적, 철학적 맥락에서 이해하고 연구하는 학문 분야를 의미한다. 스포츠는 신체적 활동을 포함한 경쟁적, 놀이적 요소를 지닌 활동으로 정의되며, 인문학은 인간의 경험과 존재를 탐구하는 학문 분야로서 문학, 역사, 철학, 예술 등을 포함한다(이학준, 2010).

스포츠는 일정한 규칙에 따라 개인이나 단체끼리 신체적 역량 즉 속력, 지구력, 기능 등을 겨루는 활동으로, 신체 활동을 비롯하여 도구나 동물의 힘을 빌려 하는 여러 운동과 게임을 포함한다. 스포츠는 영어에서 온 외래어로 본래 여가를 뜻하는 옛 프랑스어 'desport'에서 유래한 단어이다. 한국에서는 운동경기라고 불리기도 한다. 스포츠는 운동에 참여하는 사람의 수와 형태에 따라 개인 운동과 단체 운동으로 나뉜다(강현희, 2024).

인문학은 인간과 인간의 근원 문제, 인간의 문화에 관심을 갖거나 인간의 가치와 인간만이 지닌 자기 표현 능력을 바르게 이해하기 위한 종합적인 연구 방법에 관심을 갖는 학문 분야로서, 인간의 사상과 문화에 관해 탐구하는 학문이다. 인문학은 자연과학과 사회과학이 경험적인 접근을 주로 사용하는 것과 달리, 분석적이고 비판적이며 사변적인 방법을 폭넓게 사용한다. 서양에서 인문학에 대한 연구는 시민들에 대한 광범위한 교육의 기준으로서, 고대 그리스까지 거슬러 올라갈 수 있다. 로마 시대 동안에, 4과(음악, 기하, 산술, 천문)와 함께, 3학(문법, 수사, 논리)을 포함하여, 7가지의 자유 인문 학문의 개념이 만들어졌다(이학준, 2008).

스포츠인문학은 스포츠를 단순한 신체 활동으로 보는 것을 넘어, 인간의 삶과 문화, 사회적 맥락에서 그 의미와 가치를 탐구한다. 이를 통해 스포츠가 인간의 정체성, 사회적 관계, 문화적 표현 등과 어떻게 연결되는지를 분석하며, 스포츠를 통한 인간의 삶의 질 향상과 사회적 통합에 기여하는 방안을 모색한다(이학준, 2010). 이러한 접근은 스포츠를 단순한 오락이나 신체 활동으로 한정짓지 않고, 인간의 삶과 문화 전반에 걸친 깊은 이해를 추구하는 데 중점을 둔다. 따라서 스포츠인문학은 스포츠의 다양한 측면을 인문학적 관점에서 분석하고, 이를 통해 스포츠의 사회적, 문화적 역할을 재조명하는 데 기여한다(강현희, 2024).

스포츠인문학은 스포츠를 단순히 신체적 활동이나 경기로서가 아닌, 인간의 삶과 문화를 탐구하는 중요한 수단으로 보는 학문적 접근이다. 스포츠는 인류 역사에서 개인과 사회를 연결하는 매개체였으며, 스포츠인문학은 이를 학문적으로 탐구하여 인간다움과 사회적 상호작용의 본질을 밝히는 데 중점을 둔다. 스포츠인문학의 개념을 이해하기 위해서는 체육학과 인문학의 융합적 특성을 명확히 하고, 스포츠가 문화적, 철학적, 그리고 사회적 의미에서 어떤 가치를 지니는지 이해하는 것이 필요하다(김동규, 2002).

스포츠인문학 20세기 후반부터 21세기 초에 본격적으로 학문적 주목을 받기 시작했다. 특히 1980년대 이후 스포츠의 대중화와 함께 스포츠의 사회적, 문화적 의미를 깊이 연구하려는 움직임이 본격화 되면서 부터였다고 볼 수 있다. 스포츠인문학이 대두된 배경은 스포츠가 단순한 신체 활동을 넘어 대중문화, 미디어, 상업적 활동과 밀접하게 연결되면서 스포츠의 사회적 역할과 의미를 재조명할 필요성이 생겼기 때문이며, 스포츠가 국가적 정체성이나 사회적 연대, 젠더 및 인종 문제를 다루는 중요한 문화적 활동과 분석의 척도가 되었기 때문이다. 아울러 전통적인 스포츠과학으로는 스포츠의 철학적, 역사적, 윤리적 문제를 해석하는 한계가 드러났기 때문에 인문학, 사회학, 철학과 같은 분야와의 융합을 통해 노력이 나타났기 때문이다. 스포츠의 사회문화적 역할의 증대도 스포츠인문학의 출현에 큰 몫을 했다고 볼 수 있다. 미래 스포츠의 다양한 문제를 이해하고 비판적으로 분석이 요구되면서 스포츠인문학은 그 해결의 학문적 틀이 되었다(최의창, 2010). 국내에서는 2000년대 이후 스포츠의 사회문화적 가치에 대한 학문적 논의가 활성화되었고, 올림픽과 아시안게임과 같은 국제 스포츠 대회의 유치와 개최가 스포츠와 문화의 관계를 재조명하는 계기가 되어 스포츠역사와 철학 및 윤리등에 대한 연구가 스포츠인문학으로 발전하는 데 중요한 역할을 한 것으로 판단된다. 스포츠인문학은 스포츠가 단순한 경쟁을 넘어 인간 존재와 사회를 탐구하는 중요한 매개체임을 인식하면서 지속적으로 발전해 왔다. 이를 통해 스포츠가 가지는 다층적인 의미를 더욱 깊이 이해하고, 사회적 문제를 해결하는 데 기여하고 있다고 볼 수 있는 것이다.

스포츠인문학은 체육학과 인문학의 교차점에서 발전한 학문이다. 체육학이 스포츠의 신체적 수행과 그 기술적 측면을 주로 다루는 반면, 인문학은 인간의 본질적 가치와 문화적 맥락에서 스포츠를 탐구한다. 이러한 융합적 접근은 스포츠를 단순한 경기로서가 아니라 인간 경험의 중요한 일부로 탐구하도록 이끈다. 예를 들어, 스포츠는 인간이 신체적 한계를 극복하고, 사회적 목표를 달성하며, 문화적 정체성을 형성하는 데 중요한 역할을 한다(신현규, 2012). 이러한 맥락에서 스포츠인문학은 스포츠가 인간의 삶에서 어떻게 의미를 가지며, 다양한 사회적 및 문화적 요소와 상호작용하는지 분석하는 학문으로 자리 잡았다.

스포츠인문학의 중심적인 개념은 스포츠와 인간 경험 간의 깊은 연관성을 탐구하는 것이다. 스포츠는 단순한 신체 활동이 아니라, 인간의 정서와 감정을 표현하고, 사회적 관계를 구축하며, 문화적 정체성을 강화하는 중요한 수단이다(송형석, 2023). 이러한 맥락에서 스포츠인문학은 스포츠의 철학적, 역사적, 문학적 측면을 탐구하여 스포츠가 지닌 다층적 의미를 밝히고, 인간과 사회의 발전에 미치는 영향을 연구한다. 이는 스포츠를 통해 인간의 본질적 가치를 이해하고, 인간이 사회와 상호작용하는 방식을 분석하는 데 기여한다.

스포츠인문학의 철학적 기반은 스포츠가 제공하는 윤리적 딜레마와 미학적 경험을 중심으로 한다. 스포츠는 경쟁과 협력, 승리와 패배, 공정성과 불공정성이라는 다양한 윤리적 딜레마를 내포하고 있다(최의창, 2010). 예를 들어, 스포츠 경기에서의 승리는 개인의 노력과 기술의 결실일 뿐만 아니라, 팀과의 협력, 그리고 공정한 규칙 준수와 같은 윤리적 요소들이 결합된 결과이다. 이러한 점에서 스포츠는 인간의 도덕적 선택과 윤리적 판단을 필요로 하며, 스포츠인문학은 이러한 윤리적 문제들을 심도 있게 탐구한다.

또한, 스포츠는 인간 존재의 미적 경험과도 밀접하게 연결되어 있다. 스포츠에서의 신체적 표현은 인간의 미적 감각을 자극하며, 이는 스포츠를 예술적 행위로 볼 수 있는 근거가 된다. 예를 들어, 피겨 스케이팅이나 체조와 같은 종목은 신체의 아름다움과 기술적 완성도를 통해 관중에게 강력한 미적 경험을 제공한다. 스포츠인문학은 이러한 미적 측면을 탐구하여 스포츠가 인간의 미적 감각과 어떻게 상호작용하는지를 분석한다.

스포츠인문학의 역사적 측면은 스포츠가 시간과 공간을 초월하여 인간 사회의 발전에 기여한 방식을 탐구한다. 스포츠는 고대 그리스의 올림픽부터 현대의 글로벌 스포츠 이벤트에 이르기까지, 인간의 역사와 밀접하게 연관되어 있다(이호근, 2006). 고대 올림픽은 신성한 의식의 일부로서 인간의 신체적 탁월성을 기리며, 동시에 그리스 도시국가들 간의 평화와 연대를 상징했다. 근대 올림픽은 국가 간 화합과 경쟁의 장으로 발전하며, 스포츠를 통해 인간의 평화와 협력의 가능성을 상징하게 되었다(신현규, 2012). 이러한 역사적 맥락에서 스포츠인문학은 스포츠가 시대적 변화와 함께 어떻게 진화해 왔는지를 분석한다.

문학적 접근은 스포츠를 주제로 한 서사 작품을 통해 인간의 경험과 감정을 탐구한다. 스포츠 문학은 스포츠가 개인과 사회에 미치는 영향을 조명하며, 이를 통해 스포츠가 인간 삶의 중요한 부분임을 확인시킨다(최의창, 2010). 예를 들어, 야구나 축구와 같은 스포츠는 문학 작품 속에서 인간의 도전과 승리, 패배와 같은 경험을 통해 인간의 정체성과 사회적 관계를 탐구하는 소재로 자주 사용된다. 이러한 문학적 접근을 통해 스포츠인문학은 스포츠가 인간 경험에 미치는 영향을 심층적으로 분석한다.

스포츠인문학은 또한 스포츠가 사회적, 문화적 가치 창출의 중요한 매개체로서 기능하는 방식을 탐구한다. 스포츠는 사회적 통합과 연대를 촉진하며, 문화적 차이를 극복하고 다양한 집단 간의 이해를 증진하는 데 기여한다(송형석, 2023). 예를 들어, 패럴림픽은 스포츠가 장애인의 사회적 참여와 평등을 증진시키는 강력한 도구임을 보여준다. 이러한 맥락에서 스포츠는 단순한 신체적 활동을 넘어, 사회적 변화를 이끌어내는 중요한 역할을 한다.

스포츠인문학은 현대 사회에서의 스포츠의 역할과 중요성을 재조명하며, 이를 통해 인간의 본질적 가치를 탐구하고자 한다. 디지털 기술의 발전은 스포츠 경험을 확장하고 있으며, 가상현실(VR)과 증강현실(AR)은 스포츠 참여와 관람의 방식을 변화시키고 있다(최의창, 2010). 이러한 변화는 스포츠의 사회적, 문화적 역할을 재정의하며, 스포츠인문학이 다루어야 할 새로운 주제와 접근 방식을 제시한다.

결론적으로, 스포츠인문학은 스포츠가 인간과 사회에 미치는 다양한 영향을 탐구하고, 이를 통해 스포츠가 지닌 철학적, 역사적, 문학적 가치를 조명하는 학문이다. 스포츠인문학은 스포츠를 통해 인간다움을 이해하고, 스포츠가 개인과 사회의 발전에 기여하는 방식을 분석한다. 이는 스포츠가 단순한 신체적 활동을 넘어 인간 삶의 중요한 부분으로서 사회적, 문화적 가치를 창출하는 데 기여하는 중요한 학문적 접근이다.

2. 스포츠인문학의 분야, 내용 및 가치

스포츠인문학은 여러 학문적 영역을 포괄하며, 스포츠가 갖는 문화적, 사회적, 철학적 가치를 깊이 있게 탐구한다. 이러한 접근은 스포츠를 단순한 신체 활동 이상의 의미로 이해하게 하고, 스포츠가 갖는 다층적인 가치를 조명하는 데 기여한다. 스포츠인문학은 다양한 분야와 내용을 포함하며, 각 분야는 스포츠의 문화적, 철학적, 역사적, 사회적 측면을 강조하여 스포츠가 사회에서 수행하는 역할을 더욱 깊이 이해하는 데 중요한 역할을 한다.

스포츠문학은 스포츠인문학의 중요한 부분으로서, 스포츠를 소재로 한 문학적 작품을 통해 스포츠의 본질을 탐구하고 인간의 경험을 반영한다. 스포츠문학은 대개 스포츠를 중심으로 전개되는 서사를 통해 인간의 도전, 승리, 실패를 그리고, 이를 통해 인간의 정체성과 감정을 표현하는 중요한 수단이 된다(김동규, 2002). 예를 들어, 영화 '록키'는 권투 선수의 도전을 통해 인간의 불굴의 의지와 자아 극복의 서사를 잘 보여주며, '필드 오브 드림스'는 야구를 통해 가족 간의 화해와 꿈에 대한 믿음을 드러낸다. 스포츠가 어떻게 개인의 성취와 사회적 관계를 다루는지를 분석하며, 스포츠문학은 개인의 도전과 승리, 실패의 경험을 통해 인간 경험의 복잡성을 조명한다. 스포츠가 현대 사회에서 중요한 문화적 현상으로 자리 잡으면서 스포츠문학의 중요성도 점차 증가하고 있다. 이는 특히 미국에서 두드러지며, 스포츠문학은 문학 장르로서의 확고한 입지를 다지고 있다. 예를 들어, 헤밍웨이의 단편 소설 '청춘은 얼마나 슬픈가'는 투우라는 스포츠를 통해 인간의 내면적 갈등과 용기를 표현하며, 스포츠가 인간 경험을 얼마나 깊이 있게 탐구할 수 있는지를 잘 보여준다.

스포츠인문학의 또 다른 중요한 측면은 스포츠의 사회적 가치와 역할을 탐구하는 것이다. 스포츠는 단순한 경쟁이 아니라, 사회적 통합과 문화적 교류의 중요한 수단으로 여겨진다. 예를 들어, 패럴림픽은 스포츠가 사회적 통합과 평등을 추구하는 데 어떻게 기여할 수 있는지를 보여준다. 이러한 예시는 스포츠가 단순한 신체적 도전을 넘어서 사회적 변화를 이끌어낼 수 있는 힘을 지니고 있음을 시사한다. 또한, '검은 발자국(Black Power Salute)'으로 유명한 1968년 멕시코시티 올림픽에서 미국의 흑인 선수들이 시상대에서 인종 차별에 대한 항의로 주먹을 들어 올린 사건은 스포츠가 사회적 저항과 변화를 촉진하는 상징적 행동이 될 수 있음을 잘 보여준다.

스포츠인문학은 또한 스포츠가 사회적, 문화적 가치 창출의 중요한 매개체로서 기능하는 방식을 강조한다. 스포츠는 청소년의 인성 교육과 사회적 소수자의 권리 보장, 다양한 문화적 배경을 가진 사람들 사이의 상호 이해를 촉진하는 중요한 도구로 작용한다. 예를 들어, 브라질의 '펠라다(Pelada)' 문화는 경제적 여건에 구애받지 않고 누구나 즐길 수 있는 축구를 통해 사회적 연대와 공동체 의식을 형성하는 역할을 한다. 스포츠를 통해 형성되는 사회적 연대와 문화적 교류는 현대 사회에서 스포츠가 지닌 중요성을 더욱 부각시킨다(송형석, 2023). 이러한 사례는 스포츠가 단순한 오락 이상의 의미를 지니며, 다양한 사회적 배경을 가진 사람들 사이의 이해와 공감을 촉진하는 중요한 문화적 현상임을 시사한다.

스포츠철학은 스포츠인문학의 핵심 분야 중 하나로서, 스포츠가 지닌 윤리적 딜레마와 미학적 가치를 탐구한다. 스포츠는 경쟁과 협력, 승리와 패배, 공정성과 불공정성 같은 다양한 윤리적 문제를 내포하고 있다. 예를 들어, 스포츠 경기에서의 승리는 개인의 노력과 기술뿐 아니라 팀과의 협력, 공정한 규칙 준수 등 윤리적 요소들이 결합된 결과이다(최의창, 2010). 도핑 문제는 스포츠철학에서 특히 중요한 주제 중 하나로, 승리를 위해 약물을 사용하는 것이 과연 정당한가에 대한 윤리적 논의는 오늘날에도 계속되고 있다. 이는 공정한 경쟁과 스포츠 정신에 대한 사회적, 윤리적 질문을 던지며, 스포츠가 단순히 경기의 승패를 넘어서 인간의 도덕적 선택과 윤리적 판단을 필요로 하는 활동임을 시사한다. 또한, 미학적 관점에서 스포츠는 신체의 아름다움과 기술의 정교함을 통해 예술적 가치를 지니기도 한다. 예를 들어, 피겨 스케이팅이나 체조와 같은 스포츠는 신체적 기술과 예술적 표현이 결합된 형태로, 스포츠의 미학적 가치를 잘 보여준다.

스포츠인문학의 다양한 분야와 내용은 스포츠의 다층적인 의미를 이해하는 데 필수적이다. 스포츠는 단순한 신체적 수행을 넘어 문화적 상징이자 사회적 현상으로서 존재하며, 이러한 맥락에서 스포츠인문학은 스포츠가 사회적, 철학적, 문화적 맥락에서 어떤 가치를 지니는지를 탐구하는 학문적 기반을 제공한다. 이러한 탐구는 스포츠를 통한 인간의 본질적 가치를 이해하고, 스포츠가 인간 사회에서 수행하는 역할을 재조명하는 데 기여한다. 예를 들어, 일본의 고유한 전통 스포츠인 스모는 단순한 격투기가 아니라 일본 문화와 정신적 가치를 반영하는 상징적 의미를 지니고 있으며, 이러한 스포츠의 문화적 측면을 이해하는 것이 스포츠인문학의 중요한 목표 중 하나이다. 또한, 미국의 슈퍼볼은 스포츠 경기 이상의 의미를 지니며, 국민적 축제로 자리 잡음으로써 미국 사회의 문화적, 경제적, 정치적 측면을 이해하는 데 중요한 사례로 언급될 수 있다. 스포츠인문학은 이처럼 스포츠가 다양한 사회적, 문화적, 철학적 의미를 지니고 있음을 드러내며, 스포츠를 통해 인간과 사회를 이해하는 중요한 통찰을 제공한다.

3. 스포츠인문학의 연구동향

스포츠인문학의 연구동향은 다각적인 접근을 통해 스포츠의 사회적, 문화적 역할을 탐구하고, 다양한 학문적 관점에서 스포츠의 가치를 재조명하는 방향으로 발전해 왔다. 이러한 연구는 스포츠의 철학적, 사회적, 윤리적 측면에서 시작하여 스포츠와 관련된 다양한 사회적 문제를 다루는 데까지 그 영역이 확장되고 있다.

첫째, 스포츠문학의 발전과 연구는 스포츠인문학의 한 중요한 영역을 차지한다. 스포츠문학은 스포츠의 본질과 인간 경험의 복잡성을 탐구하는 수단으로, 특히 미국에서 활발하게 연구되고 있으며 국내에서도 점차 성장 가능성을 모색하고 있다. 스포츠문학은 스포츠소설, 스포츠시, 스포츠자서전, 스포츠에세이와 같은 다양한 장르를 통해 스포츠가 개인과 사회에 미치는 영향을 서사적으로 분석하며, 청소년 인성교육과 상처받은 마음의 치유에도 효과적으로 활용될 수 있는 가능성을 제시하고 있다(최의창, 2010).

둘째, 스포츠인문학 연구는 스포츠의 사회적 책임과 윤리적 문제에 대해 깊이 있는 탐구를 진행해 왔다. 스포츠사회철학 연구에서는 스포츠정책, 정의 실현, 청소년 문제, 스포츠 환경윤리, 편견과 차별 등의 주제를 다루며, 이러한 연구는 스포츠가 사회적 소외 현상을 극복하고 정의를 실현하는 데 기여할 수 있음을 강조하고 있다(강성민, 2013). 스포츠인권 연구 역시 스포츠 현장에서 발생하는 폭력, 성폭력, 차별 등의 문제를 다루며, 스포츠가 인권 보호와 평등을 촉진하는 중요한 도구로 작용할 수 있음을 제시하고 있다.

셋째, 스포츠인문학 연구에서는 사회생태학적 접근이 중요한 역할을 한다. 스포츠사회생태학 연구는 스포츠가 사회적 맥락 속에서 어떻게 수용되고 적용되는지를 탐구하며, 기존의 무비판적인 스포츠 수용에 대한 반성을 가능하게 하고, 향후 신체활동의 결정 요인들을 연구하는 데 중요한 이론적 틀을 제공한다(구강본, 2012). 이러한 접근은 스포츠가 단순한 신체 활동을 넘어 사회적 의미를 지닌 활동으로서, 다양한 사회적 요소와 어떻게 상호작용하는지를 이해하는 데 도움을 준다.

마지막으로, 스포츠인문학 연구의 미래 방향성은 학문적 융합과 실천적 발전에 있다. 체육인문학 연구는 이론 중심의 연구를 넘어 실제적인 체육 및 스포츠계의 발전에 기여해야 한다는 관점에서 접근하고 있으며, 이러한 입장은 체육철학 연구자들 사이에서 논의되고 있다(권욱동, 2002). 이는 스포츠인문학이 단순한 학문적 탐구를 넘어 스포츠 현장의 실제 문제를 해결하고, 스포츠의 사회적 역할을 강화하는 데 중점을 두고 있음을 의미한다.

스포츠인문학의 연구동향은 스포츠가 가진 다층적인 의미와 가치를 더욱 심도 있게 탐구하며, 이를 통해 스포츠가 사회에 기여하는 방식을 다각도로 조명하고 있다. 스포츠는 단순한 신체 활동을 넘어 인간다움, 사회적 연대, 문화적 통합을 촉진하는 중요한 도구로 자리 잡고 있으며, 스포츠인문학은 이러한 스포츠의 역할을 학문적으로 뒷받침하는 데 기여하고 있다고 볼 수 있는 것이다.

4. 스포츠인문학의 미래

스포츠인문학의 미래는 학문적 융합과 사회적 책임의 강조를 중심으로 더욱 발전할 것이다. 첫째, 스포츠와 관련된 다양한 학문적 분야들 간의 융합 연구가 활성화될 것이다. 이는 스포츠인문학이 단순한 철학적 사유를 넘어서 심리학, 사회학, 생태학 등 다양한 학문과 결합하여 더욱 포괄적인 시각을 제공할 수 있도록 할 것이다. 예를 들어, 스포츠와 정신건강의 관계, 스포츠와 사회적 정체성 형성, 스포츠와 생태적 지속 가능성에 대한 연구들이 그 대표적인 사례가 될 것이다. 이러한 융합적 연구는 스포츠가 인간의 삶에 미치는 복합적인 영향을 종합적으로 이해하는 데 기여할 것이다.

둘째, 스포츠의 사회적 책임과 지속 가능한 발전에 대한 연구가 강화될 것이다. 환경 문제와 스포츠의 연관성, 스포츠 이벤트의 지속 가능성, 그리고 스포츠를 통한 사회적 소외 계층의 통합과 같은 주제가 주요 연구 영역으로 자리 잡을 것이다. 스포츠는 대규모 이벤트와 활동을 통해 환경에 영향을 미칠 수 있기 때문에, 스포츠인문학은 스포츠가 어떻게 환경 친화적으로 변모할 수 있는지를 탐구하고 제안할 필요가 있다. 또한, 사회적 약자와 소외된 계층을 위한 스포츠 프로그램의 개발과 같은 연구는 스포츠가 사회적 평등과 통합을 촉진하는 데 기여하는 방안을 모색할 것이다.

셋째, 디지털 기술과 스포츠의 결합에 대한 연구가 미래 스포츠인문학의 중요한 부분을 차지할 것이다. 가상현실(VR), 증강현실(AR), 인공지능(AI) 등의 기술 발전은 스포츠의 경험을 새롭게 정의하고 있다. 예컨데 2016년 이세돌과 알파고의 바둑 대결이 그 대표적인 사례라 할 수 있다. 알파고, 즉 인공지능과 인간과의 경쟁에서 우리는 이러한 경쟁이 과연 '스포츠 인가'에 대한 존재론적 물음을 가지게 되기도 한다. 현재 스포츠 분야에서 인공지능은 정보수집, 전략분석, 경기 결과 예측, 부상 예상, 로봇 심판 등 다양한 방면에서 적용되고 있다(구강본·김상범, 2018). 이러한 기술은 스포츠 참여와 관람의 방식을 변화시키며, 스포츠가 사회와 문화에 미치는 영향을 더욱 확대하고 있다. 인공지능을 포함한 4차 산업혁명의 핵심 기술을 통해 인간의 삶은 더 편리하고 윤택하게 변화하고 있을 뿐만 아니라, 인간과 과학기술이 스포츠를 통해 경쟁하게 될 것이라는 점에서 스포츠계에서는 끊임없이 논의되고 있다. 특히 e스포츠는 컴퓨터 통신이나 인터넷을 통해 온라인에서 이루어지는 게임을 통틀어 이르는 말인데, 현재 스포츠계에서는 이를 스포츠로 바라보아야 할 것인지에 대해 존재론적인 논쟁이 끊임없이 지속되고 있는 실정이다. 스포츠인문학은 이러한 기술적 변화를 분석하고, 기술과 스포츠의 융합이 인간의 삶에 미치는 긍정적·부정적 영향을 탐구할 것이다.

넷째, 스포츠와 젠더 문제, 인권, 평등에 대한 연구가 스포츠인문학의 중요한 축이 될 것이다. 스포츠는 전통적으로 남성 중심적인 활동으로 여겨졌으나, 점차 여성의 참여가 증가하고 있으며, 이를 통해 성평등을 촉진하는 역할을 하고 있다. 스포츠인문학은 이러한 변화를 학문적으로 탐구하고, 스포츠가 성평등과 인권 보호를 촉진하는 방안을 제시할 것이다. 또한, 성소수자(LGBTQ+) 운동선수들의 권리와 스포츠 참여 기회에 대한 연구도 중요한 연구 주제가 될 것이다.

결론적으로, 스포츠인문학의 미래는 학문적 융합, 사회적 책임, 지속 가능한 발전, 디지털 기술과의 융합, 그리고 성평등과 인권 보호라는 다섯 가지 축을 중심으로 발전할 것이다. 스포츠인문학은 이러한 다양한 주제를 탐구함으로써 스포츠가 인간 삶의 질을 향상시키고, 사회적 연대와 문화적 통합을 촉진하는 데 중요한 역할을 할 수 있도록 학문적 기반을 제공할 것이다.

Ⅱ 스포츠의 개념

1. 스포츠의 기원: 놀이에서 스포츠로

스포츠의 개념과 인간이 스포츠를 해 온 이유에 대해 답하기는 쉽지 않다. 그러나 이에 대해 간략히 답을 한다면 스포츠는 놀이에서 왔고, 인간은 놀이를 즐겨왔기 때문에 스포츠도 또한 즐긴다고 볼 수 있다(하남길·권선옥·김세기, 2010).

스포츠는 놀이에서 시작하여 게임을 거쳐 현대의 조직적이고 체계적인 형태로 발전한 인간 활동이다. 신체적, 정신적, 사회적 측면을 포함하는 스포츠는 단순한 활동을 넘어선 사회적, 문화적, 경제적 의미를 지니며, 인간의 역사와 함께 발전해왔다. 특히, 놀이와 게임의 발전 과정을 이해하면 현대 스포츠의 개념과 본질을 보다 깊이 이해할 수 있다.

놀이란 인간의 본능적 행위에서 비롯된 활동으로, 생존 기술을 익히고 사회적 규범을 학습하는 중요한 수단이었다. 원시 사회에서 놀이 활동은 창던지기, 뛰기, 레슬링 등과 같은 생존을 위한 필수 활동에서 시작되었다. 이러한 놀이 활동은 점차 집단적이고 의식적인 형태로 발전했으며, 이를 통해 놀이의 문화적, 사회적 중요성이 부각되었다.

Huizinga(1938)는 놀이를 "자유롭고 규칙적이며 일상생활에서 분리된 활동"으로 정의하며, 놀이가 인간 문명의 발전에 핵심적인 요소였음을 강조했다. 그는 놀이를 단순한 신체적 활동이 아니라 사회적 상호작용과 문화적 표현의 수단으로 간주했다.

Caillois(1958)는 놀이를 경쟁(Agon), 운(Alea), 모방(Mimicry), 현기증(현기증적 요소를 지닌 모험, Ilinx)의 네 가지로 분류하며, 스포츠는 주로 경쟁적 요소(Agon)에서 발전한 것이라 분석했다. 경쟁의 요소는 놀이를 더 체계화된 활동으로 전환하는 중심적 역할을 했다.

놀이가 게임으로 발전하는 데 있어 가장 중요한 요소는 규칙의 도입이다. 규칙은 활동에 명확한 구조와 목적을 부여하며, 이를 통해 놀이가 게임으로 전환된다. 고대 그리스의 올림픽은 놀이에서 게임으로의 전환을 대표하는 사례로, 초기에는 종교적 의식과 결합된 놀이였으나 점차 규칙화되고 체계적인 스포츠로 발전했다.

한국에서는 놀이가 집단적 협력과 경쟁의 가치를 담고 전통 사회의 규범과 결합하면서 발전해왔다. 조선 시대의 석전(石戰)이나 씨름 같은 전통 놀이는 스포츠적 요소를 포함한 놀이로, 이후 서양 스포츠가 도입되며 현대적 스포츠로 변화하였다(옥광, 2024).

게임이 스포츠로 발전하기 위해서는 신체 활동, 경쟁, 규칙 외에도 사회적 인정과 문화적 가치를 수반해야 한다. 스포츠는 단순한 게임을 넘어 현대 사회에서 경제적, 정치적, 문화적 역할을 수행한다.

산업화와 도시화는 스포츠 발전의 주요 배경이 되었다. 영국에서 시작된 산업혁명은 여가 활동의 필요성을 증대시켰고, 도시화는 스포츠가 조직적이고 체계적으로 발전할 수 있는 기반을 마련했다. 예를 들어, 축구와 크리켓은 19세기 영국에서 노동 계층의 여가 활동으로 시작되어 규칙과 리그 체계를 갖춘 스포츠로 발전했다. 이 과정에서 스포츠는 놀이와 게임을 넘어 현대 사회의 주요 문화 요소로 자리 잡았다(Kraus, 2001).

Dewey(1916)는 스포츠가 교육적 도구로서 개인의 도덕적 성장과 사회적 책임을 학습하는 데 기여한다고 보았다. 이러한 관점은 체육이 교육과 사회적 통합의 중요한 도구로 기능한다는 현대적 이해를 뒷받침한다.

2. 스포츠라는 용어의 기원과 발전

스포츠라는 용어는 라틴어 'deportare'에서 유래한 것으로, 이는 "기분 전환" 또는 "즐거움"을 뜻한다. 이 단어는 11세기 영국에서 'disport'로 변형되었고, 16세기에 'sport'로 단축되면서 현대적 의미를 가지게 되었다. 초기 스포츠는 사냥, 낚시 등 귀족들이 주로 즐기던 야외 활동을 의미했으나, 19세기 이후 점차 조직화된 게임과 신체 활동을 포함하는 포괄적 의미로 확장되었다(한국체육사학회, 2015).

영국에서 스포츠는 귀족 사회의 오락으로 시작되었지만, 산업화와 함께 노동 계층으로 확산되며 축구, 럭비, 크리켓 같은 대중 스포츠로 자리 잡았다. 특히, 영국의 공립학교에서 규칙과 제도를 통해 스포츠가 체계화되었고, 이는 현대 스포츠의 형성에 큰 영향을 미쳤다. 영국 공립학교의 체육교육은 팀워크와 리더십, 페어플레이 정신을 강조하며, 스포츠의 윤리적 가치를 확립했다(옥광, 2024).

3. 스포츠의 도입

우리나라에 스포츠라는 용어와 개념은 주로 서구 선교사들에 의해 전해졌다. 19세기 말, 근대 교육 체계가 도입되면서 서양의 체육과 스포츠 개념이 학교 교육에 포함되었고, 이는 일본의 영향을 받아 정착되었다. 1897년 일본 유학생들의 친목회 회보에 처음으로 '스포츠'라는 용어가 사용되었으며, 이후 체조라는 개념과 혼용되다가 점차 독립된 의미로 자리 잡았다(한국체육사학회, 2015).

한국의 초기 스포츠는 YMCA와 같은 기독교 단체를 중심으로 도입되었다. 축구, 야구, 테니스와 같은 종목이 외국 선교사들에 의해 보급되었으며, 학교와 지역 사회를 중심으로 확산되었다. 이는 현대 스포츠의 기틀을 마련하는 데 중요한 역할을 했다(옥광, 2024).

스포츠는 놀이에서 출발하여 게임을 거쳐 오늘날의 체계적이고 조직화된 활동으로 발전했다. 특히 놀이와 게임의 발전 과정은 스포츠가 단순한 신체 활동을 넘어 사회적, 문화적, 경제적 요소를 포함하는 복합적인 현상임을 보여준다. 한국에서 스포츠의 도입과 정착은 전통 문화와 서구적 가치가 융합된 결과로, 현대 스포츠는 여전히 인간의 본능적 욕구와 사회적 기능을 동시에 충족시키는 중요한 활동으로 자리하고 있다.

4. 스포츠와 체육의 용어적 혼용

한국에서 스포츠와 체육이 혼용되어 사용되는 데는 복합적인 역사적, 문화적 이유가 존재한다. 스포츠와 체육은 서로 다른 기원을 가지고 있으나, 근대화 과정에서 이들의 의미가 교차하며 혼용되기 시작했다. 스포츠는 서구에서 기원한 개념으로, 19세기 영국에서 형성된 제도화된 신체 활동을 가리킨다. 경쟁, 규칙, 기록이라는 특징을 가지고 있으며, 라틴어에서 유래한 용어로 주로 즐거움을 위한 활동에 초점이 맞춰져 있다. 반면 체육은 신체의 교육적 관점에서 발전한 개념으로, 신체를 단련하고 도덕적, 정신적 성장을 목표로 하는 전인적 교육 활동으로 간주되어 왔다. 한문에서 체육은 "신체를 기른다"는 의미로 해석되며, 체육은 전인적 교육의 일환으로 신체와 정신의 조화를 추구하는 개념으로 정립되어 있어 스포츠와는 다른 철학적 배경을 가지고 있다.

우리가 현재 사용하고 있는 체육은 'Physical Education'을 우리말로 번역한 것으로, 시대별로 국가별로 다소 용어의 사용과 의미가 달랐다. 오늘날 체육은 통합적인 의미를 지닌 용어로 사용되고 있다(하남길·권선옥·김세기, 2010).

조선 시대에는 신체 단련이 국가의 군사적 필요에 따라 제한적으로 이루어졌으며, 유교적 가치관에 따라 정신적 수양이 강조되었다. 체육이라는 개념은 이 시기에 뚜렷하게 발달하지 않았고, 신체 활동은 무예나 활쏘기와 같은 군사적 기술로 국한되었다. 일제강점기에는 일본의 체조 교육이 도입되며 체육이라는 용어가 확산되었다. 이 시기 체육은 국민 건강과 군사적 훈련을 목표로 하였으며, 스포츠는 지배층의 오락이나 경쟁 활동으로 활용되었다. 이는 스포츠와 체육이 구분되어 사용되던 초기의 역사적 배경을 형성하였다.

광복 이후 미국적 스포츠 문화가 한국에 유입되면서 스포츠라는 용어는 대중화되었다. 이와 동시에 체육은 교육 제도 내에서 신체 교육의 한 분야로 자리 잡았다. 특히 1960~70년대 경제 발전과 스포츠의 대중화가 맞물리며 스포츠는 경쟁적 활동으로, 체육은 교육적 활동으로 기능이 구분되었다. 그러나 대중문화와 미디어는 스포츠와 체육을 구분하지 않고 혼용하기 시작했다. 예컨대, 학교 교육에서 체육 시간에 이루어지는 활동 중 다수가 스포츠와 밀접하게 연결되면서, 체육과 스포츠는 동일한 개념으로 인식되기 시작했다(박종은, 2022).

스포츠와 체육이 혼용된 데에는 용어적 공통성이 중요한 역할을 했다. 두 용어는 모두 신체 활동을 포함하며, 건강 증진과 사회적 가치 창출을 강조한다는 점에서 공통점을 가진다. 더불어 대중매체는 스포츠와 체육을 동의어로 사용하는 경향을 보이며 혼용을 더욱 가속화시켰다. 서구 스포츠 문화의 세계적 확산은 한국에서 체육이 스포츠의 하위 개념으로 흡수되는 결과를 가져왔다. 교육 제도에서도 체육은 스포츠 활동을 포괄하는 형태로 정착되며 용어의 경계가 모호해졌다.

현대에 이르러 스포츠와 체육은 각각 독립적인 학문적, 실천적 맥락을 가지지만, 대중적인 혼용은 여전히 지속되고 있다. 체육은 신체적, 정신적, 사회적 교육을 아우르는 독립적 영역으로서의 위상을 유지해야 한다. 스포츠는 단순히 경쟁 활동에 국한되지 않고 문화적 정체성과 사회적 가치를 반영하는 매개체로서 강조될 필요가 있다. 스포츠와 체육의 혼용은 한국의 근대화와 국제화 과정을 반영한 결과이지만, 이를 명확히 구분하고 체계화하는 작업이 앞으로의 과제로 남아 있다.

Ⅲ 스포츠 역사

스포츠의 역사는 단순한 사건의 나열을 넘어, 현재와 미래의 체육에 미치는 영향을 명확히 드러내는 중요한 분야이다. 스포츠 현장이나 정책, 교육, 관련 사회문화적 차원에서 과거의 성과와 실패에서 얻은 교훈을 바탕으로 스포츠의 가치와 중요성을 인식하고, 현대 스포츠를 발전시키는 의미 있는 방법을 모색하는 데 스포츠 역사는 분명 중요한 영감을 주는 학문적 영역이다(옥광, 2024).

스포츠 역사는 체육 및 스포츠의 과거 활동을 탐구하며, 이로부터 현재와 미래를 조망하는 학문이다. 스포츠 역사는 단순히 과거의 체육적 사실을 기록하는 것이 아니라, 그 당시의 사상, 정치, 경제, 문화 등과의 상호작용을 분석하여 체육 활동의 의미를 새롭게 조명한다. 이를 통해 스포츠 역사는 신체 문화와 교육의 역사를 해석하고, 스포츠가 사회와 인간에 미친 영향을 체계적으로 이해하는 데 기여한다(한국체육학회, 2023).

스포츠 역사의 중요성은 다양한 측면에서 나타난다. 첫째, 스포츠 역사는 정치, 경제, 문화 등과의 관계를 밝힘으로써 체육 활동이 사회에 미친 영향을 이해하게 한다. 예를 들어, 전통적인 체육 활동이 군사 훈련과 민속 놀이를 통해 사회적 통합을 이루었던 방식과, 근대에 들어와 스포츠가 교육 및 대중 여가로 자리 잡으며 문화적 가치를 확산한 과정을 분석할 수 있다. 둘째, 스포츠 역사는 시대와 지역을 초월한 체육 활동의 흐름을 보여준다. 이는 고대사부터 현대사까지의 시간적 변화를 다루며, 서양, 동양, 한국 등 지역적 특성을 반영한다. 이러한 역사적 접근은 스포츠가 단순히 신체 활동에 그치지 않고 사회적 제도와 문화적 정체성 형성에 어떻게 기여했는지를 드러낸다(최종삼·손수범, 2005).

또한, 스포츠 역사 연구는 구기, 격투기, 육상 등 다양한 스포츠 종목과 관련된 기술적, 형태적 발전을 분석하고, 전통 체육과 근대 체육의 특징을 비교함으로써 스포츠의 변천사를 체계적으로 설명한다. 특히, 체육사상사, 스포츠단체사, 스포츠문화사 등 세부 분야를 통해 체육과 스포츠의 전반적 발전 과정을 다각도로 조망하며, 사회적 통합과 문화적 변화를 이끄는 스포츠의 가치를 재확인한다(한국체육학회, 2023).

스포츠 역사는 현재와 미래 세대에게 과거의 교훈과 영감을 전달하는 중요한 도구로 작용한다. 과거의 스포츠 활동과 체육 정책을 반성하고 비판적으로 분석함으로써, 새로운 체육과 스포츠 문화를 창조할 수 있는 기반을 제공한다. 이를 통해 스포츠 역사는 단순한 기록을 넘어, 체육학의 학문적 발전과 사회적 의의를 강화하는 데 중요한 역할을 한다(조명렬·노희덕·나영일, 1997).

스포츠 역사는 인간 사회의 변화와 발전을 이해하는 데 중요한 학문적 기반을 제공한다. 단순히 과거의 스포츠 활동을 기록하는 것을 넘어, 스포츠가 가진 사회적, 문화적, 정치적, 경제적 의미를 분석하고, 이를 통해 현재와 미래의 방향성을 제시하는 데 중점을 둔다. 이는 학문으로서의 스포츠 역사학이 단순한 기록의 차원을 넘어선다는 것을 보여준다(김방출·서재철, 2012). 스포츠 역사는 또한 개인과 집단의 정체성을 형성하고 강화하는 중요한 수단으로 작용하며, 특히 특정 시대와 사회의 문화를 이해하는 데 있어 필수적이다(Booth, 2005).

스포츠 역사학은 크게 사회사, 문화사, 정치사 등으로 구분된다. 사회사적 접근은 스포츠가 사회적 요소, 특히 계층, 인종, 젠더와 어떤 방식으로 상호작용했는지 분석한다. 예를 들어, 특정 사회에서 스포츠가 노동계급의 권리를 대변하거나 젠더 평등을 추구하는 도구로 사용된 사례를 연구하는 것이다. 문화사적 접근은 스포츠가 특정 문화의 정체성을 형성하는 데 미친 영향을 탐구한다. 이는 전통 스포츠와 현대 스포츠 간의 연속성과 변화를 다루며, 스포츠가 사회적 가치와 문화를 어떻게 반영하고 재구성하는지에 초점을 맞춘다(이인호·임영무, 2013). 정치사적 접근은 스포츠가 정치적 상징과 도구로 활용된 사례를 분석하며, 특히 국제 스포츠 이벤트가 국가 간 관계에 미친 영향을 연구한다. 예를 들어, 올림픽이나 월드컵이 정치적 도구로 활용된 방식이 대표적이다(안진규, 2023).

스포츠 역사 연구는 주요한 주제와 시대별로 구분될 수 있다. 고대 스포츠에서 현대 스포츠로의 전환은 스포츠의 글로벌화와 근대화를 이해하는 데 중요한 자료를 제공한다. 예를 들어, 고대 올림픽이 현대 올림픽으로 발전하면서 스포츠의 국제적 성격이 형성된 과정을 분석하는 연구가 이에 해당한다. 또한, 스포츠가 노동계급, 소수집단, 여성과 같은 다양한 사회적 그룹에 미친 영향을 분석하는 연구는 중요한 주제 중 하나다. 특히, 여성의 스포츠 참여와 젠더 평등에 대한 논의는 현대 스포츠 역사에서 중요한 영역으로 자리 잡고 있다(김방출·서재철, 2012).

스포츠 역사는 교육적으로도 중요한 가치를 지닌다. 학교 교육과정에서 스포츠 역사 교육은 학생들이 과거를 이해하고, 현재를 분석하며, 미래를 준비하는 데 도움을 준다. 스포츠 역사 교육은 단순히 과거의 사건을 암기하는 것을 넘어, 학생들에게 비판적 사고와 분석 능력을 길러준다. 이는 체육 교과 과정에서 스포츠 역사가 중요한 위치를 차지하는 이유 중 하나다(이인호·임영무, 2013). 또한, 스포츠 역사는 청소년들에게 역사를 통해 교훈을 전달하고, 사회적 통합을 촉진하는 데 중요한 도구로 작용한다.

스포츠 역사는 단순한 학문적 흥미를 넘어 사회적, 문화적, 정치적 변화를 이해하는 데 핵심적인 역할을 한다. 스포츠를 통한 문화적 이해는 특정 시대와 사회를 들여다볼 수 있는 창을 제공한다. 예를 들어, 특정 스포츠가 특정 시대에 어떻게 사회적, 정치적 의미를 가졌는지 연구하는 것은 그 시대를 이해하는 데 중요한 단서를 제공한다(Booth, 2005). 또한, 스포츠는 개인과 집단의 정체성을 강화하는 데 중요한 역할을 한다. 이는 전통 스포츠에서 특히 두드러지며, 스포츠를 통해 지역사회나 국가의 정체성이 형성되는 과정을 보여준다.

스포츠 역사 연구는 최근 몇 년간 다양한 방식으로 진화하고 있다. 포스트모던적 접근법은 전통적인 사실 기록에서 벗어나 담론 중심의 분석을 채택하고 있으며, 이는 스포츠 역사 연구의 새로운 방향을 제시한다(Booth, 2005). 예를 들어, 내러티브와 담론을 활용해 스포츠와 사회적 맥락 간의 관계를 분석하는 연구가 증가하고 있다. 디지털 기술을 활용한 자료 보존과 연구는 또 다른 중요한 동향이다. 디지털 아카이브를 통해 스포츠 역사 자료를 체계적으로 저장하고 분석함으로써 연구의 효율성과 정확성이 크게 향상되고 있다(김방출·서재철, 2012). 또한, 스포츠 역사학은 사회학, 문화인류학 등 다양한 학문과 협력하여 연구의 폭을 넓히고 있다.

스포츠 역사는 현대 스포츠의 본질을 이해하고, 스포츠가 사회와 문화에 미친 영향을 체계적으로 분석할 수 있는 도구다. 스포츠 역사는 과거를 통해 현재를 이해하고, 미래를 준비하는 데 중요한 학문적 역할을 한다. 이를 통해 스포츠 역사 연구는 학문적 통찰을 제공하며, 앞으로도 지속적인 다각적 접근을 통해 연구 영역을 확장해야 한다. 스포츠의 역사는 단순히 과거의 기록이 아니라, 현대와 미래의 스포츠를 이해하고 발전시키는 데 중요한 학문적 도구임을 강조한다.

1. 고대 스포츠

인간의 신체 문화는 인류 역사와 함께 발전해 왔다. 과거로 거슬러 올라갈수록 신체적 능력은 생존을 위한 핵심 요소였다. 원시 시대의 체육 활동은 단순한 신체 운동이 아니라 생존을 위한 필수적인 생활 문화였다. 예를 들어, 창던지기, 높이뛰기, 멀리뛰기, 활쏘기, 격투, 헤엄치기, 춤추기와 같은 활동은 원시인들이 환경에 적응하고 생존하기 위해 수행하던 중요한 신체 활동이었다. 오늘날 체조, 육상, 수영, 궁도, 격투 스포츠 등은 이러한 원시적 활동이 현대적 형태로 계승·발전된 사례이다(옥광, 2024).

조직적인 체육 활동에 대한 최초의 기록은 고대 사회에서 나타난다. 고대 동방 제국인 중국, 인도, 이집트 등에서도 체육의 흔적이 확인되지만, 체계적이고 발전된 체육 활동은 고대 그리스와 로마에서 두드러지게 나타난다. 특히, 그리스는 유럽 최초로 고도로 발달된 문명 사회를 구축하며 문학, 정치, 예술, 건축 등 다양한 분야에서 후세에 영향을 미쳤다. 고대 그리스의 체육과 스포츠 유산 역시 예외가 아니며, 이는 오늘날까지 계승되고 발전해 현대 스포츠 문화의 중요한 기반을 이루고 있다(옥광, 2024).

고대 체육사 및 고대 스포츠 역사는 인류의 신체 문화가 인간의 역사와 맥을 같이하며 발전해 온 과정을 다루고 있다. 체육은 고대부터 인간의 생존과 밀접하게 연관된 활동이었으며, 그 목적과 방식은 시대와 지역에 따라 다양한 형태로 발전해 왔다. 고대 체육은 단순히 신체 능력의 단련을 넘어, 사회적, 정치적, 문화적 요소와 긴밀하게 결합되어 있었으며, 이는 현대 체육과 스포츠의 기초를 형성하였다(옥광, 2024).

고대 그리스와 로마는 체육의 역사에서 매우 중요한 역할을 담당한 문명들이다. 특히 그리스는 고대 사회에서 가장 체계적이고 발전된 체육 문화를 가진 나라로, 올림픽을 비롯한 다양한 체육 활동을 통해 체육이 사회와 개인의 발전에 기여할 수 있는 방안을 제시하였다. 그리스의 체육은 호메로스 시대부터 시작되어 스파르타와 아테네로 대표되는 도시국가들에서 각기 다른 목적과 방식으로 발전하였다. 스파르타는 군사적 목적을 위한 체육을 강조하며 강력한 군사력을 양성하기 위한 체계적인 신체 훈련을 실시하였다. 반면, 아테네는 심신의 조화를 추구하는 체육을 강조하며, 교육적 차원에서 체육의 가치를 인식하고 발전시켰다(Rice, 1969).

고대 그리스에서 체육은 단순한 신체적 능력의 단련을 넘어 문화적, 사회적 가치와 결합되었다. 특히 올림피아제는 그리스 전역에서 참여하는 범그리스적 행사로, 제우스를 숭배하는 종교적 성격과 더불어 사회적 통합과 평화를 상징하는 중요한 의미를 가졌다. 올림픽 경기는 단순히 신체적 경쟁을 넘어서 그리스인의 정체성을 형성하고, 도시국가 간의 평화를 도모하는 중요한 역할을 하였다. 이러한 올림피아제의 전통은 근대 올림픽으로 이어져 오늘날까지도 스포츠를 통한 국제 평화와 협력의 상징으로 계승되고 있다(Eby & Arrowood, 1940).

로마 시대의 체육은 초기에는 그리스의 영향을 받아 군사적 목적이 강하게 나타났다.

로마의 체육은 군사적 훈련과 직결되어 있었으며, 특히 청소년들에게는 강한 군사적 정신과 체력을 기르는 것이 중요한 목표였다. 로마의 전차 경주와 검투사 경기는 당시 대중의 오락이자 정치적 도구로 활용되었으며, 이러한 체육 활동들은 로마 제국의 통치 이념과 결합되어 있었다. 로마의 체육은 후기에는 점차 상업화되고 관중 스포츠로 변모하였으며, 이는 현대 스포츠의 상업적 성격의 기원을 이해하는 데 중요한 자료를 제공한다(Gardiner, 1971).

고대 체육사의 또 다른 중요한 측면은 그리스와 로마에서의 교육 제도와 체육의 연계성이다. 스파르타와 아테네는 각기 다른 교육 목표를 가지고 있었으며, 이는 체육 활동의 성격에도 큰 영향을 미쳤다. 스파르타는 국가주의와 군사적 목적을 위한 신체 훈련을 강조하여 청소년들을 강인한 군인으로 육성하려 하였다. 반면 아테네는 예술과 문학, 체육을 아우르는 전인 교육을 지향하며, 심신의 조화를 중시하는 체육을 발전시켰다(Dalen & Bennett, 1970). 이러한 교육적 목표의 차이는 두 도시국가의 체육 프로그램과 그 사회적 영향력에서 명확히 드러난다.

고대 체육과 스포츠의 역사는 현대 체육과 스포츠 문화의 기원을 이해하는 데 필수적인 요소로, 체육의 사회적, 문화적 가치를 조명하는 중요한 학문적 영역이다. 고대의 체육 활동은 단순히 신체적 능력을 기르는 것을 넘어, 사회적 규범과 문화적 가치를 반영하고 이를 통해 공동체의 결속을 다지는 역할을 하였다. 이러한 고대 체육의 전통은 현대 스포츠의 정신과 철학에 큰 영향을 미쳤으며, 체육이 사회적 통합과 개인의 성장에 미치는 긍정적 영향을 이해하는 데 중요한 시사점을 제공한다.

고대 체육사는 또한 각 시대의 사회적, 정치적 맥락 속에서 체육이 어떻게 변화하고 발전해 왔는지를 보여준다. 예를 들어, 스파르타의 군사적 체육은 국가의 생존을 위한 필수 요소로서 체육이 국가의 중요한 정책 수단으로 사용될 수 있음을 보여준다. 반면, 아테네의 체육은 민주주의 사회에서 시민의 교양과 신체적 건강을 증진하는 수단으로서 체육의 교육적 가치를 강조하였다. 이러한 고대 체육의 다양한 모습은 체육이 단순한 신체 활동을 넘어선 사회적 의미를 가지고 있음을 보여준다.

고대 로마의 체육은 특히 후기 로마 제국의 쇠퇴와 함께 체육의 상업화와 대중 오락화가 어떻게 체육의 본질을 변화시킬 수 있는지를 보여준다. 로마의 검투사 경기와 같은 극단적인 대중 오락은 체육이 정치적 도구로 사용될 수 있음을 보여주는 대표적인 사례이다. 이러한 역사적 사례는 오늘날 스포츠가 가진 상업적 성격과 대중적 인기를 이해하는 데 중요한 배경을 제공한다.

결론적으로, 고대 체육사와 스포츠의 역사는 현대 체육과 스포츠의 기원을 이해하고, 체육이 사회적, 문화적, 정치적 요소와 어떻게 결합되어 발전해 왔는지를 이해하는 데 중요한 학문적 기초를 제공한다. 이러한 고대의 체육 활동들은 단순한 신체적 단련을 넘어서 사회적 통합과 문화적 가치를 증진하는 중요한 역할을 하였으며, 이는 오늘날에도 체육과 스포츠가 가지는 중요한 가치로서 계승되고 있다.

2. 중세 스포츠

중세 초기의 여명은 도덕성을 잃어버린 로마 사회의 붕괴와 함께 시작되었다. 로마 제국은 찬란했던 조직이 무너지고 향락과 사치에 물들어 쇠락해 갔다. 이 시기에 북방에서 게르만족과 같은 야만적 정복자들이 도착하며 유럽은 전쟁과 혼돈의 소용돌이에 빠졌다. 이러한 혼란 속에서도 유일하게 붕괴되지 않고 남아 있던 것은 교회였다. 교회는 모든 문화를 보호하며 지도권을 유지하였고, 흩어진 세계를 통합할 수 있는 열쇠를 쥐고 있었다. 교회의 강력한 영향력은 사회 전반에 깊이 미쳤지만, 이는 체육과 스포츠 문화의 활성화를 저해하는 결과를 낳았다. 체육은 전쟁과 종교적 금욕주의 사이에서 큰 진전을 이루지 못했고, 중세는 체육과 스포츠의 암흑시대로 남게 되었다. 이 시기 신체 문화는 주로 기사들의 체육 활동과 민중의 단순한 유희 형태로 명맥을 유지하며 제한적으로 계승되었다(옥광, 2024).

중세 유럽의 체육 활동과 기사제도는 사회적 및 군사적 역할을 수행하는 중요한 맥락에서 발전했다. 체육은 단순히 신체를 단련하는 훈련을 넘어서, 중세 사회에서 기사들의 도덕적 및 군사적 역할을 강화하는 중요한 요소로 기능했다.

중세 유럽에서 기사제도는 봉건 사회의 중요한 구조를 이루었으며, 기사는 전투와 군사적 임무를 수행하는 동시에 사회적, 도덕적 모델로서의 역할도 수행했다. 기사들은 군사적 훈련을 통해 전투 능력을 기를 뿐만 아니라, 체육 활동을 통해 신체적 능력을 극대화하고 도덕적 기준을 내면화하는 데 중요한 역할을 했다. 체육은 단순한 운동이나 훈련을 넘어, 사회적 가치와 규범을 강화하는 교육적 역할을 했다. 체육은 기사의 훈련 과정에 필수적인 부분으로 자리 잡았으며, 기사는 무기 사용, 기마술, 검술, 궁술 등의 훈련을 통해 전투 능력을 기르고, 이를 통해 사회 내에서 권위와 명예를 얻었다.

특히, 기사도 정신이 강조된 중세 기사제도에서 체육은 단순히 신체적 강함을 위한 수단이 아니었다. 체육은 기사의 인격을 형성하고, 기사로서의 품격과 도덕적 책임을 내면화하는 수단으로 작용했다. 예를 들어, 기마술 훈련은 기사들에게 필요한 전투 기술뿐만 아니라, 신체의 조화를 이루는 법과 균형 잡힌 사고를 배울 수 있게 해주었다. 이는 체육이 기사의 내면적 성장과 사회적 규범을 습득하는 데 중요한 교육적 역할을 했음을 보여준다.

또한, 기사제도는 체육을 통해 중세 사회의 질서를 유지하고자 했으며, 기사들의 체육 활동은 그들이 맡고 있는 사회적 책임과 도덕적 의무를 상징적으로 표현하는 방법이었다. 체육 훈련을 통해 기사들은 신체적 능력뿐만 아니라, 정의와 용기, 신뢰와 같은 중요한 가치들을 실천하게 되었다. 체육은 중세 사회에서 개인의 도덕적 기준을 강화하고, 이를 통해 사회적 질서를 유지하는 데 중요한 기여를 했다고 할 수 있다(옥광, 2024).

결국, 중세 기사제도와 체육의 관계는 단순한 군사적 훈련을 넘어, 사회적 역할과 도덕적 기준을 내면화하는 중요한 교육적 기회를 제공했다. 체육은 기사들이 전투와 군사적 임무를 수행하는 데 필수적인 기술을 습득하게 하는 동시에, 그들이 맡고 있는 도덕적, 사회적 책임을 강화하는 중요한 수단이었다. 이는 체육의 사회적, 교육적 역할을 잘 반영하는 사례로, 체육이 단순한 신체 활동을 넘어서, 사회와 개인의 발전을 위한 중요한 도구로 기능했음을 보여준다.

중세 스포츠는 고대의 체육 전통과는 다른 양상을 보이며, 종교적, 사회적 맥락에서 새로운 형태로 발전하였다. 중세 초기에는 기독교의 영향으로 신체 활동에 대한 부정적 인식이 팽배하였다. 기독교 교회는 육체적 쾌락을 죄악시하였으며, 이로 인해 체육 활동은 종교적 제약을 받게 되었다. 그러나 중세 후기에는 기사 계층을 중심으로 신체 훈련이 중요하게 여겨졌으며, 이는 곧 중세 스포츠의 주요 형태로 발전하게 되었다. 기사 교육의 일환으로 시행된 토너먼트와 마상 시합은 군사적 기술을 연마하고 계층 간의 결속을 강화하는 수단으로 기능하였다(Caulfield, 1978).

중세의 스포츠는 또한 농민들과 일반 대중들 사이에서도 다양한 형태로 존재하였다. 특히 축제와 명절 동안 열렸던 경기는 지역 사회의 결속을 다지는 중요한 행사로 자리 잡았다. 중세의 이러한 스포츠는 신체적 기술의 발휘뿐만 아니라 공동체의 일체감을 강화하는 역할을 하였다. 축구와 같은 구기 종목은 당시 매우 인기 있었으며, 이는 오늘날의 구기 종목의 기원으로 여겨진다. 이러한 경기들은 규칙이 명확하지 않고 폭력적인 경우도 많았지만, 지역 사회의 문화와 전통을 반영하는 중요한 요소였다(Holt, 1989).

중세 스포츠의 또 다른 중요한 측면은 귀족과 평민 간의 스포츠 참여 형태의 차이였다. 귀족들은 사냥, 승마, 토너먼트와 같은 스포츠를 통해 자신의 신분과 권력을 과시하였으며, 이러한 활동은 사회적 지위를 강화하는 수단으로 사용되었다. 반면, 평민들은 마을 단위의 단순한 경기를 통해 신체적 활동을 즐겼으며, 이를 통해 일상에서 벗어나고자 하였다. 이러한 스포츠의 계층적 차이는 당시 사회 구조와 밀접하게 연관되어 있었으며, 스포츠를 통한 신분 표현의 중요한 수단이 되었다(Baker, 1993).

중세 후기에는 점차 도시가 발전하고 상업 계층이 성장하면서 스포츠의 양상도 변화하였다. 도시에 거주하는 상인과 장인들은 길드 중심의 조직적인 스포츠 활동을 시작하였으며, 이는 현대 스포츠 클럽의 기원으로 볼 수 있다. 이러한 활동은 스포츠가 단순한 개인적 신체 활동을 넘어 사회적 조직과 결합되는 과정을 보여준다. 또한, 중세 말기에는 스포츠에 대한 규제가 강화되었는데, 이는 스포츠가 사회 질서를 위협할 수 있다는 인식에서 비롯된 것이었다(Murray, 1996).

중세 스포츠는 종교, 군사, 사회적 요소와 밀접하게 연관되어 발전하였으며, 이는 현대 스포츠의 형성에 중요한 영향을 미쳤다. 특히 기사 계층의 토너먼트와 같은 군사적 스포츠는 현대의 조직적 스포츠 이벤트의 기초를 형성하였으며, 지역 사회의 축제 경기와 같은 대중 스포츠는 현대 대중 스포츠 문화의 기원을 이해하는 데 중요한 자료가 된다. 중세 스포츠는 또한 사회적 계층에 따라 스포츠 참여의 형태와 목적이 달랐으며, 이러한 계층적 차이는 오늘날에도 여전히 스포츠 참여와 접근성에 영향을 미치는 중요한 요소로 남아 있다(옥광, 2024).

결론적으로, 중세 스포츠는 고대 체육과는 다른 맥락에서 발전하였지만, 사회적 결속, 군사적 훈련, 그리고 계층적 신분 표현의 수단으로 중요한 역할을 하였다. 이러한 중세 스포츠의 전통은 현대 스포츠 문화의 다양한 측면에서 그 흔적을 찾을 수 있으며, 스포츠가 사회적, 문화적 맥락에서 어떻게 기능할 수 있는지를 이해하는 데 중요한 시사점을 제공한다.

3. 근세 스포츠

근세 시대, 특히 르네상스와 종교개혁기는 유럽 사회 전반에 걸쳐 문화, 종교, 사회적 변혁이 일어난 시기였다. 이러한 변화는 스포츠와 체육의 발전에도 깊은 영향을 미쳤다. 특히 영국에서는 '잉글리시 선데이' 전통, 청교도 혁명, '합법적인 스포츠 선언' 등의 사건이 스포츠 문화의 형성에 중요한 역할을 했다. 또한 인문주의와 실학주의의 부상은 스포츠의 발전과 밀접한 관련이 있었다(Lowerson, 2007).

르네상스 시대는 인간 중심의 사고와 고전 문화의 부활을 추구한 시기로, 신체 활동과 스포츠에 대한 관심이 증대되었다. 이러한 경향은 인문주의자들의 교육 사상에 반영되었으며, 그들은 신체와 정신의 조화로운 발달을 강조했다. 예를 들어, 에라스무스는 금욕주의를 비판하며 신체 활동의 중요성을 역설했다. 엘리엇은 저서 『통치자의 서』에서 심신의 조화로운 발달을 지향하며 신사 교육의 방향을 제시했다. 아스캄은 『톡소필러스』라는 양궁 저술서를 통해 신사들이 품위 있는 유희를 즐길 것을 권장했다(Mechikoff, 2005).

그러나 종교개혁 이후, 특히 청교도들은 안식일에 스포츠 활동을 금지하는 '잉글리시 선데이' 전통을 강화했다. 이는 일요일이나 성일에 스포츠 참여를 금기시하던 전통으로, 청교도들의 엄격한 도덕적 기준을 반영한 것이었다. 하지만 1618년, 영국 국왕 제임스 1세는 '합법적인 스포츠에 관한 포고'를 발표하여 국민들이 건전한 스포츠 활동에 참여할 수 있도록 허락했다. 이는 왕의 스포츠 서라고도 불리며, '잉글리시 선데이'의 엄격함을 완화하려는 시도였다(Mechikoff, 2005).

한편, 실학주의는 현실적이고 실용적인 교육을 강조하며 신체 활동의 중요성을 부각시켰다. 이는 스포츠와 체육의 발전에 긍정적인 영향을 미쳤으며, 교육 과정에서 신체 활동이 중요한 위치를 차지하게 되었다. 이러한 변화는 영국 왕실과 귀족 사회를 중심으로 스포츠 애호 사상이 확산되는 데 기여했다. 특히 튜더 시대부터 왕과 귀족 사회를 중심으로 스포츠가 급속히 확산되었으며, 이는 19세기 영국이 '스포츠의 나라'라는 별칭을 얻게 된 배경이 되었다(옥광, 2024).

결론적으로, 근세 시대의 르네상스와 종교개혁, 인문주의와 실학주의의 전개는 스포츠와 체육의 발전에 다양한 영향을 미쳤다. 특히 영국에서는 '잉글리시 선데이' 전통과 청교도 혁명, '합법적인 스포츠 선언' 등이 스포츠 문화의 형성에 중요한 역할을 했다. 이러한 역사적 맥락을 이해하는 것은 현대 스포츠 문화의 기원을 파악하는 데 중요한 시사점을 제공한다.

4. 근대 스포츠

근대 스포츠는 18세기에서 19세기 초 유럽에서 일어난 혁명적 변화 속에서 태동하고 발전하였다. 시민혁명과 산업혁명은 새로운 사회 구조와 문화적 환경을 형성했으며, 이러한 변화는 스포츠와 체육의 발달에도 큰 영향을 미쳤다. 근대 스포츠의 발전 배경은 다음 세 가지 측면으로 요약된다.

첫째, 18세기의 자연주의와 자유주의 사상이 근대 체육의 기초를 마련했다. 루소의 자연주의 교육 철학과 이를 실천한 범애주의 운동은 체육의 체계를 확립하며, 인간의 신체적 발달과 교육적 가치를 강조하는 기반을 제공했다. 이러한 사상은 체육을 인간 교육의 중요한 한 축으로 자리 잡게 했다(옥광, 2024).

둘째, 19세기의 국가주의와 제국주의 사조는 체육과 스포츠의 조직화를 촉진했다. 나폴레옹의 침략 정책은 유럽 각국의 민족주의 정서를 자극하며 강한 국가 건설을 목표로 한 체육교육의 중요성을 부각시켰다. 체력 단련과 국민성 강화를 위한 체육 활동은 군사적 필요와 결합되어 학교 체육을 중심으로 발전했다. 이는 특히 각국의 제국주의적 팽창과 전쟁 준비의 일환으로 스포츠와 체육 활동을 강조하게 만들었다(옥광, 2024).

세부적으로 살펴보면, 19세기 국가주의와 제국주의의 사조는 체육과 스포츠의 조직화를 촉진했다. 나폴레옹의 침략 정책은 유럽 각국의 민족주의 정서를 자극하며 강한 국가 건설을 목표로 한 체육교육의 중요성을 부각시켰다. 체력 단련과 국민성 강화를 위한 체육 활동은 군사적 필요와 결합되어 학교 체육을 중심으로 발전했다. 특히 독일에서 시작된 체조운동은 이러한 국가주의적 이념을 바탕으로 성장했으며, 프리드리히 루트비히 얀(Friedrich Ludwig Jahn)에 의해 전개된 독일의 '튜른베베궁(Turnbewegung)'은 체육을 통해 민족적 단결과 애국심을 고취시키려는 목적을 담고 있었다. 이는 독일 국민의 체력 증진뿐 아니라 유럽 각국에 체육 교육의 필요성을 확산시키는 계기가 되었다(옥광, 2024).

한편, 제국주의는 영국을 중심으로 강건한 기독교 사상을 바탕으로 한 스포츠교육의 발전을 이끌었다. 영국은 19세기 후반 제국주의 팽창을 통해 스포츠를 문화적 도구로 활용하며 피지배 민족들에게 기독교적 가치와 영국식 규율을 전파하려 했다. 이러한 흐름에서 스포츠는 단순한 신체활동을 넘어 도덕적, 사회적 규율을 훈련하는 도구로 자리 잡았다. 대표적인 사례로는 영국 공립학교(public schools)에서의 스포츠 교육이 있다. 축구, 럭비 등 팀 스포츠는 협동심과 지도력을 배양하는 데 활용되었으며, 이를 통해 제국의 지도자가 될 학생들을 훈련하는 방식으로 발전했다.

독일의 체조운동과 영국의 스포츠교육은 각각 국가주의와 제국주의의 이념적 기반 아래 발전했지만, 공통적으로 체육과 스포츠를 사회적 통합과 국가적 이상을 실현하는 수단으로 삼았다. 독일에서는 체조가 국민의 단결을 상징하고 군사적 준비를 위한 기반이 된 반면, 영국에서는 스포츠가 제국주의적 팽창과 문명화 사명의 도구로 기능했다. 이러한 체육과 스포츠의 조직화는 현대 체육 제도의 발전에 큰 영향을 미쳤으며, 오늘날 체육교육의 기반을 형성하는 데 기여했다(옥광, 2024).

결론적으로, 19세기의 국가주의와 제국주의는 체육과 스포츠를 단순한 신체활동을 넘어 사회적, 정치적 도구로 전환시켰다. 독일의 체조운동과 영국의 스포츠교육은 각각의 사상이 가진 특성을 반영하며 발전했지만, 두 흐름 모두 체육의 조직화를 통해 국가적 목표를 실현하려는 공통점을 보여준다. 이러한 역사적 배경은 오늘날 체육과 스포츠가 가진 교육적, 문화적 가치를 이해하는 데 중요한 시사점을 제공한다.

19세기 영국의 제국주의는 '강건한 기독교주의'(Muscular Christianity) 사상을 바탕으로 스포츠 교육을 발전시켰다. 이 사상은 신체적 강건함과 도덕적 순결을 결합하여 기독교적 이상을 실현하려는 목적을 지녔다. 영국의 공립학교에서는 이러한 이념을 토대로 스포츠를 교육의 핵심 요소로 삼아, 학생들에게 신체적 건강과 도덕적 가치를 동시에 함양하고자 했다. 이러한 교육 방침은 제국주의 시대에 영국의 지도자 양성과 제국의 가치를 전파하는 데 중요한 역할을 했다(옥광, 2024).

이러한 흐름에서 스포츠는 단순한 신체활동을 넘어 도덕적, 사회적 규율을 훈련하는 도구로 자리 잡았습니다. 대표적인 사례로는 영국 공립학교에서의 스포츠 교육이 있습니다. 축구, 럭비 등 팀 스포츠는 협동심과 지도력을 배양하는 데 활용되었으며, 이를 통해 제국의 지도자가 될 학생들을 훈련하는 방식으로 발전했다.

이러한 교육적 접근은 영국의 제국주의적 팽창과 맞물려, 스포츠를 통해 피지배 민족들에게 기독교적 가치와 영국식 규율을 전파하려는 시도로 이어졌습니다. 이러한 역사적 배경은 오늘날 체육과 스포츠가 가진 교육적, 문화적 가치를 이해하는 데 중요한 시사점을 제공한다.

셋째, 과학의 발달과 산업혁명이 스포츠의 조직화와 대중화를 이끌었다. 새로운 기계의 발명과 교통의 발달은 스포츠 경기의 교류를 원활히 했으며, 중산층의 부상은 귀족의 전유물로 여겨졌던 스포츠 문화를 대중의 여가 활동으로 확산시키는 데 기여했다. 산업혁명으로 증가한 여가 시간과 사회경제적 변화는 다양한 스포츠 종목의 체계화와 규칙화, 그리고 현대 스포츠 문화의 기반 형성을 가능하게 했다(옥광, 2024).

이와 같이 근대 스포츠는 정치적, 경제적, 사회적 변화의 흐름 속에서 발전하며 현대 스포츠 문화의 기초를 마련하였다. 이는 개인의 신체적 발달뿐만 아니라 사회적 통합과 문화적 교류를 촉진하는 중요한 요소로 자리 잡았다.

근대 스포츠는 19세기 중반부터 시작된 산업화와 도시화의 영향으로 급격히 변화하고 발전하게 된다. 근대 스포츠의 주요 특징은 규칙의 표준화, 조직의 형성, 국제적 경쟁의 출현 등이다. 근대 스포츠는 과거의 전통적 신체 활동과 달리, 산업화 사회의 변화와 함께 대중화되고 상업화되었으며, 오늘날의 스포츠 산업의 기초를 마련하였다(McIntosh, 1979).

근대 스포츠의 발전에는 영국이 중요한 역할을 하였다. 영국은 근대 스포츠의 발상지로 여겨지며, 축구, 럭비, 크리켓과 같은 여러 스포츠 종목이 이곳에서 체계화되고 발전하였다. 영국의 공립학교 시스템은 청소년들의 신체적, 정신적 수양을 위해 스포츠를 교육 과정에 포함시켰으며, 이를 통해 스포츠는 사회적 덕목을 함양하는 중요한 도구로 자리 잡았다(Holt, 1989). 이러한 학교 스포츠는 훗날 조직적 스포츠 리그의 탄생으로 이어졌으며, 스포츠가 사회적 결속과 국민 정체성을 강화하는 역할을 수행하게 되었다.

근대 스포츠의 또 다른 중요한 특징은 규칙의 표준화와 조직화이다. 예를 들어, 축구의 경우 1863년에 영국에서 축구 협회(Football Association, FA)가 설립되면서 오늘날의 축구 규칙이 제정되었다. 이러한 규칙의 표준화는 스포츠가 공정하게 진행될 수 있는 기반을 마련하였으며, 국제 대회와 리그의 발전에 기여하였다(Dunning, 1999). 규칙의 표준화는 또한 스포츠의 상업화와 대중화에 중요한 역할을 하였으며, 이를 통해 스포츠는 전 세계적으로 인기를 얻게 되었다.

근대 올림픽의 부활은 근대 스포츠의 발전에 있어 가장 중요한 사건 중 하나이다. 1896년 그리스 아테네에서 열린 제1회 근대 올림픽은 국제 스포츠 대회의 시작을 알리는 중요한 계기가 되었다. 피에르 드 쿠베르탱은 스포츠를 통한 국제 평화와 이해를 촉진하고자 하는 이상을 바탕으로 올림픽을 부활시켰으며, 이를 통해 스포츠는 국가 간 경쟁과 동시에 국제적 화합의 상징으로 자리 잡게 되었다(MacAloon, 1981). 근대 올림픽은 이후 스포츠의 국제화를 촉진하고, 다양한 종목의 발전을 이끄는 중요한 동력이 되었다.

근대 스포츠는 상업화와 대중화의 과정을 거치며 오늘날의 스포츠 산업으로 발전하였다. 특히 20세기 들어 매스미디어의 발전은 스포츠의 대중화를 가속화하였다. 라디오, 텔레비전, 그리고 인터넷과 같은 미디어는 스포츠 경기를 전 세계로 중계함으로써 스포츠 스타의 탄생과 스포츠 산업의 성장을 이끌었다(Whannel, 1992). 스포츠는 이제 단순한 신체 활동을 넘어 거대한 상업적 산업으로 자리 잡았으며, 이는 현대 사회에서 스포츠의 영향력을 극대화하는 결과를 낳았다.

근대 스포츠의 또 다른 중요한 측면은 사회적 평등과 인권의 증진에 기여하는 역할이다. 과거 스포츠는 주로 남성 중심의 활동이었으나, 20세기에 들어 여성의 스포츠 참여가 점차 증가하면서 성 평등의 상징으로 자리 잡았다. 또한, 장애인 스포츠의 발전과 패럴림픽의 출현은 스포츠가 사회적 약자의 권리 증진과 평등을 촉진하는 데 기여할 수 있음을 보여준다(Cashmore, 2005). 이러한 변화는 스포츠가 단순한 경쟁을 넘어 사회적 가치를 실현하는 중요한 도구로 사용될 수 있음을 시사한다.

결론적으로, 근대 스포츠는 규칙의 표준화, 조직화, 상업화, 그리고 국제화를 통해 오늘날의 스포츠 문화를 형성하였다. 근대 스포츠는 단순한 신체적 경쟁을 넘어 사회적 결속, 국제적 화합, 상업적 산업으로서의 역할을 수행하고 있으며, 이는 현대 사회에서 스포츠가 갖는 중요성과 영향을 잘 보여준다. 근대 스포츠의 발전 과정은 스포츠가 어떻게 현대 사회의 중요한 문화적, 경제적 요소로 자리 잡았는지를 이해하는 데 중요한 자료를 제공한다.

5. 현대 스포츠

20세기 이후 현대 스포츠는 세계화와 대중화를 중심으로 급격히 발전하였다. 제1차 세계대전과 제2차 세계대전 이후 국제적 긴장 완화와 사회 재건이 주요 화두가 되었고, 스포츠는 국가 간 외교와 화합의 장으로 자리 잡았다. 특히, 올림픽과 월드컵 같은 대규모 국제 스포츠 대회는 스포츠의 세계화를 이끄는 중심축이 되었다. 이러한 국제 대회는 국가 간 경쟁뿐 아니라 문화적 교류의 장으로서도 중요한 역할을 했다(옥광, 2024).

20세기 중반부터는 과학기술과 스포츠가 더욱 밀접히 연관되었다. 운동 생리학, 스포츠 심리학, 그리고 스포츠 의학의 발전은 선수들의 경기력 향상을 위한 체계적 훈련법을 제공하였다. 또한, 방송과 통신 기술의 발달은 스포츠를 전 세계적으로 실시간 공유할 수 있는 기반을 마련했다. 텔레비전과 인터넷을 통한 스포츠 중계는 팬덤 문화를 형성하며 스포츠 산업의 성장을 촉진했다(옥광, 2024).

냉전시대에는 스포츠가 이념 대립의 장으로도 활용되었다. 동서 양 진영은 올림픽 등 국제 대회에서 스포츠를 통해 체제의 우월성을 과시하려는 시도를 했다. 반면, 20세기 후반 들어 스포츠는 점차 정치적 대립을 넘어 인종, 젠더, 평등과 같은 사회적 문제를 논의하는 중요한 플랫폼으로 자리 잡았다. 예를 들어, 1968년 멕시코 올림픽에서 미국 흑인 선수들의 인권 시위는 스포츠가 사회적 메시지를 전달하는 강력한 도구임을 보여주었다(옥광, 2024).

21세기에 들어서면서 스포츠는 디지털 기술과 융합하여 더욱 진화하고 있다. 데이터 분석, 가상현실, 그리고 인공지능 기술이 스포츠 경기의 전략과 훈련에 활용되며, 관람 경험도 혁신적으로 변화하고 있다. 이러한 변화는 스포츠를 단순한 신체 활동을 넘어 세계적인 문화 콘텐츠로 확장시키고 있다. 20세기 이후 스포츠는 그 자체로 글로벌 경제, 사회적 통합, 문화적 영향력을 가진 중요한 현상이 되었다.

현대 스포츠는 다양한 관점에서 논의될 수 있으며, 이러한 관점들은 현대 국가의 역할, 스포츠사회학, 포스트모더니즘, 아마추어와 프로스포츠의 변천과 같은 다각적인 요소들이 서로 얽혀 있다. 현대 스포츠는 더 이상 단순한 신체 활동에 국한되지 않고, 정치적, 사회적, 경제적 맥락 속에서 끊임없이 재구성되고 있다.

먼저, 포스트모더니즘의 관점에서 현대 스포츠를 바라보면, 스포츠는 전통적인 의미의 규칙성, 규율, 계층 구조가 해체되고, 다원적이고 분화된 형태로 진화해왔다. 포스트모더니즘은 사회 전반의 고정된 의미와 경계를 허물며, 스포츠 역시 이 과정 속에서 '하이퍼리얼리티(hyperreality)'로 전환되고 있다(Adorno, 1991). 즉, 스포츠는 단순한 경쟁 활동을 넘어 미디어와 결합하며, 대중들에게 실제보다 더 과장된 형태로 소비된다. 예를 들어, 올림픽이나 월드컵과 같은 국제적인 스포츠 이벤트는 전 세계적으로 중계되며, 이 과정에서 스포츠 자체가 상품화되고, 그 의미가 다양하게 변주된다(Baudrillard, 1994).

현대 국가는 스포츠를 중요한 정치적 도구로 사용하고 있다. 국가 간 경쟁은 단순한 스포츠 경기를 넘어서 국가의 이미지와 영향력을 강화하는 수단으로 이용된다. 특히 올림픽이나 아시안 게임과 같은 국제 스포츠 이벤트는 국가의 발전 정도와 민족적 자긍심을 드러내는 무대로 활용된다(Harvey, 1990). 이러한 맥락에서 스포츠는 현대 국가의 정체성을 형성하고 강화하는 중요한 요소로 작용하며, 국민 통합과 국가의 상징적 자산으로도 기능한다.

스포츠사회학적 관점에서 현대 스포츠는 사회 내 불평등 구조를 반영하고 재생산하는 장으로 볼 수 있다. 스포츠는 젠더, 인종, 계층 간의 불평등을 가시화하고 때로는 이를 강화하기도 한다. 예를 들어, 여성 스포츠의 경우 남성 스포츠와 비교하여 상대적으로 적은 관심과 자원이 제공되며, 이는 스포츠 내 성차별적 요소를 보여준다(Giddens, 1991). 또한, 특정 인종 그룹이 스포츠 특정 분야에서 두각을 나타내는 현상은 그 사회적 배경과 기회의 불균형을 반영하기도 한다.

아마추어와 프로스포츠의 변화도 현대 스포츠를 이해하는 데 중요한 요소다. 과거에는 스포츠가 아마추어리즘에 기반한 순수한 활동으로 여겨졌으나, 현대 스포츠는 상업화와 프로페셔널리즘의 영향을 강하게 받았다. 이는 선수들이 자신의 능력을 통해 경제적 이익을 추구하고, 스포츠 자체가 거대한 산업으로 성장하게 된 배경을 제공한다(Andrews,

2006). 이러한 변화는 스포츠의 본질을 변화시키며, 팬 문화와 미디어의 역할 또한 확대시켰다. 스포츠 선수들은 이제 단순한 경기 참여자가 아니라, 브랜드의 얼굴로서 상업적 가치를 지닌 존재가 되었다.

현대 스포츠는 또한 기술 발전과 디지털 미디어의 확산으로 인해 그 성격이 더욱 복잡해졌다. 예를 들어, e스포츠의 부상은 스포츠의 개념을 재정립하고, 신체적 활동의 경계를 넘어서게 한다. 이러한 현상은 스포츠의 정의를 확장시키고, 스포츠와 게임의 경계를 모호하게 만들고 있다. 이 과정에서 팬들은 전통적인 스포츠의 관중에서 참여적 소비자로 변모하고 있으며, 이는 현대 스포츠 문화의 중요한 특징 중 하나다(Jarvie, 2006).

결론적으로, 현대 스포츠는 포스트모더니즘의 해체적 특성을 반영하며, 현대 국가의 정치적 도구로, 사회적 불평등의 장으로, 그리고 상업화된 프로페셔널리즘의 산물로서 다양한 기능을 하고 있다. 이러한 맥락에서 현대 스포츠는 단순한 신체 활동을 넘어, 현대 사회와 문화의 중요한 반영체로서 그 의미를 지속적으로 재구성하고 있다.

현대 스포츠는 단순한 신체 활동을 넘어 다양한 국가적, 사회적, 경제적 의미를 지닌 중요한 현상으로 자리 잡았다. 현대 국가의 관점에서 스포츠는 국가 정체성 형성, 국제적 위상 강화, 경제 발전 촉진, 사회적 통합 등의 역할을 수행하며, 국가 정책과 긴밀하게 연결되어 있다. 현대 국가들은 스포츠를 통해 국민적 자긍심을 고취하고 국제사회에서 자국의 위상을 드높이는 수단으로 스포츠를 활용해 왔다(Houlihan, 1997).

스포츠는 현대 국가의 정체성을 강화하는 데 있어 중요한 역할을 한다. 국가적 정체성은 국제 스포츠 이벤트에서 두드러지게 나타나며, 특히 올림픽, 월드컵과 같은 대규모 국제 스포츠 대회는 국가의 상징성과 결속력을 극대화하는 중요한 도구로 사용된다(Maguire, 1999). 이러한 대회에서의 성공은 국민들에게 자부심을 심어줄 뿐만 아니라, 국가의 통합을 촉진하고 민족적 정체성을 강화하는 데 기여한다. 국가의 대표 선수들은 자국의 상징으로서 활동하며, 그들의 성과는 단순히 개인적인 것이 아니라 국가 전체의 명예와 연결된다(Hobsbawm, 1990).

또한, 현대 스포츠는 국제적 위상을 강화하는 수단으로서 국가 전략의 일환으로 활용된다. 냉전 시기 동안, 스포츠는 이념적 경쟁의 장으로서 중요한 역할을 하였고, 동서 양 진영 모두 스포츠 성공을 통해 체제의 우월성을 선전하려 했다(Gruneau, 1983). 오늘날에도 많은 국가들이 스포츠를 통해 국제 무대에서의 영향력을 확대하고, 외교적 수단으로 활용하고 있다. 예를 들어, 국가 간의 스포츠 교류는 정치적 긴장을 완화하는 도구로 사용되기도 하며, 스포츠 외교는 종종 공식 외교의 보완적 수단으로 기능한다(Grix

& Houlihan, 2014).

경제적 관점에서도 현대 국가들은 스포츠를 경제 발전의 주요 동력으로 보고 있다. 대규모 스포츠 이벤트 개최는 국가 경제에 막대한 긍정적 영향을 미칠 수 있으며, 관광 산업 활성화, 인프라 개발, 일자리 창출 등의 효과를 가져온다(Preuss, 2004). 올림픽이나 월드컵과 같은 이벤트는 개최국의 경제적 발전을 촉진하는 기회로 여겨지며, 국가 브랜드를 전 세계에 알리는 중요한 계기가 된다. 그러나 이러한 대규모 이벤트의 경제적 이점은 논란의 여지가 있으며, 경제적 격차를 심화시키고 환경적 부담을 가중시킬 수 있다는 비판도 존재한다(Zimbalist, 2015).

현대 스포츠는 또한 사회적 통합의 수단으로서 국가 정책과 연결된다. 스포츠는 다양한 사회적 배경을 가진 사람들을 하나로 묶는 데 중요한 역할을 하며, 국가들은 스포츠를 통해 사회적 응집력을 강화하고자 한다(Coakley, 2009). 스포츠는 사회적 갈등을 완화하고, 소외된 계층에게 참여 기회를 제공함으로써 사회적 평등을 증진하는 도구로 사용될 수 있다. 특히, 청소년 스포츠 프로그램은 국가 차원에서 적극 장려되고 있으며, 이를 통해 건강한 시민을 육성하고 사회적 규범을 학습하도록 유도한다(Green, 2008).

그러나 현대 스포츠는 국가의 통제를 받는 동시에, 국가 권력을 강화하는 수단으로도 이용된다. 스포츠를 통한 애국심 고취는 때로는 배타적인 민족주의를 조장할 위험도 내포하고 있다(Bairner, 2001). 국가들은 스포츠를 통해 국민들에게 국가의 이념과 목표를 주입하고, 집단적 정체성을 강화하는 도구로 사용한다. 이는 특히 권위주의적 국가에서 두드러지게 나타나며, 스포츠 성공이 국가 정당성의 중요한 요소로 간주된다(Markovits & Hellerman, 2001).

결론적으로, 현대 국가의 관점에서 스포츠는 단순한 여가나 취미 활동을 넘어 국가 정체성의 형성, 국제적 위상 강화, 경제 발전, 사회적 통합 등의 다양한 역할을 수행하고 있다. 스포츠는 국가가 자국의 이미지를 형성하고, 사회적 통합을 도모하며, 국제사회에서의 위치를 강화하는 중요한 도구로 기능하고 있다. 그러나 이러한 긍정적인 역할 이면에는 스포츠가 국가 권력을 강화하고, 경제적 불평등을 심화시키며, 민족주의적 배타성을 조장하는 수단으로도 사용될 수 있는 위험이 존재한다. 따라서 현대 스포츠를 이해하기 위해서는 국가의 다양한 역할과 그 한계를 모두 인식하는 균형 잡힌 시각이 필요하다.

현대 스포츠는 단순히 신체 활동에 그치지 않고 다양한 사회적, 문화적 의미를 내포한 복합적인 현상이다. 스포츠사회학적인 관점에서 현대 스포츠를 고찰해 보면, 이는 사회 내 다양한 권력 구조, 불평등, 집단 간의 갈등과 협력, 그리고 문화적 정체성을 반영하고 재구성하는 장으로 이해할 수 있다. 스포츠는 개인의 신체적 능력을 발휘하는 무대일 뿐 아니라, 그 배경에는 사회적 맥락과 그에 따른 여러 가지 요소들이 밀접하게 연관되어 있다(Coakley, 2009).

스포츠는 사회적 불평등의 다양한 측면을 가시화하며, 이러한 불평등은 성별, 인종, 계급 등 여러 요소를 통해 나타난다. 예를 들어, 성별에 따른 스포츠 참여 기회와 자원 배분의 차이는 현대 스포츠에서 중요한 사회적 쟁점 중 하나이다. 여성 선수들은 종종 남성 선수들에 비해 적은 주목과 지원을 받고 있으며, 이는 스포츠 내에서의 성차별 문제를 반영한다(Hargreaves, 1994). 또한, 여성의 스포츠 참여는 역사적으로 억압받아왔고, 오늘날에도 여전히 불평등한 구조가 존재한다. 이러한 성차별적 구조는 스포츠 내에서의 여성의 위치와 그들의 기여를 제한하는 중요한 요인으로 작용한다.

인종과 스포츠 간의 관계도 사회적 불평등의 또 다른 측면을 보여준다. 특정 인종 그룹이 특정 스포츠에서 두각을 나타내는 현상은 이들이 사회적으로 제한된 선택지 속에서 자신의 정체성을 구축해 나가는 과정으로 볼 수 있다. 흑인 선수들이 육상이나 농구와 같은 특정 스포츠에서 뛰어난 성과를 보이는 것은 그들의 신체적 우월성뿐만 아니라, 사회적 조건과 구조적 요인들이 결합된 결과이다(Davis, 1990). 인종적 차별은 스포츠 내에서도 여전히 존재하며, 이러한 차별은 특정 인종에 대한 고정관념을 강화하고 그들의 스포츠 참여를 제한하는 역할을 한다.

스포츠는 또한 사회적 통합과 갈등의 장으로 기능한다. 스포츠 이벤트는 다양한 사회적 배경을 가진 사람들이 한데 모여 공통의 목표나 가치를 공유하는 경험을 제공한다. 이를 통해 스포츠는 사회적 통합을 이루는 중요한 수단으로 작용한다. 예를 들어, 국가대표팀의 경기는 국민들에게 공동체 의식을 고취시키고, 애국심을 강화하는 효과를 발휘한다(Giulianotti, 2005). 반면, 스포츠는 갈등을 조장하는 요인으로도 작용할 수 있다. 특정 팀의 팬들 간의 경쟁과 대립, 나아가 폭력적인 행동은 스포츠가 단순한 여가 활동을 넘어 집단 간 갈등을 반영하는 현장임을 보여준다(Dunning, 1999).

현대 스포츠의 상업화와 미디어의 영향도 스포츠사회학적으로 중요한 분석 대상이다. 현대 스포츠는 상업적 요소와 깊이 연관되어 있으며, 이는 스포츠의 본질을 변화시키고 있다. 스포츠 이벤트는 기업들의 후원과 광고로 이루어지며, 이러한 상업화는 선수들을 단순한 경쟁자가 아닌 하나의 상품으로 만든다(Andrews, 2006). 선수들은 이제 그들의 경기력뿐만 아니라, 그들이 가지는 상업적 가치에 따라 평가되며, 이는 스포츠의 순수성과 그 목적에 대한 논란을 불러일으킨다. 미디어는 스포츠를 대중에게 전달하는 주요 수단으로서, 스포츠의 상업화를 촉진하는 동시에 대중이 스포츠를 소비하는 방식을 형성한다. 스포츠는 미디어를 통해 극적인 내러티브로 변형되며, 이는 스포츠의 의미를 재구성하고 대중에게 새로운 방식으로 전달한다(Maguire, 1999).

스포츠사회학적인 관점에서 현대 스포츠는 또한 개인과 사회의 상호작용을 통해 사회적 정체성을 형성하는 중요한 장으로 이해될 수 있다. 개인은 스포츠 참여를 통해 자신의 정체성을 확립하고, 사회적 지위를 획득하며, 집단의 일원으로서 소속감을 느낀다. 특히, 청소년기 스포츠 활동은 사회적 규범과 가치를 학습하고, 또래 집단과의 상호작용을 통해 사회화 과정을 경험하는 중요한 수단이다(Messner, 2002). 이러한 과정은 청소년들이 사회의 일원으로 성장하는 데 중요한 역할을 하며, 스포츠는 이들의 사회적 발달에 긍정적인 영향을 미친다.

결론적으로, 스포츠사회학적 관점에서 현대 스포츠는 단순한 신체적 활동을 넘어 사회 내 다양한 구조적 요소들과 밀접하게 연관된 복합적인 현상이다. 스포츠는 사회적 불평등을 반영하고, 동시에 통합과 갈등의 장으로서 기능하며, 상업화와 미디어의 영향을 받아 그 의미가 변화하고 있다. 이러한 맥락에서 현대 스포츠를 이해하기 위해서는 사회적 맥락과 그 구조적 요인들을 함께 고려해야 하며, 스포츠가 사회 내에서 어떤 역할을 하고 있는지에 대한 비판적 접근이 필요하다. 스포츠는 사회적 관계의 축소판으로서, 그 속에서 나타나는 다양한 사회적 현상들을 통해 현대 사회를 이해하는 중요한 통찰을 제공한다.

아마추어 스포츠와 프로스포츠의 관점에서 현대 스포츠는 단순한 신체 활동을 넘어 경제적, 사회적, 문화적 변화를 반영하는 복합적 현상으로 발전해 왔다. 현대 스포츠는 아마추어리즘과 프로페셔널리즘의 혼재 속에서 발전해 왔으며, 이 두 요소는 스포츠가 가진 본질적 의미와 역할을 재정의하고 있다. 아마추어와 프로스포츠의 경계가 흐려지면서, 현대 스포츠는 대중의 관심을 끌기 위한 상업적 요소와 더불어 순수한 스포츠 정신을 유지하려는 시도가 공존하고 있다(Bale, 2003).

아마추어리즘은 스포츠의 초기 형태에서 중요한 위치를 차지하였다. 초기 스포츠는 귀족 계층의 여가 활동으로 발전했으며, 경제적 보상 없이 스포츠 활동을 즐기는 것이 스포츠의 이상적인 형태로 여겨졌다. 이는 스포츠의 본질이 경제적 이익을 추구하는 것이 아니라 순수한 자기계발과 심신의 단련에 있다는 아마추어리즘의 이념을 반영한 것이다(McIntosh, 1979). 그러나 현대 스포츠는 프로페셔널리즘의 부상과 함께 이러한 전통적 아마추어리즘에서 멀어지기 시작했다. 상업화와 미디어의 발전은 스포츠를 대중적인 문화 상품으로 만들었으며, 이에 따라 스포츠는 점차 경제적 보상을 중시하는 프로스포츠 중심으로 변화해 갔다(Guttmann, 1978).

프로스포츠의 부상은 스포츠의 상업화를 촉진하고, 선수들을 단순한 아마추어 참가자가 아닌 직업인으로 만들었다. 프로선수들은 이제 경기력뿐만 아니라 상업적 가치를 지니며, 이는 광고, 후원, 미디어와의 협업 등을 통해 극대화된다(Andrews, 2006). 현대 스포츠에서 프로스포츠는 대중문화의 중요한 부분으로 자리 잡았으며, 스포츠 이벤트는 거대한 경제적 가치를 창출하는 산업으로 발전하였다. 예를 들어, 축구나 농구와 같은 글로벌 스포츠 리그는 수십억 달러 규모의 경제적 가치를 지니고 있으며, 선수들은 경기 외에도 다양한 상업적 활동을 통해 부와 명성을 축적하고 있다(Maguire, 1999).

이러한 프로스포츠의 발전은 스포츠의 본질적 가치를 변화시켰다. 스포츠는 더 이상 순수한 신체적 활동과 도전의 장으로만 여겨지지 않으며, 상업적 성공과 미디어의 관심이 스포츠의 가치 평가에 중요한 요소로 자리 잡았다(Sage, 1998). 이는 선수들이 자신의 경기력보다는 상업적 계약이나 스폰서십에 더 많은 관심을 기울이게 하며, 스포츠 정신의 약화를 초래할 수 있다는 비판을 불러일으켰다. 특히, 대형 스포츠 이벤트가 기업 스폰서와 미디어 중심으로 운영되면서, 스포츠는 점점 더 경제적 논리에 종속되고 있는 모습이다(Silk & Andrews, 2011).

한편, 현대 스포츠에서 아마추어리즘의 가치는 여전히 중요한 위치를 차지하고 있다. 많은 국가에서는 청소년 스포츠 및 지역 커뮤니티 스포츠를 통해 아마추어리즘을 장려하고 있으며, 이를 통해 스포츠의 교육적 가치를 강조하고자 한다(Chalip, 1996). 아마추어 스포츠는 프로스포츠와 달리 경제적 이익보다는 개인의 성장과 사회적 연대감을 중시하며, 이는 스포츠의 본질적 의미를 유지하고자 하는 노력의 일환이다. 이러한 아마추어 스포츠 활동은 지역사회의 건강 증진과 사회적 결속을 강화하는 중요한 역할을 한다(Green & Houlihan, 2005).

또한, 아마추어와 프로스포츠의 경계가 모호해지면서 새로운 형태의 스포츠 활동이 등장하고 있다. 예를 들어, 올림픽은 본래 아마추어리즘을 기반으로 한 대회였으나, 현대 올림픽에서는 프로 선수들의 참여가 허용되며, 이에 따라 스포츠의 경쟁 수준과 상업적 가치는 더욱 높아졌다(Miller, 2003). 이는 아마추어와 프로스포츠 간의 구분이 점차 흐려지고 있으며, 스포츠의 순수성과 상업성이 동시에 강조되는 복합적인 형태로 변화하고 있음을 보여준다.

결론적으로, 현대 스포츠는 아마추어리즘과 프로페셔널리즘의 혼합된 영향을 받아 발전해 왔다. 프로스포츠는 상업적 성공과 미디어의 주목을 통해 거대한 산업으로 성장했으며, 이는 스포츠의 본질적 의미를 재정의하였다. 반면, 아마추어 스포츠는 개인의 성장과 사회적 연대감을 강조하며, 스포츠가 단순한 경제적 이익을 넘어 사회적 가치를 지닌 활동임을 상기시키고 있다. 이러한 두 가지 요소는 현대 스포츠가 가진 복합적이고 다면적인 성격을 잘 보여주며, 현대 스포츠를 이해하기 위해서는 아마추어와 프로스포츠의 상호작용과 그 영향에 대한 비판적 고찰이 필요하다.

6. 한국의 스포츠

한국 체육사는 다양한 시대적 변화와 함께 발전해 온 분야로, 사회적, 정치적, 문화적 맥락에서 그 중요성이 점점 부각되고 있다. 체육사의 연구는 체육의 역사적 맥락을 이해함으로써 현재의 체육 발전 방향을 모색하고 미래 체육의 지향점을 설정하는 데 중요한 역할을 한다. 체육사는 단순한 사건의 나열이 아니라, 체육 활동의 목적과 의미, 그 시대적 배경을 종합적으로 분석하는 학문적 접근을 필요로 한다(옥광, 2024). 이러한 접근은 과거의 체육이 오늘날의 사회적 가치와 어떻게 연결되며 현대 체육의 정체성과 방향성에 어떤 영향을 미치는지를 명확히 규명하는 데 중요한 기초를 제공한다.

체육사 연구는 주로 문화사와 깊은 관련이 있으며, 체육과 스포츠의 역사적 흐름을 통찰하는 데 중점을 둔다. 체육사를 통해 과거의 체육 활동이 정치, 경제, 사회적 변화와 어떤 연관이 있었는지를 파악할 수 있다. 이는 특히 각 시대의 사회적 맥락 속에서 체육 활동이 갖는 의미를 규명함으로써, 현대 체육의 정체성을 보다 명확히 이해할 수 있도록 돕는다(한국체육사학회, 2015). 한국 체육사의 시작은 선사시대까지 거슬러 올라갈 수 있으며, 이 시기는 생존을 위한 기본적 신체 활동의 연장선에서 체육의 기초가 형성된 시기로 볼 수 있다. 이후 삼국시대와 고려, 조선시대를 거치면서 체육 활동은 점차 체계화되고 다양한 사회적 목적을 포함하게 되었다. 예컨대, 고구려 고분벽화에 묘사된 무예 훈련이나 조선시대의 궁술 연습은 당시 체육이 단순한 신체 활동을 넘어 군사적 목적과 사회적 역할을 담당했음을 시사한다(최영란, 2023).

일제강점기 체육은 단순히 신체활동을 넘어 민족적 정체성을 표현하고 저항의 수단으로 기능했다. 이는 당시 한국 사회가 외세의 지배라는 사회적 압력에 적응하기 위해 새로운 집단적 행동 방식을 개발한 과정으로 이해될 수 있다. 사회적 진화론의 관점에서, 이러한 적응은 생존을 위한 필수적 과정으로, 민족주의적 체육 운동이 일제의 억압에 맞서 민족적 결속을 강화하며 발전한 것은 사회적 진화의 한 사례로 볼 수 있다(Spencer,

1896). 민족적 체육 활동은 단순한 운동의 영역을 넘어 집단적 저항의 상징으로 자리 잡았으며, 이는 일제의 체육 정책 왜곡에도 불구하고 체육 지도자들의 노력으로 유지되었다.

사회적 진화론의 핵심 개념인 적자생존은 일제강점기 체육에도 적용될 수 있다. 당시 체육 활동은 한국인의 생존 전략으로 기능하며 집단적 단합과 강건한 신체를 통해 외세의 압력에 대응하고자 했다. 학교와 지역사회에서는 체육 활동을 통해 애국심을 고취하고 민족적 저항의 정신적 기반을 마련했다(최종삼·손수범, 2005). 일본이 제국주의적 체육 교육을 통해 한국인을 동화시키고자 했지만, 한국적 체육은 민족주의적 가치를 기반으로 독자적 발전을 이끌어냈다. 이는 체육이 단순한 신체활동에 머물지 않고 정치적·사회적 저항의 수단으로 확장되었음을 보여준다.

광복 이후 한국 체육은 근대적 스포츠의 도입과 함께 급속히 발전했다. 서울올림픽의 성공적 개최는 한국 체육사에서 중요한 전환점이 되었으며, 이를 통해 한국은 국제적 스포츠 강국으로서의 입지를 다지게 되었다. 서울올림픽은 단순히 스포츠 대회 이상의 의미를 지니며, 한국의 경제적·사회적 발전을 세계에 알리는 기회가 되었다. 이 과정에서 체육은 국가 발전과 사회적 통합을 위한 중요한 요소로 자리 잡았다. 체육의 조직화는 현대 사회에서 사회적 진화의 일환으로 기능하며, 체육이 단순한 신체활동을 넘어 사회적 통합과 국가 이미지 제고의 도구로 자리 잡게 되었다.

여성 스포츠의 발전 또한 사회적 진화론의 맥락에서 주목할 만하다. 전통적으로 남성 중심의 체육계에서 여성 스포츠는 성평등과 여성의 사회적 지위 향상을 위한 중요한 역할을 했다. 이는 현대 체육이 가진 사회적 변혁의 가능성을 보여주는 사례로 평가된다. 여성 선수들은 다양한 국제 대회에서 두각을 나타내며 체육을 통해 성평등 실현과 사회적 변화를 이끌고 있다.

체육사의 학문적 위치는 체육 철학과 함께 체육학의 근본적 질문을 탐구하는 분야로 정의된다. 체육사는 신체와 관련된 현상뿐만 아니라 그 현상이 사회적, 문화적 맥락에서 어떤 의미를 가지는지 다각적으로 연구한다. 이러한 연구는 체육을 단순한 신체활동을 넘어 문화적 현상으로 이해하는 데 기여하며, 정치, 경제, 교육, 예술 등 다양한 사회적 요소와의 연관성을 밝힌다(옥광, 2024). 특히 근대 체육은 국민의식 고취와 국가 발전 목표를 달성하기 위한 도구로 기능하며, 체육 교육은 국민적 단결을 이끄는 중요한 수단이 되었다(한국체육사학회, 2015).

갑오개혁 이후 도입된 근대식 체육 교육은 국민의 신체적·정신적 건강을 증진시키는 데 기여했다. 근대 체육의 도입은 사회적 진화론의 관점에서 전통적 체육에서 근대적 체육으로의 진화 과정으로 볼 수 있다. 이는 한국 사회가 당시 급변하는 세계적 환경에 적응하고 체육을 국가적 차원의 사회적 통합 도구로 발전시킨 사례라 할 수 있다. 근대적 체육은 체계적인 교육 체계를 통해 국민의 체력 향상과 애국심 고취를 목표로 했으며, 이는 한국 체육의 발전과 근대화에 중대한 영향을 미쳤다(최종삼·손수범, 2005).

체육사의 발전은 현대 사회에서 체육이 가지는 다양한 역할을 이해하는 데 필수적이다. 예를 들어, 근대 올림픽의 도입과 한국의 국제 스포츠 참여는 한국 체육의 글로벌화를 촉진했으며, 이를 통해 한국 체육은 전 세계적인 무대에서 그 위치를 확립하게 되었다. 또한, 이러한 국제 스포츠 대회의 참여는 국내 체육 정책과 제도의 발전에도 큰 영향을 미쳤다. 스포츠 외교를 통해 한국의 국제적 위상을 높이고, 국가 이미지 개선에 기여하는 등 다양한 측면에서 체육은 사회적으로 중요한 역할을 담당하게 되었다(옥광, 2024). 이러한 과정에서 체육은 국가적 자긍심을 고취시키고 국민 통합의 매개체로 작용했다.

체육사의 학문적 탐구는 체육과 스포츠가 어떻게 사회적, 정치적 맥락 속에서 발전해 왔는지를 이해하는 데 중점을 둔다. 이는 과거의 체육 활동을 단순히 나열하는 것에 그치지 않고, 그 활동이 당시의 정치적 상황이나 사회적 변화와 어떤 관계를 가졌는지를 해석함으로써 현대 체육의 정체성과 방향성을 설정하는 데 중요한 기초를 제공한다. 이러한 연구는 체육 활동이 사회 통합, 국민 건강, 국가 이미지 개선 등 다양한 목적을 위해 어떻게 활용되어 왔는지를 명확히 드러내고 있다(최종삼·손수범, 2005). 또한, 체육사의 연구는 체육 활동이 사회적 불평등을 해소하고, 성평등과 같은 사회적 가치 실현에 어떤 역할을 해왔는지를 탐구함으로써 체육의 사회적 책임을 강조한다.

한국 체육사에서 중요한 또 다른 전환점은 1980년대 이후의 생활체육 운동이다. 생활체육은 국민의 건강 증진과 여가 활동의 중요성에 대한 인식이 확산됨에 따라 발전하게 되었다. 이는 체육의 대중화를 촉진하고 국민의 생활 속에서 체육이 일상화되는 데 기여했다. 특히, 1995년 국민생활체육진흥법이 제정되면서 생활체육은 제도적 뒷받침을 받게 되었고, 이를 통해 체육은 특정 계층만을 위한 것이 아닌 전 국민을 위한 활동으로 자리매김하게 되었다(한국체육사학회, 2015). 생활체육의 발전은 체육을 통한 국민 건강 증진과 사회적 통합에 기여했으며, 체육이 더 이상 엘리트 중심이 아닌 모두를 위한 활동으로 인식되는 계기가 되었다.

여성 스포츠의 발전 또한 주목할 만하다. 여성들은 전통적으로 체육 활동에서 소외되어 왔으나, 현대에 들어 여성 스포츠의 중요성이 점차 부각되면서 여성 운동 선수들이 국제 대회에서 좋은 성과를 거두기 시작했다. 이는 성평등의 관점에서도 중요한 의미를 지니며, 여성의 사회적 지위 향상과 함께 스포츠 분야에서도 큰 진전을 이루게 되었다. 이러한 변화는 여성들이 스포츠에 참여할 수 있는 기회를 확대하고, 이를 통해 성평등을 실현하는 데 중요한 역할을 하고 있다(이현정, 2023). 여성 스포츠의 발전은 체육이 사회적 불평등을 해소하는 수단으로 기능할 수 있음을 보여주는 대표적인 사례이다.

체육사의 연구는 과거의 체육 활동이 현대와 미래에 미치는 영향을 명확히 이해하기 위해 필수적이다. 체육사의 연구 대상은 단순히 과거의 신체 활동을 기록하는 것에 그치지 않고, 그 활동이 사회적, 정치적, 문화적 맥락에서 어떤 의미를 지니는지를 해석하는 데 있다. 이는 현대 체육의 정체성을 확립하고 그 발전 방향을 설정하는 데 중요한 역할을 한다(옥광, 2024). 체육사의 연구를 통해 체육이 단순한 신체 활동을 넘어서 사회적, 문화적 가치를 형성하고 발전시키는 데 기여할 수 있음을 알 수 있다.

체육사 연구에서 특히 주목해야 할 부분은 전통 체육의 문화적 의미와 그것이 현대 체육에 미치는 영향이다. 전통 체육은 단순히 과거의 유산이 아니라, 현대 체육의 중요한 뿌리로서 그 의미가 재평가되고 있다. 예컨대, 전통적인 무예나 놀이 문화는 현대 스포츠의 형성과 발전에 중요한 영향을 미쳤으며, 이를 통해 체육은 단순한 신체활동을 넘어 문화적 정체성을 형성하는 요소로 작용하게 되었다(최영란, 2023). 이러한 전통 체육의 요소들은 현대에도 다양한 형태로 계승되고 있으며, 전통적인 가치와 현대적인 체육 이념이 결합하여 새로운 형태의 스포츠 문화로 발전하고 있다.

체육사는 또한 정치적, 경제적 변화와 밀접한 관계를 맺고 발전해왔다. 예를 들어, 20세기 중반 이후 경제 성장과 더불어 체육은 국민 건강 증진뿐만 아니라 국가 이미지 개선, 관광 산업 발전 등의 목적으로도 활용되었다. 1988년 서울 올림픽은 이러한 변화의 정점을 이루는 사건으로, 한국은 이를 통해 경제 발전을 대외적으로 알리고 국제적 위상을 강화하는 데 성공했다. 이는 체육이 단순한 스포츠 활동에 그치는 것이 아니라, 국가 발전의 중요한 수단으로 기능할 수 있음을 보여준다(옥광, 2024).

체육사의 발전 과정에서 스포츠 외교의 역할도 큰 비중을 차지한다. 국제 스포츠 대회는 단순한 신체 경쟁의 장을 넘어, 국가 간의 교류와 화합을 이루는 장으로 활용되었다. 예컨대, 남북한 간의 체육 교류는 정치적 긴장을 완화하고 평화를 구축하는 데 중요한 역할을 하였으며, 이는 체육이 정치적 도구로서도 기능할 수 있음을 시사한다. 체육 외교는 국가 이미지 제고와 국민 통합의 매개체로서 중요한 역할을 해왔으며, 이를 통해 한국 체육은 국제 사회에서 그 입지를 더욱 확고히 다질 수 있었다(최종삼·손수범, 2005).

결론적으로, 한국 체육사의 연구는 한국 체육의 뿌리를 이해하고 이를 바탕으로 미래를 설계하는 데 필수적인 학문적 작업이다. 과거의 체육 활동이 지닌 다양한 의미와 가치를 이해하는 것은 오늘날 체육의 역할과 방향성을 명확히 정립하는 데 중요한 기초가 된다. 따라서 체육사에 대한 지속적인 연구와 관심은 현대 사회에서 체육이 가지는 다양한 역할을 탐구하고, 이를 통해 개인과 사회의 발전을 도모하는 데 기여할 것이다. 체육은 더 이상 단순한 신체 활동에 그치는 것이 아니라, 사회적, 문화적 맥락에서 중요한 의미를 지니는 활동으로서, 그 발전을 위해 체계적인 연구와 노력이 필요하다. 이를 통해 체육은 국민 건강 증진, 사회적 통합, 국가 이미지 제고 등 다양한 사회적 가치를 실현하는 중요한 수단으로 자리 잡을 것이다.

Ⅳ 스포츠 철학

국내에서 스포츠 철학 연구가 본격적으로 시작된 1990년대 이후 스포츠 철학은 오늘날의 스포츠를 비판할 수 있는 시각을 확보하고 과학과 자본의 논리에 의해 생기는 스포츠계의 문제에 대한 성찰을 통해 스포츠가 나아가야 할 올바른 방향성을 제시해준다(임다연, 2022).

국내 스포츠 철학의 연구동향은 존재론, 인식론, 가치론의 세 영역으로 나누어 살펴볼 수 있다. 존재론 연구에서는 심신관계(mind- body relation)의 문제가 핵심이 놓여있다. 즉 체육 또는 스포츠 하는 인간의 본질을 정신에서 찾을 것인가 아니면 신체에서 찾을 것인가, 정신과 신체는 근원이 같은가 아니면 다른가, 심신일여(心身一如)의 상태는 어떤 의미를 갖는가 등의 물음들이 현상학, 실존주의 등의 서양철학과 불교, 성리학과 같은 동양 철학을 바탕으로 활발히 연구되고 있다.

심신관계에 관한 논의는 주로 심신이원론(mind- body dualism)의 한계와 심신일원론(mind- body monsim)의 정당성을 조명하고 인간의 몸과 마음을 보는 관점의 변화가 체육 및 스포츠의 실천에 미치는 영향을 고찰함으로써 바람직한 실천의 방향을 모색하고 있다. 그간의 논의는 데카르트로 대표되는 심신이원론을 비판하고 그 대안적 논점을 사르트르(Sartre), 마르셀(Marcel) 등의 실존주의(existentialism)나 메를로 퐁티(Mearlau- Ponty)의 실존현상학(existential phenomenology)에 바탕을 둔 심신일원론에서 찾고자 하였으며 신체- 주관(body- subject) 개념이 빈번하게 적용되어 왔다.

2000년대 초반에는 서구의 심신이원론이 가지고 있는 한계와 그 폐해에 대한 비판을 바탕으로 하여 동양의 심신일원론의 함의를 조명하고자 하는 노력이 활발하게 이루어지고 있다(김홍식, 2002).

모든 학문의 기초라 할 수 있는 철학은 스포츠를 만나 스포츠의 정체성 혼란을 극복하기 위해 많은 연구와 대안들을 제시한다. 따라서 형이상학은 존재의 문제에 답을 찾고 있으나, 이러한 형이상학적 접근만으로 스포츠에 관한 문제를 연구하는 것은 추상적 의미를 갖기 때문에 해석이 일관적이지 못할 수 있다(이호근, 2010).

따라서 스포츠 철학의 형이상학적 관점, 즉 존재론적 관점에서 실제 스포츠 현장 문제에 관해 논의하기에 어려움이 따른다. 하지만 '제1철학'이라고 불릴 만큼의 근원적인 학문으로서, 존재론적인 시각으로 다양한 스포츠 현장을 바라보는 시선이 필요하다고 사료된다.

이를 위해 김지영(2023)은 오늘날의 포스트 휴먼 시대 스포츠의 가치와 지속가능성에 대해 쇼펜하우어의 형이상학적 관점으로 탐구하였다. 그는 현재 스포츠의 형태가 다양화되고, 인간의 본질로서 스포츠 원리와 움직임의 철학적 가치에 관한 학문적 함의가 모호해짐에 따라 스포츠 정신과 존엄성에 대한 가치관의 혼란이 인문학 연구에 부정적 관점을 야기시킨다는 것을 문제점으로 지적하였다.

따라서 의지의 표상이 과거나 미래가 아닌 현재에 존재한다는 인식을 강조한 쇼펜하우어의 관점을 바탕으로 탈- 인간중심주의화 되고있는 오늘날의 스포츠 현실에서 현대사회적 스포츠 철학의 새로운 지표의 필요성을 강조하였다.

이렇듯 현재 사회의 다각적인 변화로 인해 인문학계에서도 전통적인 철학적 관점에서 새로운 관점을 도입하여 스포츠 철학을 연구하고 있는 필요성을 강조하고 있다.

1. 스포츠와 존재론

스포츠철학의 분야 중에서 스포츠와 존재론의 관계를 탐구하는 것은 스포츠의 본질적 의미와 그 존재론적 지위를 밝히는 중요한 작업이다. 스포츠와 존재론의 관계를 논의할 때, 스포츠가 단순한 신체적 활동을 넘어 인간 존재의 의미와 본질을 탐구하는 과정임을 알 수 있다. 스포츠 활동은 물리적 행위에 국한되지 않으며, 개인의 정체성과 사회적 존재를 구성하는 중요한 경험으로 자리 잡고 있다. 스포츠의 존재론적 측면을 이해하기 위해서는 스포츠가 인간 삶의 맥락에서 어떤 존재론적 지위를 가지며, 이를 통해 인간 경험을 어떻게 형성하는지에 대해 심도 깊은 분석이 필요하다(Suits, 1978).

우선 존재론은 존재에 대한 물음으로부터 시작한다. ontology 즉 'on(존재자)'과 'logos(논)'로 이루어진 합성어로, 철학 학문에 있어 가장 기본이자 핵심이라 할 수 있다. 존재론은 곧 '있는 것은 있고, 없는 것은 없다'로 이해할 수 있으며, 여기서 있는 것 이란, 존재하는 것, 존재자를 뜻한다. 예컨대, 물리적인 현상을 연구하는 학문은 물리학, 경제적인 현상을 연구하는 학문은 경제학, 인간의 신체를 연구하는 학문은 체육학이라 할 수 있다. 따라서 존재론은 존재하는 것들의 가장 근원적인 것을 연구하는 것으로, '있음(존재)'의 차원에서 탐구하는 것이다.

존재론은 존재하는 모든 것들이 탐구 대상이 되며, 따라서 보편학이자, 개별 학문들의 탐구대상의 근원인 '있음(존재)'를 연구하는 학문이다. 즉 모든 학문들의 상위의 철학으로 '제 1 철학'으로 불린다.

또한 존재론은 형이상학적 이론과 연관이 있다. 형이상학(metaphysics)은 meta(뒤)와 physics(자연학)가 합쳐져 이루어진 것으로, 아리스토텔레스는 천체, 기상, 동식물, 심리 등의 자연에 관한 연구를 자연학이라 하고 이것을 먼저 배운 다음에 모든 존재 전반에 걸치는 근본원리, 즉 존재하는 것으로 하여금 존재토록 하는 원리를 연구하는 학문인 '제1철학(protephilosophie)' 또는 '신학(theologike)'을 배우는 것이 마땅하다고 학문의 순서를 말한 바 있었다. 따라서 안드로니코스(Andronikos)는 그것을 'to meta ta physika(자연학의 뒤에 놓인 것)'이라고 불렀으며, 이는 곧 형이상학은 경험의 세계에서 변동하는 것들을 넘어 존재하는 것들에 관한 궁극적인 원인을 체계적으로 연구하는 학문이라는 뜻을 갖게 되었다.

히르트만은 '철학적인 문제영역의 배후에는 어디에나 형이상학적인 문제가 도사리고 있고, 형이상학적 근본문제들은 존재론적인 본성을 갖는다'라고 하였다. 따라서 존재론과 형이상학의 탐구는 긴밀히 연관되어 있다고 볼 수 있다(손동현, 1986).

따라서 철학적 탐구는 그 탐구의 주제에 따라 서로 다른 여러 연구 영역이 있는데, 이 중 가장 근본적이고 기초적인 영역이 형이상학이라 할 수 있다.

또한 어떤 철학적인 통찰이라 할지라도 근본적으로는 존재론적인 통찰을 기초로 하고 있기 때문에 형이상학은 탐구의 주제나 대상에 있어 존재론이라는 이름의 탐구와 밀접한 관련이 있다고 할 수 있다. 따라서 형이상학적 근본문제들은 존재론적인 성향을 가지고, 오늘날의 다양한 존재론적인 탐구 또한 형이상학의 부활과 연결된다(김다애, 2016).

근대 이전의 형이상학 즉, 전통형이상학의 존재의 물음은 '존재'에 대한 물음을 제기한 것이 아니라, 존재자의 근거를 묻는 물음과 이에 대한 대답으로 끝나곤 하였다. 하지만 20세기 하이데거는 존재를 이해하는 유일한 존재자인 인간의 존재를, 현상학적, 실존론적으로 분석하여 존재의 의미를 '근본기분(Grundstimmung)'에 의해 밝히고, 전통적인 존재개념의 전환의 필요성을 주장하였다.

이렇듯 가장 근원적인 학문으로서 다양한 학문들을 바라보는 것은 개별 학계에 중요한 의의가 될 수 있다. 따라서 신체와 정신이 공존하는 체육학계를 존재론적인 관점으로 논의 해보는 것이 필요하다. 이를 위해 다양한 철학자들의 존재론적 담론을 논의해 보고자 한다.

플라톤은 서양철학에 있어 광범위한 영향력을 미친 학자로, 그는 불변하고 영원한 것만이 실재이기 때문에 경험세계는 환상에 불과하다고 말하였다. 따라서 모든 것들은 보편적인 형상의 이미지로 만들어진 것이라고 보았으며, 이는 곧 기독교 신학에 직접적인 영향을 주었다고 할 수 있다.

플라톤의 제자인 아리스토텔레스는 양과 질, 실체와 관계 등의 특정한 형이상학적 범주들이 모든 현상에 대해 적용 가능하다고 주장함과 동시에 인간 본성에 대한 정확한 법칙들이 있을 수 있다는 사실을 거부하였다.

또한 그는 '물음'은 언어적 표현들의 의미이며, 이러한 아리스토텔레스의 존재론적 분석이 보편적인 언어적 지평 안에서 이루어진다고 여겼으며, 그가 믿는 바에 따르면, 우리는 우리가 존재하는 것들(onta)에 대하여 언급하는 방식을 관찰함으로써 그것의 구조를 해명할 수 있다고 하였다.

토머스 아퀴나스는 이러한 아리스토텔레스의 철학과 그리스도교의 교리를 융합한 철학자로 신의 존재는 변화의 개념을 고려함으로써 증명될 수 있다고 말하였다.

또한 존재는 무(無)로부터 생성될 수 없기에, 항상 무언가가 존재해왔음이 틀림없고, 이 모든 것이 '신'이라고 주장하였다.

근대 철학의 아버지라 불리는 데카르트는 '나는 생각한다, 고로 존재한다'로 그의 통찰을 요약할 수 있다. 그는 감각으로부터 얻어진 어떠한 정보도 불확실하며, 오류 가능성이 있다는 이유로 거부하였으며, 생각할 때는 언제라도 그가 존재하여야만 하고 생각할 수 있기 위해서는 존재해야만 할 것이라 하였다.

존 로크는 사물의 1차적 성질과 2차적 성질들 사이의 구분이 존재한다고 하였으며, 1차적 성질은 객관적이며, 실제로 존재하는 것으로 2차적 성질은 주관적, 즉 관찰자의 정신 속에만 존재하는 것이라 하였다. 따라서 색깔이나, 소리, 달콤함이나 쓴맛 등은 지각하는 정신이 없다면 세상에 존재하지 않지만, 형태나 연장성, 고체성과 같은 것들은 누군가가 그것들을 지각하던, 않던간에 실제로 존재한다는 것으로 형이상학적 결론으로 이끌어진다.

하지만 조지 버클리는 '존재하는 것은 지각되는 것이다'라고 말하였으며, 이는 우리가 절대로 '물질'이라고 불리는 것을 지각하는 것이 아니라 단지 관념들을 지각하기 때문에 우리의 지각들을 지지하며 그 배후에 놓여있는 물질적 실체를 가정하는 것은 지지될 수 없는 가정이라고 결론내렸다.

존재론적 관점을 연구하는 많은 연구자들이 집중하는 철학자인 하이데거는 이원론적 관념 대신 '존재란 무엇인가'라는 질문 자체에 집중하였다.

따라서 우리는 우선 무언가가 '존재한다'라는 것은 무엇을 의미하는지를 살펴보아야 하며, 철학의 가장 기본적인 문제 즉, '왜 아무것도 없지 않고, 무언가가 있는가?'라는 질문으로부터 발생하는 것으로 보았다.

철학의 근본 문제의식이 '나는 누구인가'에 있다고 한다면, 같은 방식으로 '스포츠를 하는 나는 누구인가'를 물을 수 있다(김정효, 2009). 스포츠가 살아남기 위해 체육의 올바른 철학이 필요하며, 체육은 사람의 행동을 지도하고, 체육 철학은 체육의 가치에 기여한다는 것을 사회가 깨닫도록 한다.

오늘날 변화하는 사회에, 사람들은 어떻게 체육이 학생들의 불안과 같은 문제 해결에 공헌할 수 있는지와 같은 체육을 통한 사려깊은 생각은 사회에서 중요한 가치를 이해하는데 도움이 될 것이라고 사료된다(체육원리, 1999).

존재론은 '살아있는 것'에 대한 탐구이며, '살아있음'은 본능적인 행동을 포함할 수 있다. 인간으로서의 본능을 가장 잘 만족시켜 줄 수 있는 행동이 '체육' 즉 '운동'이며, 따라서 운동(체육)은 살아있는 자가 필수적으로, 본능적으로 해야하는 것이며, 선택사항이 될 수 없다. 여기서 운동은 본능적인 행동, 먹고, 마시고, 자는 것을 포함하는 포괄적인 개념으로 이해할 수 있다.

또한 인간은 도덕적·사회적·관습적인 행동을 배우며, 배운 것에 따라 행동한다.

따라서 인간은 행동하는 존재이며, 체육은 사회성, 도덕성과 같은 인간다운 행동을 가르치는 가장 좋은 수단이 될 수 있다. 즉 행동하는 존재로서의 인간에게 체육은 꼭 필요한 과정이다(체육학개론, 2013).

앞서 살펴본 형이상학의 주요 하위분과는 세계론(cosmology), 존재론(ontology), 신학(theology)으로 구성된다. 이중 체육 및 스포츠 현상의 이해와 관련하여 비중을 들 수 있는 영역은 세계론과 존재론이라 할 수 있다. 이 연구에서는 '존재론'에 초점을 두어 고찰을 해보고자 한다.

존재론(ontology)은 인간의 본질을 탐구하는 특수 형이상학의 한 분야로, 전통적으로 인간의 본질은 푸쉬케(psychē, 영혼 또는 정신)이라는 생각이 지배적이었으며, 인간의 본질에 관한 학문 연구를 영혼론이라는 명칭으로도 불렸다. 전통적 영혼론은 18세기 이후 새로이 출현한 이론들로부터 도전을 받게 되면서 두 가지 커다란 변화를 경험한다. 첫째, 인간의 본질은 전통적으로 생각하였듯이 고정불변의 영혼 또는 정신이라기보다는 되어가는 상태라는 인식이 등장하였다. 둘째, 육체로부터 독립된 영혼 또는 정신의 존립

가능성이 문제시되면서 신체성에 대한 관심이 부각되었고 인간의 본질을 육체화의 과정으로 설명하려는 시도들도 나타났다. 이에따라 존재론의 주제는 '인간됨의 과정은 정신과 육체를 관련시켜 어떻게 이해할 수 있는가?', '존재의 의미란 무엇인가?', '실제란 무엇인가?', '어떻게 인간의 행동이 통제되는가?', '체육 프로그램이 경험이 실제하는 세상에 대한 도전을 충족시키는데 있어서 학생들에게 바람직한가?'라는 물음으로 변화되었다.

현대의 철학자 Will Durant는 형이상학이 인간과 우주에 관련된 모든 것에 대한 실제를 연구하는 학문이라고 말했다(체육원리, 1999).

체육 및 스포츠 세계는 인간의 참여 행위와 뗄 수 없는 관계에 있기 때문에 체육 및 스포츠 세계의 문제는 곧 인간의 문제가 된다. 예를 들어 체육 및 스포츠 세계에 대한 존재론 연구는 체육교과에 있어 매우 중요한 의미를 가진다. 흔히 체육에서 '체'는 신체, 즉 인간의 몸을 뜻하고, '육'은 '함양한다' 또는 '기른다'를 의미하는 것으로 이해된다. 이에 따르면 체육은 신체(인간의 몸)를 함양하는(기르는)것이 된다. 이는 언뜻 보기에 체육교과의 궁극적 목적을 잘 보여주는 것처럼 보일수 있으나, 신체를 함양한다고 할 때 여기서 의미하는'신체는 무엇인가'라는 것이 문제로 떠오를 수 있다. 신체에 대한 명확한 규명이 있어야 체육교과가 담당해야 할 교육 목적과 내용이 다를 수 있기 때문이다.

따라서 인간의 본질을 해명하고자 하는 존재론 연구는 스포츠 철학의 주요 관심 대상이 된다. 체육 및 스포츠 현상에 대한 존재론 연구는 다음과 같은 물음들로부터 출발한다. '체육 및 스포츠 세계에서 마음과 몸, 정신과 신체의 관계와 그 양상을 어떠한가', '체육이라고 할 때 '체'는 무엇인가(스포츠 철한 試론, 2003).

전통적으로 존재론적인 관점에서 바라본 운동(체육·스포츠)은 움직임 행위 자체에 초점을 두어 고찰이 되고 있다. 또한 체육학계와 공통적인 '신체관'을 가지고 있는 무용학계에서도 신체 철학에 대해 다양하게 논의되고 있다.

현상학에서 말하는 몸은 '인식의 주체'이자 '인식의 대상'이며, 따라서 우리는 몸을 통해 세계를 인식함과 동시에 우리 몸 자체가 하나의 대상이다.

체육에서 말하는 신체는 감각을 통해 외부세계와 연결된다고 하였다. 따라서 체육을 정의할 때, 체육의 본질적 의미를 갖으며, 신체는 객체가 아닌 주체로서 모든 방위의 중심으로 '세계 내 존재'가 될 수 있다.

니체는 인간의 삶 자체가 '힘의 의지'라 하였으며, 힘의 성장형식은 신체실현과, 자아실현 그리고 자아존중 등을 이루게 하는 주체가 될 수 있다고 하였다.

따라서 체육에서는 신체를 기반으로 하여 자아가 실현될 수 있도록 심도 있는 연구가 필요하다(장성수, 2006).

스포츠 존재론의 주요 질문 중 하나는 "스포츠란 무엇인가?"이다. 이 질문은 스포츠가 다른 인간 활동과 구분되는 고유한 특징을 밝히는 데 중점을 둔다. 버나드 슈츠(Bernard Suits)는 스포츠를 "규칙에 의해 제한된 활동"으로 정의하며, 스포츠의 본질은 특정 목표를 달성하기 위해 자발적으로 규칙을 따르는 행위에 있다고 주장하였다. 이 과정에서 규칙은 활동의 본질을 구성하며, 규칙을 따르는 행위를 통해 스포츠는 독특한 존재론적 의미를 획득하게 된다(Suits, 1978). 예를 들어, 축구 경기에서 공을 손으로 사용하는 것은 규칙에 어긋나지만, 이러한 제한이 스포츠의 본질적 재미와 도전을 만들어낸다.

스포츠의 존재론적 특성은 인간의 놀이와의 관계에서도 잘 드러난다. 요한 하위징아(Johan Huizinga)는 스포츠를 놀이의 한 형태로 간주하였으며, 놀이가 인간의 문화와 존재에 중요한 역할을 한다고 보았다(Huizinga, 1955). 스포츠는 놀이의 특성을 공유하며, 이는 인간의 자유로운 자기 표현과 창의성을 가능하게 한다. 스포츠는 경쟁을 포함하지만, 그 경쟁은 단순히 상대를 이기는 것이 아니라, 자신을 극복하고 규칙 내에서 자신의 능력을 최대한 발휘하는 것을 목표로 한다. 이러한 관점에서 스포츠는 인간 존재의 의미를 탐구하는 중요한 장으로서, 인간의 신체적, 정신적 가능성을 실현하는 과정으로 이해될 수 있다.

스포츠의 존재론적 지위를 논할 때 중요한 또 다른 측면은 신체의 역할이다. 메를로-퐁티(Maurice Merleau- Ponty)는 신체를 인간 존재의 본질적인 부분으로 보았으며, 스포츠는 이러한 신체적 존재를 경험하는 중요한 방식이라고 주장하였다(Merleau-Ponty, 1962). 스포츠 활동은 신체를 단순한 물질적 대상으로 보는 것이 아니라, 인간이 세계와 상호작용하고 자신을 표현하는 방식으로 이해한다. 신체는 스포츠를 통해 개인의 정체성을 형성하고, 사회적 관계를 맺으며, 타인과의 상호작용 속에서 의미를 만들어 나간다. 이러한 존재론적 접근은 스포츠가 단순히 육체적 기술의 연마가 아니라, 신체와 정신의 통합적 경험임을 강조한다.

스포츠의 존재론적 의미는 또한 공동체적 경험과 관련이 깊다. 스포츠는 개인적 차원을 넘어 사회적 존재로서의 인간을 형성하는 데 기여한다. 에밀 뒤르켐(Émile Durkheim)은 스포츠와 같은 집단 활동이 사회적 연대를 강화하고, 집단적 정체성을 형성하는 중요한 역할을 한다고 보았다(Durkheim, 1912). 스포츠는 개인들이 공동체의 일원으로서 경험을 공유하고, 규칙과 가치를 함께 수용하며, 이를 통해 사회적 존재로서의 의미를 부여받는 활동이다. 스포츠 경기에서의 팀워크와 협력, 팬들의 응원과 같은 요소들은 개인이 공동체 속에서 자신을 발견하고, 타인과의 관계 속에서 자신의 존재를 재확인하는 경험을 가능하게 한다.

스포츠의 존재론적 접근은 현대 사회에서 스포츠가 가지는 의미를 비판적으로 고찰하는 데에도 유용하다. 현대 스포츠는 상업화와 미디어의 영향으로 인해 본래의 놀이적 성격에서 벗어나, 경제적 이익과 명예를 추구하는 방향으로 변화해 왔다. 이러한 변화는 스포츠의 존재론적 의미를 약화시키고, 스포츠가 지닌 본래의 자기 표현과 놀이로서의 가치를 훼손할 위험이 있다(Featherstone, 1991). 스포츠의 존재론적 본질은 자발적이고 자유로운 활동에 있지만, 현대 스포츠에서는 외부의 압력과 기대가 스포츠의 본질적 가치를 왜곡시키는 경우가 많다. 따라서 스포츠철학은 스포츠의 상업화와 그로 인한 존재론적 변화에 대한 비판적 논의를 통해 스포츠가 본래의 의미를 회복할 수 있는 방안을 모색해야 한다.

정리해 보면, 존재론은 철학에서의 가장 근본적인 물음으로 '나는 누구인가', '체육과 스포츠를 하는 나는 누구인가'라는 질문을 낳는다. 우리는 체육교과의 궁극적 목적이라 할 수 있는 '신체관'에 대해 끊임없이 논의해야 한다. 역사적으로 체육은 '심신이원론(心身二元論)'과 '심신일원론(心身一元論)'과 같은 인간의 '심신(心身)' 관계를 중요시하고 있기에, 체육을 하는 궁극적인 목적은 신체와 정신을 함양하는 것을 부정할 수 없으며, 체육을 하는 '나'의 존재도 '심신'의 관계에서 찾아야 할 것이다.

하이데거는 고도로 과학기술이 발전한 현대, 오늘날의 우리는, 존재에 대해 생각하려 하지 않는다고 지적한다. 또한 과도한 과학기술에 의존하여 엘리트 운동선수들은 스포츠 마케팅에 의존할 수밖에 없는 시대에 직면하여 현대 스포츠가 점차 타락하고 있다고 하였다. 따라서 그는 이러한 문제들은 운동을 하고 있는 자신을 중심으로 살펴보아야 한다고 말한다(이학준, 2008). 이렇듯 우리는 급변하는 사회 속 우리들의 존재에 대해 망각하여 체육을 하고 있지 않은가에 대해 심도 있는 철학적 논의가 필요한 시점이다.

결론적으로, 스포츠와 존재론의 관계를 탐구하는 것은 스포츠가 인간 존재의 본질을 어떻게 반영하고 있는지를 이해하는 중요한 과정이다. 스포츠는 규칙을 통해 의미를 부여받고, 신체를 통한 자기 표현과 공동체적 경험을 가능하게 하며, 이를 통해 인간의 존재를 형성하는 중요한 활동이다. 스포츠는 단순한 신체적 기술의 발휘가 아니라, 인간이 세계와 관계를 맺고 자신을 발견하는 방식으로서 존재론적 의미를 지닌다. 이러한 존재론적 접근은 현대 스포츠의 상업화와 변화 속에서도 스포츠의 본래 의미를 재확인하고, 스포츠가 지닌 인간적 가치를 회복하는 데 중요한 기여를 할 수 있을 것이다.

2. 스포츠와 인식론

스포츠는 인간의 삶에서 단순한 신체 활동을 넘어 철학적, 문화적, 사회적 의미를 담아온 복합적 실천으로, 스포츠 인식론은 고대부터 현대까지 지속적으로 진화하며 신체와 마음, 그리고 사회적 관계에 대한 이해를 심화시켜 왔다. 이론의 출발점은 고대 그리스 철학으로, 플라톤은 인간을 신체와 영혼의 이원적 존재로 보고 영혼을 우위에 두었다. 그는 신체를 영혼의 목적을 수행하는 도구로 간주했지만, 동시에 방해 요소로도 보았다. 반면, 아리스토텔레스는 신체와 마음의 통합성을 강조하며, 스포츠가 개인의 전인적 발전에 기여한다고 주장했다.

중세 시대에는 플라톤의 이원론이 기독교 사상에 영향을 미쳐 신체를 영혼의 종속물로 간주했다. 아우구스티누스는 신체를 마음의 수양을 방해하는 존재로 보았고, 금욕주의적 생활방식을 강조하면서 스포츠 활동을 부정적으로 해석했다(Lindberg, 2007).

르네 데카르트는 신체를 정신에 종속된 기계적 존재로 규정하며 이원론을 철학적으로 정교화했지만, 장자크 루소는 신체와 정신의 조화로운 발전을 강조하며 이를 비판했다. 그는 체육 활동이 자유롭고 건강한 인격 형성을 돕는 중요한 방법임을 주장하며 신체의 독립적 가치를 긍정적으로 보았다(Rousseau, 1762). 19세기에는 산업혁명을 계기로 신체 건강과 체력의 중요성이 부각되며, 독일의 체조운동과 영국 공립학교의 스포츠 교육이 발전했다(Mangan, 1981). 프리드리히 니체는 신체를 철학적 연구의 중심에 두고, 스포츠를 인간의 의지와 생명력을 표현하는 실천으로 재정의했다(Nietzsche, 1883).

20세기에 들어서면서 현상학적 접근이 스포츠 인식론에 새로운 전환점을 가져왔다. 모리스 메를로 퐁티는 신체를 세계를 지각하고 구성하는 주체로 보며, 스포츠 활동이 신체와 정신의 통합적 이해를 위한 주요한 실천임을 강조했다(Merleau- Ponty, 1945). 현대에는 신경과학과 운동 과학의 발전으로 스포츠에서 신체와 인식의 상호작용에 대한 이해가 더욱 심화되었다. 이로써 스포츠는 신체적 활동에 그치지 않고, 인간의 인식과 정체성을 형성하는 과정으로 재조명되며, 복잡한 문화적, 사회적, 철학적 맥락 속에서 이해되어야 할 학문적 주제로 자리 잡았다(Ok, 2014).

스포츠철학의 한 분야인 스포츠와 인식론에 대한 논의는 스포츠가 지식과 인식의 형성 과정에서 어떤 역할을 하는지, 그리고 스포츠 자체가 어떤 종류의 지식을 제공하는지에 대한 질문을 다루고 있다. 스포츠는 단순한 신체 활동 이상의 의미를 가지며, 이를 통해 우리는 신체적 경험과 그 경험을 통해 습득하는 지식을 인식론적 관점에서 분석할 수 있다. 스포츠와 인식론을 탐구하는 것은 스포츠가 지식의 본질, 학습의 과정, 그리고 인간의 인식 구조에 미치는 영향을 이해하는 데 중요한 단서를 제공한다(McFee, 2004).

스포츠의 인식론적 측면은 우선 스포츠가 어떠한 형태의 지식을 제공하는지에 대한 질문으로부터 시작된다. 스포츠는 주로 신체적 지식을 매개로 하여 이루어진다. 이러한 신체적 지식은 우리의 신체가 환경과 상호작용하면서 습득되는 것으로, 이는 이론적 지식이나 언어적 지식과는 다른 고유한 형태의 인식이다(Polanyi, 1966). 마이클 폴라니(Michael Polanyi)는 이를 암묵적 지식(tacit knowledge)이라고 명명하였으며, 이는 말로 표현할 수 없지만 행동과 경험을 통해 체득되는 지식이다. 예를 들어, 축구 선수는 상대의 움직임을 예측하고 반응하는 능력을 갖추고 있지만, 이러한 능력은 명시적으로 설명하거나 언어로 전달하기 어려운 경우가 많다. 이와 같이 스포츠를 통해 체득되는 지식은 스포츠 행위자들이 환경에 적응하고 적절히 반응하는 과정을 통해 습득된다.

또한, 스포츠에서의 지식 습득 과정은 경험을 통한 학습과 밀접한 관련이 있다. 스포츠는 단순한 이론적 학습이 아니라, 신체적 경험을 통한 실천적 학습의 장으로 기능한다(Schön, 1983). 도널드 쇤(Donald Schön)은 반성적 실천(reflective practice)을 통해 우리가 경험을 바탕으로 배우고 성장한다고 주장하였으며, 스포츠는 이러한 반성적 실천의 대표적인 예라 할 수 있다. 예를 들어, 농구에서 슛을 던지는 기술은 반복적인 연습과 그 결과에 대한 반성적 사고를 통해 개선되며, 이러한 과정은 지식이 신체에 체화되는 방식으로 이해할 수 있다. 스포츠에서의 지식 습득은 이론과 실천의 결합을 통해 이루어지며, 이는 인식론적 관점에서 중요한 학습의 형태이다.

스포츠 인식론의 또 다른 중요한 측면은 스포츠 활동을 통해 형성되는 자기 인식(self- awareness)이다. 스포츠는 개인이 자신의 신체와 그 한계를 이해하고, 이를 통해 자기 자신을 인식하는 데 중요한 역할을 한다(Merleau- Ponty, 1962). 모리스 메를로 퐁티(Maurice Merleau- Ponty)는 신체를 통해 세상을 경험하는 것이 인간 존재의 근본적인 방식이라고 주장하였으며, 스포츠는 이러한 신체적 경험을 극대화하는 활동이다. 예를 들어, 마라톤을 뛰는 과정에서 개인은 자신의 신체적 한계를 체험하고, 이를 극복하는 경험을 통해 자신의 존재와 한계를 새롭게 인식하게 된다. 이와 같은 경험은 스포츠가 단순한 신체 활동을 넘어, 인간이 자신을 이해하고 자아를 형성하는 중요한 인식론적 장임을 보여준다.

스포츠와 인식론의 관계를 논할 때 중요한 또 다른 측면은 공동체적 지식의 형성이다. 스포츠는 개인적인 경험을 넘어 사회적 지식의 형성에도 기여한다. 팀 스포츠는 선수들이 협력하고 전략을 공유하며, 이를 통해 공동의 목표를 달성하기 위한 지식을 형성하는 과정으로 이루어진다(Collins, 2010). 이러한 과정에서 형성되는 지식은 단순히 개인적인 것이 아니라, 팀의 일원으로서 공유되고 발전되는 사회적 지식이다. 예를 들어, 축구 경기에서 팀의 전술을 이해하고 실행하는 것은 각 선수의 개인적 기술뿐만 아니라, 팀 내의 소통과 협력을 통해 형성된 집단적 지식의 결과이다. 이러한 공동체적 지식은 스포츠를 통해 개인이 사회적 존재로서의 역할을 배우고, 타인과의 상호작용 속에서 지식을 형성하는 중요한 경험을 제공한다.

현대 스포츠에서의 인식론적 도전은 스포츠가 상업화되고 미디어화되면서 발생하는 변화와도 관련이 있다. 상업화된 스포츠는 점점 더 성과 지향적이 되고, 선수들은 개인의 신체적 한계를 극복하기보다는 외부의 기대와 압력에 부응하기 위해 노력하게 된다(Featherstone, 1991). 이러한 변화는 스포츠가 지닌 본래의 인식론적 가치를 약화시킬 수 있으며, 스포츠를 통한 자기 인식과 지식 형성의 과정이 왜곡될 위험이 있다. 따라서 스포츠철학은 현대 스포츠의 상업화 속에서도 스포츠가 지닌 인식론적 가치를 유지하고, 스포츠를 통한 인간적 성장을 촉진하는 방법을 모색할 필요가 있다.

결론적으로, 스포츠와 인식론의 관계를 탐구하는 것은 스포츠가 인간의 지식 형성 과정에서 어떤 역할을 하는지를 이해하는 중요한 과정이다. 스포츠는 신체적 경험을 통한 암묵적 지식을 제공하며, 반성적 실천을 통해 학습을 촉진하고, 자기 인식과 공동체적 지식 형성에 기여한다. 이러한 인식론적 접근은 스포츠가 단순한 신체 활동을 넘어, 인간의 인식 구조와 지식 형성에 중요한 역할을 하는 복합적인 활동임을 보여준다. 현대 스포츠의 상업화와 변화 속에서도 스포츠의 본래 인식론적 가치를 유지하기 위해서는 스포츠가 지닌 교육적, 철학적 의미를 재평가하고, 스포츠를 통한 인간적 성장을 촉진하는 방안을 모색해야 할 것이다.

3. 스포츠와 미학

스포츠미학은 스포츠 활동에서 나타나는 미적 경험을 다루는 학문으로, 스포츠의 아름다움과 예술적 가치를 탐구한다. 미학은 본래 "美"라는 가치를 연구하는 철학적 학문으로, Baumgarten(1735)과 Kant(18세기)에게서 독립적인 학문 영역으로 발전했다(박지영, 2002). 미학은 춤, 연극, 조각, 그림 등 예술의 여러 분야뿐만 아니라 자연과 인간의 활동에서도 아름다움을 평가하며, 그 평가 기준을 설정하는 과정이다(임일혁, 2004). 스포츠미학은 스포츠 활동과 그에 관련된 경험에서 나타나는 미적 요소들, 예를 들어 운동의 아름다움, 경기의 표현, 경기장의 디자인, 스포츠와 예술의 교차점을 다룬다.

Wright(2003)는 스포츠에서 미적 판단을 두 가지 관점으로 설명했다. 첫 번째는 '평결적 판단'(판결적 판단, verdictive judgment)으로, 이는 미적 아름다움이 있는지 없는지를 판단하는 것으로, 예를 들어 피겨스케이팅에서 고난도의 트리플 점프가 아름답다고 판단할 수 있다. 두 번째는 '실제적 판단'(substantive judgment)으로, 이는 운동 수행의 질을 판단하는 것으로, 트리플 점프가 고난이도의 훌륭한 기술이라 판단하는 것이다(황정현, 2016). 이러한 미적 판단은 스포츠의 미학적 가치를 평가하는 중요한 기준이 된다.

스포츠미학의 발전은 18세기 초로 거슬러 올라가며, 특히 바움가르텐의 저서에서 그 기초를 찾을 수 있다. 바움가르텐은 미학을 '시(詩)에 관한 철학적 성찰'에서 시작하여 미적 경험의 연구를 독립적인 학문으로 정립했다. 그의 학문은 추상적인 철학의 영역을 벗어나 인간의 감각과 경험에 직접적으로 결합된 미적 품성과 아름다움을 다룬다(임일혁, 2004).

스포츠미학에서 중요한 개념 중 하나는 스포츠와 예술의 경계가 모호하다는 점이다. 스포츠 활동에서 드러나는 창의적인 요소나 선수들의 기술은 종종 예술적 표현으로 해석될 수 있다. 예를 들어, 축구에서의 창의적인 패스나 농구에서의 화려한 덩크 슛은 단순한 기능적 동작을 넘어서, 미적 감동을 주는 예술적 요소로 인식된다. 이러한 스포츠의 미적 측면은 종종 예술과 스포츠의 경계를 흐리게 만든다(McFee, 2010; Arnold, 2011).

스포츠미학은 또한 감정의 표현과 밀접하게 연관된다. 스포츠는 승리의 기쁨, 패배의 아쉬움, 팀워크에서 오는 유대감 등 다양한 감정을 드러낸다. 이러한 감정은 관중들에게 미적 감동을 선사하며, 예술과 유사하게 인간의 감정을 상징적으로 표현한다(Langer, 1953). 예를 들어, 마라톤에서 한계에 도전하는 선수의 모습이나 격렬한 경기 속에서 포기하지 않는 정신은 숭고함을 불러일으킨다. 이러한 감정의 표현은 스포츠가 가진 미적 가치를 더욱 풍부하게 만든다(Best, 2004).

스포츠미학의 발전과 관련하여, 현대 사회에서 스포츠는 상업적 요소와 밀접히 결합되어 있으며, 이는 스포츠의 미적 가치를 위협할 수 있다. 특히, 스포츠의 상업화가 진행되면서 경기의 질보다는 경제적 성과가 우선시되는 경향이 강해지고 있다. 이러한 변화는 스포츠가 지닌 미적 가치를 약화시킬 수 있으며, 스포츠철학은 이러한 상업적 영향 속에서도 미적 가치의 본질을 유지하고, 스포츠를 예술적 활동으로서의 측면을 재조명하는 역할을 해야 한다(McFee, 2010).

스포츠미학은 시대와 보는 이의 관점에 따라 다르게 해석될 수 있다. 예를 들어, 올림픽의 기술적 동작이나 경기의 흐름은 시대와 기술 발전에 따라 달라진다. 2002년 월드컵과 같은 메가 이벤트에서 한국 선수단의 승리는 단지 결과에 그치지 않고, 그 과정에서 드러나는 스포츠적 미학, 즉 승리의 과정이나 선수들의 배경 등이 중요한 미적 요소로 작용한다. 이러한 스포츠의 미학적 측면은 국민들의 자긍심을 높이고, 스포츠를 통한 단합을 촉진하는 역할을 한다(정민혁, 2002).

결론적으로, 스포츠미학은 스포츠에서의 기술적, 감정적, 예술적 요소들을 종합적으로 다루는 중요한 분야이다. 스포츠의 미적 가치는 그 자체로 예술적 요소를 지니며, 관중들에게 감동을 선사하는 중요한 요소로 작용한다. 또한, 스포츠와 예술의 경계를 허물며, 스포츠가 단순한 경쟁 이상의 미적 경험을 제공하는 활동으로 인식될 수 있도록 한다. 현대 사회에서 스포츠미학은 더욱 중요한 역할을 할 것이며, 상업화와 기술 발전 속에서도 그 미적 가치를 보호하는 노력이 필요하다.

V 스포츠 윤리

스포츠 윤리는 스포츠 현장에서의 도덕적 원칙과 기준을 다루는 분야이다. 스포츠는 단순한 여가 활동을 넘어 문화적, 경제적 힘으로 자리 잡았으며, 그에 따라 스포츠 윤리의 중요성도 점점 커지고 있다. 스포츠가 성장하면서 도핑, 승부조작, 폭력, 착취와 같은 윤리적 문제가 대두되었고, 이러한 문제를 해결하기 위해 스포츠 윤리 교육이 필수적이다. 스포츠 윤리 교육은 선수, 코치, 그리고 모든 이해관계자들이 공정성과 존중, 정의를 지킬 수 있도록 돕는 중요한 역할을 한다(박성주, 2013; 함정혜·최진선, 2017).

스포츠 윤리는 크게 몇 가지 주요 영역으로 나눌 수 있다. 첫째, 스포츠맨십은 상대에 대한 존중과 공정한 경쟁, 윤리적 행동을 강조한다. 스포츠맨십은 모든 스포츠의 기본 정신으로, 이를 통해 경쟁이 공정하게 이루어질 수 있도록 한다(김지호·박성주, 2017). 둘째, 경쟁과 페어플레이는 규칙을 지키고 상대방을 존중하며, 정직하게 경기에 임하는 것을 의미한다. 지나친 승리에 대한 집착이 때로는 비윤리적 행동으로 이어지기도 하며, 이는 스포츠의 본래 정신을 훼손시킨다(박성주, 2013). 셋째, 폭력과 도핑과 같은 비윤리적 행위는 현대 스포츠에서 빈번히 발생하는 문제들로, 선수들이 승리를 위해 윤리적 기준을 저버리는 사례들이 많아지고 있다(이학준·권욱동, 2018).

스포츠 윤리의 최근 동향을 살펴보면, 윤리적 딜레마에 대한 인식과 해결 노력이 점점 더 중요해지고 있다. 과거에는 스포츠 윤리의 개념적 탐구에 주로 집중하였으나, 최근에는 윤리적 행동을 스포츠 현장에서 실천하는 방법에 대한 연구가 활발히 이루어지고 있다. 스포츠 조직, 코치, 선수들이 공정성과 책임감을 강조하는 문화를 조성하려는 노력이 이어지고 있다(함정혜·최진선, 2017).

스포츠 윤리가 직면한 주요 과제 중 하나는 이론적 연구와 실제 적용 간의 격차를 좁히는 것이다. 윤리적 행동을 촉진하기 위한 많은 연구와 시도가 있었으나, 실제 현장에서 그 효과는 여전히 한계가 있다. 이론적 교육과 함께 실제 상황에 적용 가능한 윤리 교육 프로그램의 개발이 중요하다(이학준·권욱동, 2018). 이론적인 면에서는 대표적으로 다루어지고 있는 스포츠 윤리 이론들은 공리주의, 의무론적 윤리, 덕 윤리, 계약적 윤리 등이 있다.

또 다른 과제는 프로스포츠에서 윤리적 행동을 장려하는 것이다. 프로스포츠는 높은 재정적 이해관계와 경쟁 압력으로 인해 비윤리적 행동이 발생하기 쉬운 환경이다. 이러한 환경 속에서 선수들이 윤리적 기준을 지킬 수 있도록 자기성찰과 윤리적 행동의 중요성을 강조하는 것이 필요하다(이학준·권욱동, 2018).

비윤리적 행동의 실제 사례들은 도핑과 승부조작 등으로 다양하다. 한 국가 대회에서의 결과 조작 사건은 사회적으로 큰 반향을 일으켰으며, 해당 스포츠의 신뢰성에 큰 손상을 입혔다. 이러한 비윤리적 행위를 방지하기 위해 스포츠 조직들은 공정성, 정직성, 책임감을 강조하는 윤리 강령을 개발하고 있으나, 이러한 조치의 효과는 이해관계자들의 참여와 의지에 달려 있다.

스포츠 윤리 연구의 미래 방향은 효과적인 교육 프로그램의 개발에 중점을 두어야 한다. 스포츠 윤리 교육은 어린 선수들부터 체계적으로 도입되어야 하며, 이론 교육뿐만 아니라 실제 상황에서 이러한 이론을 적용할 수 있도록 해야 한다(박성주, 2013). 또한, 스포츠 윤리가 스포츠 현장에서 실질적으로 어떻게 적용될 수 있는지에 대한 연구가 더욱 필요하다(이학준·권욱동, 2018). 개인 윤리와 사회적 책임을 통합하여 현대 스포츠의 윤리적 과제를 효과적으로 해결하는 것도 중요한 과제로 남아 있다(이학준·권욱동, 2018).

결론적으로, 스포츠 윤리는 스포츠 영역에서 도덕적 원칙을 확립하고 지키는 데 중요한 역할을 한다. 스포츠의 성격이 변화하고 성장함에 따라 강력한 윤리적 토대의 필요성은 더욱 커지고 있다. 윤리 교육의 통합, 실질적 적용, 지속적인 성찰을 통해 스포츠 환경이 모든 참여자에게 공정하고 존중받는 공간으로 유지될 수 있을 것이다.

1. 스포츠맨십

스포츠맨십은 스포츠 활동에서 가장 중요한 요소로, 도덕적 가치와 공정성, 존중, 그리고 팀워크를 바탕으로 형성된다. Keating(1964)은 스포츠맨십을 단순히 승패를 넘어서, 경쟁에서 도덕성과 공정한 태도를 유지하는 것이라고 정의했다. Geertz(1973)는 스포츠맨십이 개인의 도덕적 행위뿐만 아니라 사회문화적 배경에서의 가치관을 반영한다고 주장했다. 이러한 다양한 정의들은 스포츠맨십이 스포츠 경기에서만 나타나는 것이 아니라, 사회적으로도 중요한 가치가 된다는 점에서 공통점을 갖는다. 그러나 현대 사회의 글로벌화, 상업화, 그리고 기술 발전은 스포츠맨십에 새로운 도전을 안겨주고 있다. 특히, 글로벌화는 스포츠가 단순한 개인이나 팀의 경쟁을 넘어서, 국가적 또는 정치적 이슈와 얽히게 만든다. 이에 따라 스포츠맨십의 본질은 점차 왜곡될 위험에 처하게 되었다.

글로벌화는 스포츠의 국제화와 함께 국가 간의 경쟁을 더욱 격화시키며, 이는 스포츠맨십의 핵심인 공정성과 존중의 가치를 위협한다. 특히, 주요 글로벌 스포츠 이벤트에서 선수들은 종종 국가의 영예를 짊어지고 경기에 임하게 되며, 이러한 상황은 선수들에게 국가적 압박을 가해 스포츠맨십의 왜곡을 초래할 수 있다. 예를 들어, 2008년 베이징올림픽에서는 중국이 정치적, 문화적, 경제적 목표를 실현하기 위해 스포츠를 중요한 도구로 활용했다. 이와 같은 정치화된 스포츠 이벤트는 선수들에게 승리에 대한 압박을 강화시키고, 공정한 경쟁과 스포츠맨십을 간과하게 만들 수 있다(Mangan & Jinxia, 2008).

상업화 역시 스포츠맨십에 심각한 영향을 미친다. 현대 스포츠는 막대한 상업적 이익이 얽힌 산업으로 변모했으며, 이는 스포츠맨십의 순수성을 훼손하고 있다. 예를 들어, 프로스포츠에서 기업 후원과 광고 수익이 중요한 역할을 하며, 선수들의 이미지와 성과가 상업적으로 상품화되고 있다. 이러한 상업화된 스포츠 환경은 선수들에게 경제적 이익을 우선시하게 만들며, 그로 인해 경기의 공정성이나 스포츠맨십이 희생될 위험에 처한다(Bugaevskiy, 2011). 또한, 상업적 압박은 도핑이나 승부조작 같은 부정행위를 유발할 수 있으며, 이는 스포츠의 본래 목적에 부합하지 않는다. 예를 들어, 2015년 러시아의 도핑 스캔들은 스포츠맨십에 대한 대중의 신뢰를 크게 훼손시켰다(Shibli, 2000).

기술 발전은 또 다른 중요한 변수로, 경기의 공정성과 투명성을 높이는 데 기여하는 동시에 새로운 도전을 안겨주고 있다. 비디오 판독(VAR)과 같은 기술은 심판의 판정 오류를 줄이고 공정성을 증대시키지만, 지나치게 의존할 경우 스포츠맨십의 핵심 가치인 인간적 판단과 존중이 약화될 수 있다(Morgan, 2007). 또한, 고급 스포츠 장비와 유전자 조작 같은 기술적 혁신은 선수들의 경기력을 비약적으로 향상시키지만, 이로 인해 공정한 경쟁 원칙이 무너질 위험이 있다. 예를 들어, 나이키의 Vaporfly 운동화는 마라톤 선수들의 성과를 향상시켰고, 이에 대한 공정성 논란이 일었다. 기술의 발전은 스포츠맨십을 지키는 동시에, 기술이 경제적 불평등을 심화시키지 않도록 하는 균형을 맞추는 것이 중요하다.

이와 같이, 글로벌화, 상업화, 기술 발전은 현대 스포츠맨십에 심각한 영향을 미치고 있으며, 이러한 도전에 대응하기 위한 노력은 스포츠 윤리학의 중요한 과제가 되고 있다. 청소년 스포츠 교육을 통해 이러한 가치들을 재구성하고, 지속 가능한 스포츠맨십의 발전을 위해 노력하는 것이 시급하다.

스포츠윤리의 분야 중 스포츠맨십은 스포츠의 도덕적 가치와 관련된 중요한 개념으로, 정정당당한 경쟁, 타인에 대한 존중, 규칙 준수 등의 윤리적 기준을 포함한다. 스포츠맨십은 단순히 경기의 승패를 떠나 스포츠 활동을 통해 인격을 연마하고 공동체의 가치를 존중하는 태도로서, 이는 스포츠의 핵심적인 윤리적 지표로 자리 잡고 있다(Arnold, 1994). 스포츠맨십은 스포츠가 단순한 신체적 능력의 발휘를 넘어, 인간관계와 도덕적 성숙을 위한 중요한 장이 됨을 의미한다.

스포츠맨십은 먼저 스포츠 활동의 근본적 가치를 반영한다. 스포츠는 공정성과 경쟁의 원리를 바탕으로 하며, 이 과정에서 선수들은 승리를 목표로 하면서도 상대를 존중하고 규칙을 준수하는 태도를 보여야 한다. 이는 스포츠가 단순히 상대를 이기는 것이 아니라, 상대와의 공정한 경쟁을 통해 자신을 극복하고 성장하는 과정임을 의미한다(Simon, 2004). 스포츠맨십은 선수들이 경기 중 상대를 존중하고, 심판의 판정을 수용하며, 불공정한 행동을 피하려는 노력을 통해 구현된다. 이러한 태도는 스포츠가 지닌 교육적 가치와 윤리적 가치를 강조하며, 스포츠맨십의 실천은 스포츠의 목적을 고양시키는 역할을 한다.

스포츠맨십은 개인의 도덕적 성숙과도 밀접하게 관련되어 있다. 스포츠맨십은 선수들이 승리의 유혹에 넘어가지 않고, 공정하고 정직한 방식으로 경기에 임하도록 요구한다. 이는 스포츠를 통해 개인이 자신의 욕망을 통제하고, 도덕적 기준을 준수하는 훈련을 받는 과정이라고 할 수 있다(Rudd, 2005). 예를 들어, 중요한 순간에 부정행위를 하지 않고 정당한 방법으로 승리를 쟁취하려는 태도는 스포츠맨십의 중요한 예이다. 이러한 태도는 선수들에게 도덕적 책임감을 심어주며, 스포츠를 통해 개인의 윤리적 성숙을 도모한다. 또한, 스포츠맨십은 스포츠를 통해 경쟁과 협력, 승리와 패배를 모두 경험하면서 개인이 도덕적 판단을 내리는 능력을 기르는 데 기여한다.

스포츠맨십은 또한 사회적 관계와 공동체의 가치를 반영하는 윤리적 원칙이다. 스포츠는 개인적인 활동인 동시에 사회적 활동이며, 팀 스포츠에서는 특히 공동체의 가치를 존중하는 것이 중요하다. 스포츠맨십은 팀 동료 간의 협력, 상대팀에 대한 존중, 관중에 대한 예의 등을 포함한다(Kretchmar, 2005). 팀 스포츠에서의 스포츠맨십은 선수들이 자신보다 팀의 목표를 우선시하며, 동료들과의 협력을 통해 목표를 달성하려는 태도로 나타난다. 이러한 태도는 스포츠를 통해 공동체의 일원으로서 책임을 다하고, 사회적 유대감을 형성하는 데 기여한다. 또한, 스포츠맨십은 스포츠 팬들에게도 중요한 의미를 가지며, 관중들은 선수들의 스포츠맨십을 통해 공정한 경쟁과 도덕적 가치를 학습하고, 이를 일상생활에 적용하려는 동기를 갖게 된다.

현대 스포츠에서 스포츠맨십의 중요성은 더욱 강조되고 있다. 상업화된 현대 스포츠는 때로는 승리를 위한 과도한 경쟁과 부정행위를 초래할 수 있으며, 이는 스포츠의 윤리적 가치를 훼손할 위험이 있다(Featherstone, 1991). 도핑, 부정행위, 심판 매수 등은 현대 스포츠에서 발생하는 대표적인 문제들로, 이는 스포츠의 공정성과 스포츠맨십을 위협하는 요소들이다. 이러한 상황에서 스포츠맨십은 스포츠의 윤리적 가치를 지키기 위한 중요한 기준으로 작용한다. 스포츠맨십의 실천은 선수들뿐만 아니라, 코치, 심판, 팬들 모두에게 요구되는 윤리적 태도로, 스포츠의 본래 목적을 회복하고 공정한 경쟁을 장려하는 역할을 한다.

스포츠맨십은 또한 교육적 차원에서 중요한 의미를 가진다. 스포츠는 청소년들에게 도덕적 가치와 사회적 규범을 가르치는 중요한 교육적 도구로 활용될 수 있으며, 이 과정에서 스포츠맨십은 핵심적인 역할을 한다(Vallerand et al., 2008). 청소년 스포츠 프로그램은 스포츠맨십을 강조함으로써 청소년들이 정직, 존중, 책임감과 같은 가치를 학습하도록 돕는다. 예를 들어, 청소년들이 경기 중 패배를 받아들이고, 상대를 존중하며, 규칙을 준수하는 태도를 배우는 것은 그들의 도덕적 성장에 중요한 영향을 미친다. 이러한 교육적 경험은 스포츠를 통해 청소년들이 사회의 일원으로서 책임을 다하고, 공정한 태도로 타인과의 관계를 형성하는 능력을 기르는 데 기여한다.

그러나 현대 스포츠에서 스포츠맨십을 실천하는 것은 다양한 도전에 직면해 있다. 상업적 압력과 승리지상주의는 스포츠맨십을 약화시키는 주요 요인으로 작용할 수 있다. 선수들은 스폰서와 미디어의 압박 속에서 승리에 대한 강한 압박을 받으며, 이는 때로는 부정행위나 규칙 위반으로 이어질 수 있다(Coakley, 2009). 이러한 문제를 해결하기 위해 스포츠 단체와 교육 기관은 스포츠맨십을 강조하는 윤리 교육과 규범 확립에 더욱 힘써야 한다. 스포츠맨십은 스포츠의 본질적 가치를 지키기 위한 중요한 윤리적 지침으로서, 스포츠를 통해 도덕적 성장을 이루기 위해 지속적으로 강조되어야 할 가치이다.

결론적으로, 스포츠맨십은 스포츠의 윤리적 가치를 구현하는 중요한 개념으로, 공정한 경쟁, 타인에 대한 존중, 도덕적 책임 등을 포함한다. 스포츠맨십은 스포츠를 통해 개인이 도덕적 성숙을 이루고, 공동체의 가치를 존중하며, 사회적 유대감을 형성하는 데 기여한다. 현대 스포츠의 상업화와 승리지상주의 속에서도 스포츠맨십은 스포츠의 본래 목적과 윤리적 가치를 지키기 위한 중요한 기준으로 작용하며, 스포츠를 통한 교육적 가치를 극대화하는 데 기여한다. 따라서 스포츠맨십은 스포츠의 본질을 이해하고, 스포츠를 통해 인간적 성장을 도모하기 위해 지속적으로 강조되어야 할 윤리적 가치이다.

2. 경쟁과 페어플레이

스포츠윤리의 분야 중 경쟁과 페어플레이는 스포츠의 본질적 가치와 스포츠맨십을 이해하는 데 중요한 개념이다. 스포츠에서의 경쟁은 단순히 상대를 이기기 위한 수단으로서의 의미를 넘어, 인간의 신체적, 정신적 잠재력을 최대한 발휘하고 도덕적 성장을 도모하는 중요한 기회를 제공한다. 또한 페어플레이는 이러한 경쟁이 공정하고 윤리적인 방식으로 이루어질 수 있도록 하는 기본적인 원칙으로, 스포츠의 도덕적 토대를 구축한다(Simon, 2004; 임석원, 2005).

경쟁은 스포츠의 핵심 요소 중 하나로, 선수들에게 도전과 성취의 기회를 제공한다. 경쟁은 인간이 자신의 능력을 시험하고 한계를 극복하려는 본능적인 욕구와 연결되며, 이를 통해 개인은 신체적 기술뿐만 아니라 정신적 강인함을 기르게 된다(Arnold, 1999; 윤미정, 2011). 스포츠에서의 경쟁은 단순히 승리를 위한 수단이 아니라, 자신을 끊임없이 개선하고 성장시키는 과정으로 이해된다. 이러한 관점에서 스포츠는 인간의 도덕적, 사회적 발전을 위한 중요한 장으로 기능하며, 공정한 경쟁을 통해 선수들은 자신과 상대방 모두를 존중하는 법을 배운다.

그러나 경쟁이 언제나 긍정적인 결과를 가져오는 것은 아니다. 스포츠에서 경쟁이 과도하게 강조되거나 왜곡될 경우, 이는 부정행위와 비윤리적인 행동으로 이어질 수 있다(Shields & Bredemeier, 1995). 승리지상주의는 선수들로 하여금 규칙을 어기고 상대방을 존중하지 않는 태도를 취하게 만들 수 있으며, 이는 스포츠의 본래 목적과 윤리적 가치를 훼손한다. 도핑, 심판 매수, 부정한 플레이와 같은 행위들은 스포츠에서 경쟁이 왜곡되었을 때 발생하는 대표적인 문제들이다. 이러한 상황에서 페어플레이는 스포츠의 윤리적 가치를 지키기 위한 중요한 원칙으로 작용한다(임석원, 2003).

페어플레이는 스포츠에서의 공정성과 윤리성을 유지하기 위한 기본적인 윤리적 지침이다. 페어플레이는 경기 중 규칙을 준수하고, 상대방을 존중하며, 자신의 행동에 책임을 지는 것을 포함한다(Morgan, 2006; 이승원 외, 2016). 이러한 태도는 스포츠의 도덕적 가치를 고양시키고, 선수들이 공정한 경쟁을 통해 성취감을 느낄 수 있도록 한다. 페어플레이는 단순히 규칙을 지키는 것을 넘어, 상대방에 대한 존중과 배려를 포함한 스포츠맨십을 의미한다. 예를 들어, 부상당한 상대 선수를 돕거나, 심판의 판정에 대해 불복하지 않는 태도는 페어플레이의 중요한 예이다. 이러한 태도는 스포츠가 단순한 경쟁을 넘어 인간적인 가치를 실현하는 장임을 보여준다.

페어플레이는 또한 스포츠의 교육적 측면에서 중요한 의미를 가진다. 스포츠는 청소년들에게 도덕적 가치와 사회적 규범을 가르치는 중요한 교육적 도구로 활용될 수 있으며, 이 과정에서 페어플레이는 핵심적인 역할을 한다(Vallerand et al., 1996). 청소년 스포츠 프로그램은 페어플레이를 강조함으로써 청소년들이 정직, 존중, 책임감과 같은 가치를 학습하도록 돕는다. 이러한 교육적 경험은 스포츠를 통해 청소년들이 사회의 일원으로서 책임을 다하고, 공정한 태도로 타인과의 관계를 형성하는 능력을 기르는 데 기여한다. 페어플레이는 스포츠를 통해 청소년들이 단순한 승리보다는 공정한 경쟁과 도덕적 성장을 중시하는 태도를 기르도록 유도한다.

현대 스포츠에서 경쟁과 페어플레이는 상업화된 스포츠 환경에서 더욱 중요한 윤리적 원칙으로 자리 잡고 있다. 상업화된 스포츠는 승리와 성과에 대한 압박을 증가시키며, 이는 선수들로 하여금 규칙을 어기고 페어플레이 정신을 무시하게 만들 수 있다(Coalter, 2007). 예를 들어, 프로스포츠에서 승리는 곧 경제적 보상과 직결되며, 이는 선수들뿐만 아니라 코치, 구단, 후원사에게도 큰 영향을 미친다. 이러한 상황에서 페어플레이의 실천은 매우 어렵지만, 동시에 스포츠의 윤리적 가치를 유지하기 위해 필수적인 요소가 된다. 스포츠 단체와 교육 기관은 스포츠의 상업화 속에서도 페어플레이를 강조하는 윤리 교육과 규범 확립에 더욱 힘써야 한다.

페어플레이의 실천은 또한 스포츠의 사회적 역할을 강화하는 데 기여한다. 스포츠는 다양한 사회적 배경을 가진 사람들이 함께 참여하고 경쟁하는 장으로, 페어플레이는 이러한 스포츠가 사회적 연대와 공정성을 촉진할 수 있도록 하는 중요한 윤리적 기준이다. 스포츠 경기에서의 페어플레이는 관중들에게도 중요한 메시지를 전달하며, 관중들은 선수들의 공정한 경쟁을 통해 사회적 규범과 도덕적 가치를 학습하게 된다(Kretchmar, 2005). 이는 스포츠가 단순한 신체적 활동을 넘어 사회적 교육의 장으로서 기능하는 데 기여한다.

결론적으로, 스포츠윤리의 분야에서 경쟁과 페어플레이는 스포츠의 도덕적 가치를 구현하는 중요한 개념이다. 경쟁은 선수들이 자신의 능력을 시험하고 성장할 수 있는 기회를 제공하며, 페어플레이는 이러한 경쟁이 공정하고 윤리적인 방식으로 이루어질 수 있도록 하는 기본적인 원칙을 제공한다. 현대 스포츠의 상업화와 승리지상주의 속에서도 페어플레이는 스포츠의 본래 목적과 윤리적 가치를 지키기 위한 중요한 기준으로 작용하며, 스포츠를 통한 교육적 가치를 극대화하는 데 기여한다. 스포츠는 인간의 신체적, 정신적 성장뿐만 아니라 도덕적 성장을 도모하는 중요한 장으로서, 경쟁과 페어플레이를 통해 인간적 가치를 실현할 수 있는 장이다. 따라서 경쟁과 페어플레이는 스포츠의 본질을 이해하고, 스포츠를 통해 인간적 성장을 도모하기 위해 지속적으로 강조되어야 할 윤리적 가치이다.

결국, 페어플레이는 규칙의 준수와 경기가 공정하게 이루어지도록 하며, 스포츠맨십은 경기 내외에서 상대방을 존중하고 긍정적인 태도를 유지하는 것이다. 두 개념은 서로 밀접하게 연관되지만, 스포츠에서 윤리적 실천을 위한 다른 차원의 가치를 실현하는 데 기여한다.

3. 도핑과 폭력

스포츠윤리의 분야에서 도핑과 폭력은 현대 스포츠가 직면한 중요한 윤리적 도전으로, 스포츠의 공정성과 윤리성을 위협하는 주요 요인으로 지적된다. 도핑은 약물을 사용하여 운동 능력을 인위적으로 향상시키려는 시도로, 이는 스포츠의 근본적인 공정 경쟁 원칙을 훼손한다. 폭력은 스포츠 경기 중 발생하는 신체적, 언어적 공격으로, 선수들 간의 경쟁이 공정한 스포츠맨십의 범위를 벗어날 때 발생한다. 이 두 문제는 스포츠의 상업화와 승리지상주의와 깊은 연관이 있으며, 스포츠의 윤리적 가치를 유지하기 위해 해결해야 할 중요한 과제이다(Coakley, 2009).

도핑은 스포츠에서 공정성을 해치는 대표적인 문제로, 선수들이 규칙을 위반하고 불법적인 약물을 사용하여 자신의 운동 능력을 극대화하려는 행위를 말한다. 도핑의 문제는 단순히 규칙 위반을 넘어 스포츠의 기본적인 윤리적 원칙을 훼손하는 행위이다. 도핑을 통해 얻게 되는 불공정한 이득은 스포츠에서의 공정 경쟁을 왜곡시키며, 선수들의 신체적, 정신적 건강에도 심각한 위협을 가한다(Waddington, 2000). 도핑 문제의 심각성은 도핑 행위가 단지 개인의 성취 욕구에서 비롯된 것이 아니라, 코치, 팀, 후원사 등의 압력과 승리지상주의에서 비롯된다는 데 있다. 이는 스포츠가 단순한 신체적 활동이 아닌 상업적 압력과 연결되어 있음을 보여준다.

도핑 문제를 해결하기 위한 주요 방법 중 하나는 강력한 반도핑 정책의 시행이다. 세계반도핑기구(WADA)는 도핑 방지를 위해 엄격한 검사와 처벌 규정을 마련하고 있으며, 이를 통해 도핑의 예방과 통제를 목표로 하고 있다. 이러한 정책은 도핑의 위험성을 인식시키고, 선수들이 공정한 방법으로 경쟁할 수 있도록 유도하는 데 중요한 역할을 한다(WADA, 2019). 그러나 도핑 문제를 근본적으로 해결하기 위해서는 단순한 규제와 처벌을 넘어, 스포츠의 본질적 가치에 대한 교육과 선수들의 윤리적 의식을 고취시키는 노력이 필요하다. 선수들은 승리보다 공정하고 정직한 경쟁이 더 중요하다는 윤리적 가치를 내면화해야 하며, 이를 통해 도핑 문제를 예방할 수 있다.

폭력 또한 스포츠의 윤리적 문제 중 하나로, 경기 중 발생하는 신체적 충돌이나 언어적 공격이 이에 해당한다. 폭력은 스포츠에서 경쟁이 과열되거나 감정이 통제되지 않을 때 발생하며, 이는 스포츠의 기본적인 정신과 윤리적 가치를 위협한다(Smith, 1983). 폭력적인 행동은 선수들 간의 공정한 경쟁을 저해하며, 경기를 관람하는 팬들에게도 부정적인 영향을 미친다. 특히, 일부 스포츠에서는 이러한 폭력이 일종의 문화로 자리 잡아 팬들과 선수들 사이에서 용인되기도 하며, 이는 스포츠의 윤리적 기준을 낮추는 결과를 초래한다.

스포츠에서의 폭력 문제를 해결하기 위해서는 먼저 폭력의 원인을 이해하는 것이 중요하다. 스포츠에서 폭력은 종종 승리를 위한 압박과 감정적 스트레스에서 비롯되며, 이러한 압박은 스포츠의 상업화와 승리지상주의와 밀접한 관련이 있다(Goldstein, 1983). 현대 스포츠에서 승리가 곧 경제적 보상과 직결되기 때문에, 선수들은 경기에서의 폭력적인 행동을 통해서라도 승리를 쟁취하려는 경향이 나타난다. 이는 스포츠가 가진 교육적, 윤리적 가치를 심각하게 훼손하는 문제이며, 이러한 문제를 해결하기 위해서는 스포츠맨십을 강조하는 윤리 교육이 필수적이다.

폭력 문제를 줄이기 위해서는 규칙의 강화와 함께 선수들 간의 상호 존중을 고취하는 노력이 필요하다. 심판들은 경기 중 폭력적인 행동을 엄격하게 규제해야 하며, 선수들은 상대방에 대한 존중과 배려를 통해 폭력을 예방할 수 있도록 교육받아야 한다. 또한, 스포츠 기관과 팀은 선수들에게 승리보다 공정한 경쟁과 윤리적 행동이 더 중요하다는 메시지를 지속적으로 전달해야 한다(Bredemeier & Shields, 1986). 이러한 교육적 접근은 선수들이 경기에서의 경쟁을 건강하고 윤리적인 방식으로 받아들이도록 도와줄 수 있다.

도핑과 폭력 문제는 스포츠의 상업화와 깊은 연관이 있다. 현대 스포츠는 상업적 이해관계와 결합하면서 승리지상주의가 강화되었으며, 이는 도핑과 폭력 문제를 초래하는 중요한 원인이 되었다. 선수들은 자신들의 성과가 곧 경제적 보상과 명성으로 이어지는 상황에서, 승리를 위해 불법적인 수단을 동원하거나 폭력적인 행동을 취하는 경향이 있다(Featherstone, 1991). 이러한 문제를 해결하기 위해서는 스포츠의 본래 목적을 재정립하고, 공정한 경쟁과 도덕적 가치를 강조하는 스포츠문화를 만들어가는 것이 필요하다.

결론적으로, 스포츠윤리의 분야에서 도핑과 폭력은 현대 스포츠가 직면한 중요한 윤리적 문제로, 스포츠의 공정성과 윤리성을 위협하고 있다. 도핑은 선수들이 공정한 경쟁을 저해하고 자신의 건강을 해치는 불법 행위이며, 폭력은 스포츠의 본래 목적과 정신을 훼손하는 행위이다. 이 두 문제를 해결하기 위해서는 강력한 규제와 처벌뿐만 아니라, 선수들의 윤리적 의식 고취와 스포츠의 본래 가치를 재평가하는 노력이 필요하다. 도핑과 폭력 문제는 단순히 스포츠 내의 문제가 아니라, 스포츠가 가진 사회적, 상업적 맥락과도 밀접한 관련이 있기 때문에, 이를 해결하기 위해서는 스포츠의 상업화에 대한 비판적 고찰과 함께 스포츠의 교육적 가치를 강조하는 접근이 필요하다. 스포츠는 공정한 경쟁과 상호 존중을 통해 인간의 도덕적 성장을 도모하는 중요한 장으로서, 도핑과 폭력을 예방하고 스포츠의 윤리적 가치를 지키기 위한 노력이 지속적으로 요구된다.

4. 스포츠 윤리 이론

스포츠 윤리 이론은 다양한 철학적 관점에서 스포츠의 도덕적 원칙과 기준을 설명하고 평가하는 학문이다. 여기에는 공리주의, 의무론적 윤리, 덕 윤리, 계약적 윤리 등의 주요 이론이 포함된다. 각 이론은 스포츠에서 도덕적 문제를 바라보는 고유한 관점을 제공하며, 스포츠 현장에서 발생하는 윤리적 딜레마를 해결하는 데 중요한 역할을 한다. 이러한 이론들은 구체적인 사례들을 통해 더욱 명확히 이해될 수 있다.

공리주의는 행위의 도덕성을 그 결과에 따라 판단하는 윤리 이론으로, 최대 다수의 최대 행복을 추구하는 것을 목표로 한다. 스포츠에서 공리주의는 특정 행동이나 규칙이 최대한 많은 사람에게 긍정적인 영향을 미치는지 여부에 중점을 둔다.

첫 번째 사례로, 도핑 방지를 들 수 있다. 도핑은 경기력 향상을 위해 사용되는 약물 사용으로, 이는 공정성을 훼손하고 선수들의 건강을 해치는 비윤리적 행위이다. 도핑 금지는 모든 선수가 공평한 조건에서 경쟁하도록 하며, 이는 스포츠 팬들에게 신뢰를 주고 스포츠의 가치를 유지하기 위한 공리주의적 접근이다. 이를 통해 최대 다수의 행복과 공정한 경쟁 환경을 지향하는 것이다(이학준·권욱동, 2018).

두 번째 사례는 특정 경기가 관중에게 미칠 영향을 고려하여 경기 일정을 조정하는 것이다. 예를 들어, 많은 팬들이 경기를 관람할 수 있도록 주요 경기를 주말이나 공휴일에 개최하는 경우가 있다. 이는 최대한 많은 사람들이 스포츠를 즐기고, 사회 전체에 긍정적인 경험을 제공하기 위한 공리주의적 접근으로 볼 수 있다. 이러한 방식은 팬들의 만족도를 높이고, 스포츠 산업 전체의 이익을 극대화하는 결과를 가져온다.

의무론적 윤리는 행위 자체의 도덕성을 중시하는 접근 방식으로, 결과보다는 그 행위가 보편적 도덕 법칙에 부합하는지 여부에 따라 옳고 그름을 판단한다. 칸트의 이론에 기반한 의무론적 윤리는 스포츠에서 선수들이 규칙을 준수하고 공정하게 행동해야 한다는 점을 강조한다.

첫 번째 사례로, 심판 판정에 대한 선수들의 태도를 들 수 있다. 의무론적 윤리 관점에서 심판의 판정은 존중받아야 하며, 선수들은 그 판정에 승복하고 경기에 임해야 한다. 비록 판정이 불리하게 느껴질 수 있어도, 이는 스포츠의 공정성과 규칙을 준수하기 위한 기본적인 도덕적 의무로 여겨진다. 이러한 태도는 스포츠맨십의 중요한 요소이며, 경기의 공정성과 신뢰성을 유지하는 데 기여한다(박성주, 2013).

두 번째 사례는 페어플레이의 실천이다. 예를 들어, 축구 경기에서 상대 팀의 선수가 부상을 당했을 때, 공을 경기장 밖으로 차내어 경기를 중단시키는 것은 의무론적 윤리에 해당한다. 이는 경기의 결과와 관계없이 모든 선수가 지켜야 할 도덕적 의무로 간주되며, 상대방에 대한 배려와 존중을 나타낸다. 이러한 행동은 스포츠의 기본 정신을 유지하고 스포츠맨십을 강화한다.

덕 윤리는 행위자의 성품과 덕목을 강조하는 접근으로, 아리스토텔레스의 철학에 뿌리를 두고 있다. 덕 윤리에서는 행위의 옳고 그름보다는 행위자가 지닌 덕목이 중요한 판단 기준이 된다. 스포츠에서 덕 윤리는 선수들이 용기, 인내, 절제와 같은 덕목을 실천하도록 장려하며, 이러한 덕목들이 공정하고 정직한 경쟁을 이루는 데 기여한다고 본다.

첫 번째 사례로, 올림픽에서 보여지는 페어플레이 정신을 들 수 있다. 예를 들어, 2008년 베이징올림픽에서 핀란드의 한 레슬링 선수가 자신의 패배를 인정하며 상대 선수를 축하하는 모습은 덕 윤리의 대표적인 사례이다. 이는 결과보다 자신의 품성과 상대에 대한 존중을 더 중요하게 여기는 덕윤리적 행동이다(이지항, 2015).

두 번째 사례는 농구 경기에서의 팀워크이다. 팀의 목표를 위해 개인의 성과를 양보하고 팀 전체의 승리를 위해 노력하는 것은 덕 윤리의 실천으로 볼 수 있다. 이러한 행동은 팀의 성공을 위해 인내와 절제, 협력과 같은 덕목을 발휘하는 것으로, 단순히 규칙을 지키는 것을 넘어서는 윤리적 행동이다. 이는 스포츠가 단순한 경쟁의 장이 아니라, 인격 형성의 중요한 도구임을 보여준다.

계약적 윤리는 사회적 합의나 계약을 통해 도덕적 원칙이 형성된다고 보는 이론이다. 스포츠에서는 이 이론이 팀이나 조직 내의 합의와 규칙을 통해 도덕적 기준을 설정하는 데 중요한 역할을 한다.

첫 번째 사례로, 선수와 구단 간의 계약을 들 수 있다. 선수들은 계약을 통해 구단의 규율과 훈련 일정 등을 따를 의무가 있으며, 구단은 선수에게 적절한 보상과 훈련 환경을 제공할 의무가 있다. 이러한 계약적 관계는 상호 간의 권리와 의무를 명확히 하며, 각자의 역할을 다하게 함으로써 스포츠 산업의 안정성을 높인다(이학준·권욱동, 2018).

두 번째 사례는 심판의 판정에 대한 수용이다. 선수와 심판, 그리고 팀 간에는 경기 규칙을 준수하고 심판의 판정을 존중하겠다는 암묵적인 계약이 존재한다. 이러한 계약적 윤리적 기준은 경기의 원활한 진행을 보장하고, 모든 참여자가 자신의 역할을 다하도록 하는 데 중요한 역할을 한다. 심판의 판정을 무시하거나 항의하는 행동은 이러한 계약적 윤리를 위반하는 것이며, 이는 경기의 질서와 공정성을 해칠 수 있다.

각 이론은 스포츠에서의 도덕적 문제를 바라보는 고유한 관점을 제공하며, 각기 다른 상황에서 스포츠 윤리의 적용 가능성을 높인다. 예를 들어, 공리주의는 경기의 전체적인 이익을 추구하는 데 유용하지만, 때로는 개인의 권리나 복지를 간과할 위험이 있다. 반면 의무론적 윤리는 공정성과 규칙 준수를 강조하지만, 상황에 대한 융통성 있는 판단이 어렵다. 덕 윤리는 개인의 성품과 도덕적 성장을 강조하여 선수들이 자발적으로 윤리적 행동을 실천하도록 유도하지만, 객관적 기준을 제시하는 데 한계가 있다. 계약적 윤리는 모든 이해관계자가 합의한 도덕적 기준을 따르게 함으로써 공정한 환경을 조성하지만, 합의의 도덕적 타당성을 항상 보장할 수는 없다.

결론적으로, 스포츠 윤리 이론들은 각각의 장점과 한계를 지니며, 스포츠 현장에서의 도덕적 문제를 다루는 데 있어 상호 보완적인 역할을 한다. 스포츠의 성장과 변화에 따라 윤리적 문제들은 더욱 복잡해지고 있으며, 이러한 문제들을 해결하기 위해서는 다양한 윤리적 관점에서의 접근이 필요하다. 공리주의, 의무론적 윤리, 덕 윤리, 계약적 윤리는 각기 다른 방식으로 스포츠의 윤리적 토대를 마련하며, 이를 통해 스포츠가 공정하고 의미 있는 인간 활동으로서의 가치를 유지할 수 있도록 돕는다.

VI 고대 올림픽

고대 그리스의 제전경기는 제우스를 비롯한 신들을 찬미하기 위한 종교적 축제로 시작되었다. 고대 그리스인들은 종족의 특성과 지리적 관계로 여러 도시국가로 형성되었으나, 그들은 헬렌의 후예라는 동질성을 가지고 있었다. 이러한 정신이 바로 '범 그리스(Panhellenic)' 정신으로 결합된 것이었다. 그 정신의 고양에 중심적인 역할을 한 것이 조직화된 신체활동의 경쟁적 총체적 문화 축제가 바로 제전경기(祭典競起, 범그리스 경기대회)였다. 이는 고대 그리스의 운동경기가 종교적 성향 즉, 그리스나 로마 신화와 관련을 가졌었다는 것을 의미한다(하남길·권선옥·김세기, 2010). 고대 그리스에서 열린 대표적인 제전경기는 '페리오도스(Periodos, 순환)'라고 불리며, 이 중 정기적으로 개최된 경기가 4대 제전경기로 불린다.

고대 그리스의 4대 제전경기는 각각 독특한 역사적, 종교적, 문화적 의미를 지니며, 고대 그리스 사회에서 중요한 역할을 했다. 올림픽 제전은 기원전 776년부터 시작되어 제우스 신에게 바쳐졌으며, 4년마다 올림피아에서 개최되었다. 경기는 주로 경주, 권투, 레슬링 등의 육상 종목이 중심이었으며, 승자는 영광을 얻고 시민들로부터 큰 존경을 받았다. 이 제전은 후에 현대 올림픽의 기초가 되었으며, 평화와 화합의 상징으로 여겨졌다. 피티아 제전은 델포이에서 아폴로 신에게 바쳐졌으며, 4년마다 개최되었다. 이 제전은 올림픽과 함께 고대 그리스의 주요 스포츠 행사 중 하나로, 음악, 시가 경연 등 문화적인 요소와 스포츠 경기가 결합된 특징을 가졌다. 피티아 제전은 또한 시적인 경쟁과 예술적인 표현을 통해 문화적 가치와 신에 대한 숭배를 표현하는 중요한 행사였다. 이스미아 제전은 이스미아 지역에서 포세이돈 신에게 바쳐졌으며, 2년마다 개최되었다. 이 제전은 특히 음악과 경주가 중요한 요소로, 그리스인들의 예술적 및 체육적 능력을 시험하는 대회였다. 이스미아 제전은 처음에는 단지 음악 경기만 있었지만, 후에 육상 경기도 포함되었다. 승자는 기념물로 인정받고 그 지역의 명예를 높이는 중요한 계기가 되었다. 네메아 제전은 고대 그리스의 네메아에서 제우스 신에게 바쳐졌으며, 2년마다 개최되었다. 이 제전은 특히 어린 선수들에 대한 참가 기회를 제공하며, 젊은 신체 능력을 테스트하는 대회였다. 경기는 주로 경주와 레슬링 같은 전통적인 육상 종목들이었으며,

고대 그리스에서 중요한 사회적 이벤트로 자리 잡았다. 네메아 제전은 선수들에게 영광을 가져다주는 중요한 역할을 했다(Miller, 2004).

그러나 기원전 4- 5세기경 전통적인 종교 신앙이 약화되면서 행사의 규모도 축소되었다. 후기 그리스 시대에는 직업선수의 등장과 함께 고대 올림피아제가 상업화되었으며, 승리지상주의가 만연했다. 이러한 변화는 제전경기의 순수성을 훼손하며 점차 쇠퇴로 이어졌다. 또한, 아테네와 주변국들 간의 외교적 대립 상황도 올림픽의 쇠퇴를 가속화했다. 엘리스인들이 경기의 통제권을 유지했던 것은 정치적 중립성 때문이었으나, 전쟁 중에는 특정 국가의 올림픽 참가가 금지되는 등 이데올로기적 갈등이 경기 배후에 존재했다.

AD 393년, 데오도시우스 황제가 즉위하며 기독교가 사회 전반에 확산되었고, 그리스 신들을 숭배하는 종교 의식과 관련된 올림픽 경기는 금지되었다. 이후 그리스가 로마의 지배에 들어가면서 고대 올림픽은 종말을 맞았다. 고대 올림픽의 몰락은 기독교 중심의 사회 변동, 상업화와 승리지상주의의 확산, 그리고 정치적 갈등 등 복합적인 요인의 결과였다. 이러한 요인들은 고대 올림픽이 단순한 신체적 경기의 장을 넘어 정치와 종교, 경제적 요소와 밀접히 연관되어 있었음을 보여준다.

1. 고대 올림픽 기원과 발전

고대 올림픽의 기원과 발전은 인류의 역사에서 중요한 체육적, 문화적 유산으로 평가받고 있다. 고대 올림픽은 그리스 문화의 산물로서 기원전 776년에 처음 시작되었으며, 그 이후 수세기 동안 그리스 사회의 중요한 행사로 자리 잡았다. 고대 올림픽은 단순히 체육 경기를 넘어 종교적, 정치적, 사회적 의미를 지닌 복합적인 행사로 발전했으며, 이는 그리스인들의 신념, 공동체 의식, 경쟁 정신을 반영하고 있다(Finley & Pleket, 1976).

고대 올림픽의 기원은 그리스 신화와 깊이 연관되어 있다. 올림픽 경기는 주로 제우스 신을 기리기 위한 제의적 행사로 시작되었다고 전해진다. 그리스 신화에 따르면, 헤라클레스가 제우스를 위해 올림피아에 경기를 조직한 것이 올림픽의 기원이라고 한다. 이러한 신화적 배경은 고대 그리스인들에게 올림픽이 단순한 스포츠 대회가 아니라, 신성한 종교적 의식을 포함한 중요한 행사임을 상징적으로 보여준다(Gardiner, 1930). 올림피아에 위치한 제우스 신전은 올림픽의 종교적 중심지로서, 경기가 열리는 동안 많은 희생제의와 제의적 행사가 함께 진행되었다.

고대 올림픽 경기는 그리스 전역에서 다양한 도시국가의 선수들이 참여하며 열렸으며, 4년마다 한 번씩 개최되었다. 이러한 주기적인 개최는 그리스 전역의 평화와 연대를 상징하는 "올림픽 휴전"(Ekecheiria)과 밀접한 관련이 있다. 올림픽 기간 동안에는 모든 전쟁 행위가 중지되었고, 이는 그리스 세계에서 올림픽이 가지는 정치적 중요성을 잘 보여준다(Young, 1984). 올림픽 휴전은 단순히 경기를 위한 안전 보장을 넘어, 도시국가 간의 갈등을 완화하고 그리스인들 간의 일체감을 고취하는 역할을 했다.

고대 올림픽의 초기 종목들은 주로 신체적 능력을 극대화하는 경주, 멀리뛰기, 창던지기, 원반던지기, 레슬링 등으로 구성되었다. 이들 경기는 그리스인들이 중요하게 여겼던 신체적 아름다움과 힘을 나타내는 중요한 수단이었다(Swaddling, 1999). 특히, 달리기는 올림픽에서 가장 중요한 종목 중 하나였으며, 경기장의 길이인 "스타디온"(stadion)이라는 단어는 오늘날의 "스타디움"(stadium)의 어원이 되었다. 이러한 종목들은 그리스인들의 전사적 기질과 신체적 단련에 대한 가치를 반영하며, 올림픽이 단순한 오락이 아닌 신체적, 정신적 수양의 장이었음을 보여준다.

고대 올림픽은 시간이 지나면서 점차 확대되고 발전하였다. 초기에는 단순히 하루 동안 진행되는 경기에 불과했으나, 시간이 지나면서 더 많은 종목과 더 많은 참가자들이 추가되며, 올림픽은 5일 동안 진행되는 대규모 행사로 발전하였다(Golden, 1998). 또한, 경기의 종류도 다양화되어 마차 경주와 같은 새로운 종목이 추가되었으며, 이는 올림픽의 흥미를 더하고 보다 다양한 형태의 신체 능력을 시험할 수 있는 기회를 제공하였다. 이러한 변화는 고대 올림픽이 그리스 사회에서 가지는 역할이 점점 더 중요해지고 있음을 반영한다.

고대 올림픽의 발전에는 정치적 요소도 중요한 역할을 했다. 올림픽은 단순한 체육 행사가 아니라, 그리스 도시국가들 간의 경쟁과 자부심을 드러내는 중요한 무대였다. 각 도시국가는 자신의 명예를 걸고 선수를 파견했으며, 우승자는 도시국가의 영웅으로 추앙받았다. 이러한 정치적 요소는 올림픽이 그리스 사회에서 가지는 상징적 의미를 더욱 강화하였다(Sinn, 2000). 올림픽의 우승자는 올리브 관을 수여받았으며, 이는 단순한 승리의 상징이 아니라, 그리스 사회에서 개인의 영광과 공동체의 명예를 동시에 드러내는 중요한 상징이었다.

고대 올림픽은 그리스 문화의 전성기 동안 중요한 역할을 했으나, 로마의 지배와 기독교의 확산과 함께 점차 쇠퇴하였다. 기원후 393년, 로마 황제 테오도시우스 1세는 이교적 요소가 강한 올림픽을 금지시켰으며, 이로 인해 고대 올림픽은 약 1,200년 동안 지속된 후 역사 속으로 사라지게 되었다(Miller, 2004). 올림픽의 금지는 그리스 문화의 쇠퇴와 기독교의 부상을 상징하는 사건이었으며, 이는 그리스 신화와 종교적 의식을 중심으로 한 올림픽의 성격이 로마와 초기 기독교 사회에서 더 이상 받아들여지지 않았기 때문이다.

고대 올림픽은 이후 19세기 후반 근대 올림픽의 부활을 통해 새로운 생명을 얻게 되었다. 피에르 드 쿠베르탱 남작은 고대 올림픽의 이상을 현대에 부활시키고자 했으며, 이를 통해 근대 올림픽이 탄생하게 되었다(Young, 1996). 근대 올림픽은 고대 올림픽의 이상인 공정한 경쟁, 신체적 단련, 국제적 연대감을 계승하고자 했으며, 이러한 점에서 고대 올림픽은 현대 스포츠와 올림픽 운동의 뿌리로서 중요한 위치를 차지하고 있다.

결론적으로, 고대 올림픽의 기원과 발전은 그리스 문화와 밀접하게 연결되어 있으며, 종교적, 정치적, 사회적 의미를 담고 있는 복합적인 행사였다. 고대 올림픽은 신체적 단련을 통한 인간의 아름다움과 힘을 강조하며, 그리스인들 간의 연대감을 고취하는 중요한 역할을 했다. 또한, 고대 올림픽은 시간이 지나면서 더욱 발전하며 그리스 사회의 중요한 행사로 자리 잡았으며, 이후 근대 올림픽으로 계승되어 오늘날까지 그 영향을 미치고 있다. 이러한 고대 올림픽의 유산은 현대 스포츠의 윤리적, 문화적 가치를 이해하는 데 중요한 단서를 제공하며, 스포츠가 가진 인류 공통의 가치를 재확인하는 계기가 된다.

2. 고대 올림픽 경기종목

고대 올림픽의 경기 종목은 그리스 문화에서 신체적 능력의 극대화와 종교적 제의의 결합을 상징하며, 고대 그리스 사회의 이상과 가치를 반영한 다양한 체육 활동으로 구성되어 있었다. 고대 올림픽은 기원전 776년에 시작된 이래, 그리스의 여러 도시국가에서 참가하는 주요 축제로 자리 잡았으며, 다양한 신체적 경기를 통해 인간의 신체적 아름다움과 힘, 그리고 신들에 대한 헌신을 드러내는 중요한 행사였다(Finley & Pleket, 1976). 이러한 경기 종목들은 단순히 육체적 능력을 겨루는 것을 넘어, 그리스인들이 신체 단련을 통해 추구한 미적·도덕적 가치를 구현하는 중요한 역할을 했다.

고대 올림픽의 최초 경기 종목은 스타디온 경주(stadion)였다. 스타디온은 약 192미터 거리를 전력 질주하는 단거리 경주로, 올림픽에서 가장 먼저 시행된 종목 중 하나였다(Gardiner, 1930). 스타디온 경기는 그리스 올림피아의 경기장의 이름이기도 하며, 이 종목은 올림픽의 핵심 행사로 여겨졌고, 승자는 그 대회의 주인공으로 크게 존경받았다.

스타디온 경주는 단순한 달리기 이상으로, 신체적 능력과 속도의 상징으로서 그리스인들에게 큰 의미를 지녔다.

스타디온 이후, 다양한 육상 종목들이 추가되면서 올림픽은 더욱 다채로운 행사로 발전하였다. 대표적인 종목으로는 이중 경주(diaulos)와 장거리 경주(dolichos)가 있었다. 이중 경주는 스타디온을 왕복하는 방식으로 약 400미터를 달리는 경기였고, 장거리 경주는 약 724 스타디아(약 1,4004,800미터)를 달리는 종목이었다(Swaddling, 1999). 이러한 경주 종목들은 전사로서의 체력과 인내심을 시험하는 중요한 경기로 여겨졌으며, 그리스인들의 군사적 준비와도 밀접한 연관이 있었다. 육상 경주는 개인의 신체적 능력을 극한까지 끌어올리는 과정을 통해 그리스의 이상적 인간상을 구현하고자 했다.

고대 올림픽에서 중요한 또 다른 종목은 오술리대회(펜타슬론)였다. 펜타슬론은 멀리뛰기, 원반 던지기, 창던지기, 스타디온 경주, 레슬링으로 구성된 5종 경기로, 그리스인들에게 신체의 균형과 조화를 상징하는 종목이었다(Golden, 1998). 펜타슬론은 신체적 기량의 전반적인 균형을 평가하는 대회로, 단순히 한 가지 능력이 아닌 여러 가지 능력을 모두 잘 발휘할 수 있는 이상적 인간상을 표현했다. 특히 원반 던지기와 창던지기는 그리스의 군사 훈련과도 연결되어 있으며, 전쟁에서 중요한 기술로 간주되었다. 이러한 종목들은 전사로서의 신체적 능력과 동시에 미적 요소를 강조하며, 그리스 문화에서 신체의 아름다움과 기능을 통합적으로 평가하는 기준을 나타냈다.

레슬링은 고대 올림픽에서 특히 인기가 높은 종목이었다. 레슬링은 신체적 힘과 기술을 사용하는 대결로, 상대를 땅에 세 번 내리꽂아 승리를 쟁취하는 방식으로 진행되었다(Kyle, 2007). 레슬링은 그리스인들이 중요하게 여긴 용기와 인내심을 나타내는 경기로, 경쟁자 간의 직접적인 신체적 접촉을 통해 상대를 이기는 방식은 단순한 신체적 능력 이상으로 정신적 강인함을 시험하는 과정이었다. 이러한 레슬링 경기는 그리스 사회에서 전사적 가치를 드러내는 중요한 행사로, 전사로서의 신체적 단련과 경쟁을 상징적으로 표현했다.

고대 올림픽에는 또한 판크라티온(pankration)이라는 종목이 있었다. 판크라티온은 오늘날의 종합격투기와 유사한 경기로, 레슬링과 복싱의 요소를 결합한 종목이었다(Miller, 2004). 이 경기는 거의 모든 형태의 신체적 공격이 허용되었으며, 상대를 굴복시키는 것을 목표로 하였다. 판크라티온은 신체적 힘뿐만 아니라 정신적 인내와 용기를 시험하는 경기로, 매우 격렬하고 위험한 경기로 알려져 있다. 이러한 판크라티온은 그리스인들이 추구한 극단적인 신체적 도전과 용기의 상징으로, 참가 선수들에게 큰 명예를 부여하는 종목이었다.

말과 관련된 경기 또한 고대 올림픽에서 중요한 부분을 차지했다. 특히 전차 경주는 매우 인기 있는 종목이었다. 전차 경주는 두 마리 또는 네 마리의 말이 이끄는 전차를 몰고 경주하는 방식으로 진행되었으며, 이는 그리스의 귀족 계층이 주로 참여하는 종목이었다(Sinn, 2000). 전차 경주는 기술적 숙련과 말의 기량을 시험하는 경기로, 참가자들에게 큰 명예를 안겨주었다. 특히, 전차 경주는 승마술과 전차 운행 기술을 통합적으로 요구하며, 그리스 사회에서 전쟁과 귀족적 가치를 반영하는 중요한 행사로 자리 잡았다.

이 외에도 복싱이 고대 올림픽의 주요 경기 중 하나였다. 고대 복싱은 오늘날의 복싱과는 다르게, 매우 단순한 규칙으로 진행되었으며, 선수들은 손에 가죽 스트랩을 감고 상대를 쓰러뜨리기 위해 싸웠다(Gardiner, 1930). 이 경기는 그리스 사회에서 용기와 힘을 상징하며, 매우 거칠고 위험한 경기로 알려져 있다. 복싱 경기는 상대를 쓰러뜨리는 것이 목표였으며, 이러한 과정에서 신체적 고통과 정신적 인내심이 강조되었다.

결론적으로, 고대 올림픽의 경기 종목들은 그리스인들의 신체적 이상과 사회적, 군사적 가치를 반영한 다양한 형태의 체육 활동으로 구성되어 있었다. 스타디온과 같은 단거리 경주에서부터 펜타슬론, 레슬링, 판크라티온에 이르기까지, 이러한 경기들은 단순히 신체적 능력을 겨루는 것을 넘어, 그리스인들이 중요하게 여긴 신체적·정신적 단련과 경쟁 정신을 구현하고자 했다. 고대 올림픽의 경기 종목들은 그리스 사회의 이상적 인간상, 즉 신체적 아름다움과 균형, 용기와 인내를 실현하는 수단으로서 중요한 역할을 했으며, 이러한 유산은 오늘날까지도 스포츠의 본질적인 가치를 이해하는 데 중요한 단서를 제공하고 있다.

3. 고대 올림픽의 사회문화적 의미

고대 올림픽의 사회문화적 의미는 그리스 사회에서 체육이 단순한 신체 활동을 넘어 종교적, 정치적, 그리고 공동체적 의미를 지닌 복합적인 행사로 자리매김한 과정을 잘 보여준다. 고대 올림픽은 기원전 776년에 시작되어 약 1,200년 동안 지속되며, 그리스 문화의 중요한 부분으로 자리 잡았다. 이러한 올림픽은 단순한 체육 경기의 차원을 넘어, 그리스인들에게 종교적 의식, 정치적 힘의 과시, 그리고 공동체 정체성의 강화라는 중요한 사회문화적 의미를 지니고 있었다(Finley & Pleket, 1976).

고대 올림픽의 사회문화적 의미에서 가장 중요한 요소 중 하나는 종교적 측면이다. 고대 올림픽은 제우스를 기리기 위해 열리는 종교적 축제였으며, 그리스인들에게 신에게 경의를 표하는 중요한 의식이었다(Gardiner, 1930). 올림피아에 있는 제우스 신전은 올림픽의 중심이었으며, 경기가 열리는 동안 제우스에게 바쳐지는 희생 제의와 제사 등이 함께 진행되었다. 이와 같은 종교적 배경은 고대 올림픽이 단순한 운동 경기가 아닌 신성한 행사로 여겨졌음을 의미한다. 올림픽의 참가자들은 신성한 임무를 수행하는 것으로 간주되었으며, 승리자는 신의 은총을 받은 자로 여겨졌다. 이러한 종교적 요소는 올림픽이 그리스 사회에서 가지는 의미를 더욱 강화하며, 신체적 능력의 극대화를 신성한 의식과 연결시킴으로써 체육 활동의 중요성을 부각시켰다.

고대 올림픽의 또 다른 중요한 사회문화적 의미는 정치적 측면에서 찾아볼 수 있다. 올림픽은 그리스의 다양한 도시국가들이 평화롭게 모여 서로의 힘을 겨루는 자리였으며, 이를 통해 도시국가 간의 정치적 관계를 상징적으로 나타냈다(Young, 1984). 특히, 올림픽 기간 동안에는 "올림픽 휴전"(Ekecheiria)이 선포되어 모든 전쟁 행위가 중지되었으며, 이는 그리스 전역의 평화와 연대를 상징하는 중요한 관습이었다. 올림픽 휴전은 단순히 경기를 위한 안전을 보장하는 것을 넘어, 그리스인들 간의 공동체 의식을 고취하고, 평화로운 경쟁을 통한 연대감을 형성하는 중요한 역할을 했다. 또한, 각 도시국가는 올림픽에서 자신의 명예를 걸고 선수들을 파견했으며, 올림픽에서의 승리는 도시국가의 정치적 위신을 높이는 중요한 수단으로 사용되었다(Golden, 1998).

고대 올림픽은 그리스 사회에서 공동체 정체성을 강화하는 중요한 역할을 했다. 올림픽은 그리스 전역에서 사람들이 한곳에 모여 같은 규칙에 따라 경쟁하고, 같은 신에게 경의를 표하는 행사였다. 이는 그리스인들에게 공동체의 일원으로서의 정체성을 강화하는 경험을 제공하였다(Swaddling, 1999). 특히, 그리스의 다양한 도시국가들이 서로 경쟁하면서도 하나의 그리스인으로서의 정체성을 공유하는 올림픽은 그리스 문화의 독특한 공동체 의식을 반영한 것이었다. 올림픽에서의 경쟁은 단순히 개인적 승리를 위한 것이 아니라, 자신의 도시국가를 대표하여 명예를 얻고 공동체의 자부심을 고취하는 중요한 행사였다.

고대 올림픽은 또한 그리스 사회의 이상적 인간상을 구현하는 장이었다. 그리스인들은 신체적 아름다움과 균형을 중요한 가치로 여겼으며, 올림픽은 이러한 이상을 실현하는 무대였다(Kyle, 2007). 올림픽에 참가한 선수들은 신체적으로 잘 훈련된 이상적인 인간으로 여겨졌으며, 이들은 그리스 사회에서 중요한 모범이 되었다. 특히, 신체적 능력과 정신적 인내를 결합한 올림픽 경기는 그리스인들이 추구한 "아레테"(arete, 탁월성)의 개념을 잘 나타낸다. 아레테는 단순히 신체적 능력을 의미하는 것이 아니라, 도덕적, 정신적 완전함을 추구하는 것을 의미하며, 올림픽은 이러한 인간적 탁월성을 구현하는 자리였다. 이를 통해 올림픽은 그리스 사회에서 신체적 훈련과 도덕적 성숙을 동시에 강조하는 중요한 문화적 행사로 자리매김하였다.

올림픽의 사회문화적 의미는 또한 그리스의 젠더와 계층 구조를 반영하고 있다. 고대 올림픽은 남성만이 참여할 수 있었으며, 이는 당시 그리스 사회에서 여성의 역할과 지위를 반영한 것이었다(Miller, 2004). 여성은 올림픽 경기장에 출입하는 것조차 제한되었으며, 대신 여성들은 헤라이아(Heraia)라는 별도의 축제를 통해 자신의 신체적 능력을 기렸다. 이러한 성별 분리는 그리스 사회에서의 젠더 불평등을 잘 보여주며, 올림픽이 가지는 사회문화적 의미가 남성 중심적이었음을 드러낸다. 또한, 올림픽에 참가할 수 있는 사람들은 대부분 상류 계층의 자유시민이었으며, 이는 올림픽이 그리스 사회의 계층 구조를 반영한 행사였음을 보여준다. 따라서 올림픽은 그리스 사회의 계층적, 성별 구조를 반영하며, 특정 계층과 성별에 속한 사람들이 체육 활동을 통해 사회적 지위를 강화할 수 있는 기회를 제공했다.

고대 올림픽은 시간이 지나면서 발전하고 변화하였다. 초기에는 단순한 달리기 경기로 시작되었으나, 시간이 지남에 따라 레슬링, 원반 던지기, 창던지기, 마차 경주 등 다양한 종목이 추가되며 올림픽은 점차 대규모 체육 행사로 발전하였다(Sinn, 2000). 이러한 발전은 그리스 사회에서 올림픽이 가지는 중요성이 점점 더 커졌음을 의미하며, 올림픽은 그리스 사회 전반에 걸쳐 중요한 문화적 축제로 자리 잡았다. 특히, 마차 경주와 같은 종목은 귀족 계층의 참여를 반영하며, 올림픽이 단순히 대중적인 체육 행사뿐만 아니라, 귀족들의 사회적 지위를 과시하는 수단으로도 기능하였음을 보여준다.

고대 올림픽의 사회문화적 의미는 이후 근대 올림픽의 부활에도 큰 영향을 미쳤다. 피에르 드 쿠베르탱 남작은 고대 올림픽의 이상을 현대에 되살리고자 하였으며, 이를 통해 근대 올림픽이 탄생하게 되었다(Young, 1996). 근대 올림픽은 고대 올림픽의 이상을 계승하고, 공정한 경쟁과 국제적 연대감을 강조하는 무대로 발전하였다. 이러한 점에서 고대 올림픽은 현대 스포츠의 윤리적, 문화적 기반을 형성하는 중요한 유산으로 평가받고 있으며, 그 사회문화적 의미는 오늘날까지도 지속적으로 영향을 미치고 있다.

결론적으로, 고대 올림픽의 사회문화적 의미는 그리스 사회에서 체육이 가지는 종교적, 정치적, 공동체적 가치를 잘 보여준다. 올림픽은 신에게 경의를 표하는 종교적 의식이자, 도시국가 간의 정치적 경쟁과 연대감을 나타내는 중요한 행사였다. 또한, 올림픽은 그리스 사회의 이상적 인간상을 구현하며, 공동체 정체성을 강화하는 데 중요한 역할을 했다. 이러한 고대 올림픽의 유산은 현대 스포츠와 올림픽 운동의 기초를 형성하는 중요한 기반으로서, 스포츠가 가진 사회문화적 가치를 재확인하고, 인간의 신체적, 정신적 성장에 기여하는 체육 활동의 중요성을 부각시키고 있다.

Ⅶ 근대 올림픽

근대 올림픽은 프랑스 귀족 출신 피에르 쿠베르탱 남작의 제창으로 1896년 아테네에서 첫 대회가 열리며 시작되었다. 쿠베르탱은 고대 올림피아제의 이상을 현대적으로 부활시키고자 하였으며, 그의 비전은 19세기 유럽의 스포츠 및 교육 이념에서 영향을 받았다. 특히 영국의 웬록 올림픽과 자파스 올림픽 같은 유사 올림픽들은 쿠베르탱에게 강한 영감을 주었다. 이들 대회는 스포츠의 조직화와 대중화를 통해 근대 올림픽의 기틀을 다졌다(옥광, 2024).

쿠베르탱은 스포츠를 단순한 신체 활동을 넘어 종교적 숭배, 미적 이상, 그리고 세계 평화의 도구로 보았다. 그는 프랑스로 돌아와 1892년 소르본 회의에서 고대 올림픽의 부활을 제안하였고, 이후 국제 위원회를 조직해 아테네에서 열릴 첫 대회를 준비했다. 국제올림픽위원회(IOC)의 초대 총무로 임명된 그는 전 세계 스포츠 단체의 지지를 끌어내어 올림픽의 재탄생을 성공적으로 이끌었다(옥광, 2024).

올림픽의 이념은 평화와 화합을 강조했지만, 초기 대회는 여성의 참여를 금지하는 한계를 가졌다. 쿠베르탱은 여성의 올림픽 참가를 반대했으며, IOC가 여성 회원과 선수 자격을 인정한 것은 1981년이 되어서야 가능했다. 그럼에도 불구하고 근대 올림픽은 스포츠를 통해 전 세계를 연결하는 중요한 문화적 힘으로 자리 잡았다. 쿠베르탱의 노력은 현대 스포츠의 글로벌 네트워크와 국제적 교류의 기반이 되었으며, 올림픽 정신은 오늘날에도 세계 스포츠의 핵심 가치를 상징한다(IOC, 2019; Guttmann, 1992; Miller, 2003).

1. 부활과 발전

근대 올림픽의 부활과 발전은 19세기 말에서 20세기 초에 이르기까지 유럽을 중심으로 이루어진 체육 및 문화 운동의 중요한 성과 중 하나였다. 고대 올림픽이 기원전 776년에 그리스에서 시작되어 약 1,200년 동안 지속된 후 중단되었으나, 19세기 후반 피에르 드 쿠베르탱(Pierre de Coubertin) 남작의 주도로 근대 올림픽이 부활하게 되었다. 쿠베르탱은 스포츠를 통한 국제적 연대와 평화, 그리고 신체적 단련의 이상을 확산시키고자 했으며, 이러한 노력은 1896년 아테네에서 제1회 근대 올림픽의 개최로 이어졌다(MacAloon, 1981). 근대 올림픽은 단순한 체육 행사를 넘어, 전 세계의 국가와 사람들을 하나로 묶는 중요한 국제적 축제로 자리 잡게 되었다.

근대 올림픽의 부활은 19세기 유럽에서 일어난 체육 및 교육 개혁의 맥락에서 이해할 수 있다. 특히, 산업화와 도시화로 인해 체육 활동이 줄어들고 사회적 문제들이 대두되던 시기였기에, 신체 단련의 중요성이 강조되었다(Birley, 1993). 이러한 배경 속에서 쿠베르탱은 고대 그리스의 올림픽 정신을 현대에 되살려, 체육 활동을 통해 인간의 신체적, 정신적 성장뿐만 아니라 국제적인 평화를 도모하고자 했다. 그는 올림픽이 신체적 단련뿐 아니라 인격 수양, 교육적 목적을 달성하는 중요한 수단이 될 수 있다고 믿었으며, 이러한 이상은 근대 올림픽의 주요 이념으로 자리 잡았다(Coubertin, 2000).

1896년 아테네에서 열린 제1회 근대 올림픽은 14개국에서 온 약 241명의 선수들이 참여한 가운데 성황리에 개최되었다. 이 대회는 고대 올림픽이 열렸던 그리스에서 열린다는 점에서 상징적인 의미를 지니며, 국제적 스포츠 이벤트로서의 올림픽의 시작을 알렸다. 초기 대회는 제한된 규모로 열렸지만, 이후 점차 참가국과 종목의 수가 확대되면서 국제적인 스포츠 축제로 성장하였다(Young, 1996). 특히 1900년 파리 올림픽과 1904년 세인트루이스 올림픽을 거치며, 올림픽의 규모와 범위는 점점 더 커졌으며, 1924년 파리에서 개최된 대회는 처음으로 "올림픽 선수촌"이 마련되는 등 근대 올림픽의 체계를 확립하는 데 중요한 기여를 했다(Guttmann, 1992).

근대 올림픽의 발전 과정에서 중요한 요소 중 하나는 여성의 참여 확대였다. 초기 올림픽은 주로 남성 중심으로 진행되었으며, 여성의 참여는 제한적이었다. 그러나 1900년 파리 올림픽에서 처음으로 골프와 테니스 종목에 여성들이 참가하게 되면서 여성의 올림픽 참여가 점차 확대되기 시작했다(Lenski, 2000). 이러한 변화는 여성의 사회적 지위와 역할이 확대되는 시기와 맞물리며, 올림픽이 성평등의 가치를 반영하고 발전하는 데 기여하였다. 이후 1928년 암스테르담 올림픽에서는 육상과 체조 등 여성 종목이 추가되었으며, 이는 여성 스포츠의 발전과 올림픽에서의 성평등 실현에 중요한 전환점이 되었다.

근대 올림픽의 발전 과정에서 중요한 또 다른 측면은 정치적 요소의 개입이다. 올림픽은 국제적 스포츠 이벤트로서 전 세계의 이목을 집중시키는 중요한 무대가 되었으며, 이는 때때로 정치적 목적에 이용되기도 했다(Toohey & Veal, 2007). 예를 들어, 1936년 베를린 올림픽은 나치 독일의 정치적 선전 도구로 사용되었으며, 이를 통해 히틀러는 독일의 우월성을 전 세계에 과시하고자 했다. 이러한 정치적 개입은 올림픽의 기본 이념인 평화와 연대의 정신을 훼손하는 결과를 초래했으나, 동시에 올림픽이 국제 정치 무대에서 가지는 상징적 중요성을 보여주었다.

또한, 냉전 시대 동안 올림픽은 서방 진영과 동구권 진영 간의 이념적 대립을 드러내는 무대가 되었다. 1980년 모스크바 올림픽과 1984년 로스앤젤레스 올림픽에서는 각 진영의 국가들이 서로 보이콧하는 사태가 발생하였으며, 이는 올림픽이 정치적 갈등의 영향을 강하게 받았음을 보여준다(Findling & Pelle, 2004). 이러한 상황에서도 올림픽은 스포츠를 통한 국제 교류와 평화 증진이라는 본래의 목적을 유지하고자 노력하였으며, 1992년 바르셀로나 올림픽은 냉전의 종식 이후 첫 번째 올림픽으로, 올림픽이 다시금 전 세계의 화합과 평화를 상징하는 무대로 자리 잡는 계기가 되었다.

근대 올림픽의 발전에서 상업화의 영향도 중요한 요소로 작용하였다. 1984년 로스앤젤레스 올림픽은 민간 자본에 의존하여 성공적으로 개최된 첫 번째 올림픽으로, 올림픽의 상업화가 본격화되는 계기가 되었다(Barney et al., 2002). 이후 올림픽은 대기업의 후원과 방송 중계권 판매 등을 통해 막대한 수익을 창출하는 거대한 상업적 이벤트로 발전하였다. 상업화는 올림픽이 전 세계적으로 큰 관심을 받는 계기를 마련하였지만, 동시에 올림픽의 상업적 성격이 과도하게 강조되면서 스포츠 정신이 훼손될 수 있다는 비판도 제기되었다. 그러나 상업화는 올림픽의 규모와 범위를 확대하고, 더 많은 사람들이 올림픽을 통해 스포츠에 접근할 수 있게 하는 긍정적인 역할도 하였다.

근대 올림픽의 부활과 발전은 스포츠 과학과 기술의 발전에도 큰 영향을 미쳤다. 올림픽에서의 경쟁이 치열해지면서 선수들의 경기력을 향상시키기 위한 과학적 훈련 방법과 기술적 지원이 중요해졌다(Guttmann, 2002). 이러한 변화는 스포츠 과학의 발전을 촉진하였으며, 체계적인 훈련 프로그램과 장비의 개선을 통해 선수들은 더욱 높은 기록을 달성할 수 있게 되었다. 예를 들어, 수영복의 소재나 육상 트랙의 재질 같은 기술적 발전은 선수들의 성과에 직접적인 영향을 미쳤으며, 이는 올림픽 기록이 지속적으로 갱신되는 중요한 이유 중 하나가 되었다.

근대 올림픽은 또한 다양한 문화와 인종이 함께 어우러지는 축제로 발전하였다. 올림픽은 전 세계의 다양한 국가와 문화가 한데 모여 스포츠를 통해 서로의 문화를 이해하고 존중하는 중요한 장을 제공하였다. 특히, 올림픽 개막식은 각국의 문화적 특색을 반영한 공연과 행사를 통해 올림픽이 단순한 스포츠 대회를 넘어 전 세계인의 축제라는 점을 강조한다(Roche, 2000). 이러한 문화적 교류는 올림픽이 국제적 연대와 평화를 촉진하는 중요한 매개체로서의 역할을 수행하게 하였으며, 스포츠를 통해 인류가 하나로 연결될 수 있다는 희망을 상징적으로 보여준다.

결론적으로, 근대 올림픽의 부활과 발전은 단순한 체육 행사를 넘어 전 세계의 국가와 사람들을 하나로 묶는 중요한 국제적 축제로서 자리 잡게 되었다. 근대 올림픽은 19세기 말 피에르 드 쿠베르탱의 이상을 바탕으로 부활하여, 신체적 단련과 인격 수양, 국제적 평화와 연대를 실현하는 중요한 수단으로 발전해 왔다. 올림픽은 여성의 참여 확대, 정치적 요소의 개입, 상업화와 기술 발전 등을 통해 끊임없이 변화하고 발전하였으며, 이를 통해 올림픽은 현대 스포츠의 상징적 행사로 자리매김하게 되었다. 근대 올림픽의 발전 과정은 스포츠가 단순한 경쟁을 넘어 인류의 화합과 평화를 상징하는 중요한 가치로 발전할 수 있음을 보여주며, 이러한 올림픽의 이상은 오늘날에도 지속적으로 이어지고 있다.

2. 근대 올림픽 정신

근대 올림픽의 정신은 스포츠를 통한 인간의 신체적, 정신적 발전뿐만 아니라 세계 평화와 인류의 연대감을 목표로 하는 이상적 가치 체계를 내포하고 있다. 근대 올림픽은 19세기 후반 피에르 드 쿠베르탱(Pierre de Coubertin) 남작의 주도로 부활되었으며, 쿠베르탱은 고대 올림픽의 이상을 현대에 되살려 스포츠를 통해 국제적 연대와 평화를 도모하고자 했다(MacAloon, 1981). 근대 올림픽의 정신은 이러한 쿠베르탱의 이상에서 비롯되었으며, 이는 오늘날까지도 올림픽 운동의 근본적인 철학으로 자리잡고 있다.

근대 올림픽의 정신은 '올림피즘'이라는 개념을 통해 구현된다. 올림피즘은 신체적 능력의 최대한 발휘를 통해 인류의 조화롭고 균형 잡힌 발전을 추구하며, 교육적·사회적 가치를 강조하는 개념이다(Coubertin, 2000). 올림픽은 단순한 스포츠 경쟁을 넘어, 스포츠를 통한 인간의 전인적 발전과 도덕적 성숙을 목표로 한다. 쿠베르탱은 스포츠가 인간의 신체적 능력뿐 아니라 정신적 능력과 도덕적 성숙을 길러주는 중요한 수단이라고 보았다. 따라서 근대 올림픽은 신체 단련뿐 아니라 인격 형성을 중시하는 교육적 행사로서의 역할을 수행하였다.

근대 올림픽 정신의 또 다른 중요한 측면은 평화와 국제적 연대감의 증진이다. 쿠베르탱은 올림픽을 통해 각국의 선수들이 평화로운 경쟁을 통해 서로를 이해하고 존중하는 경험을 제공하고자 했다(Lenski, 2000). 근대 올림픽은 세계 각국의 선수들이 한데 모여 스포츠를 통해 우정을 나누고, 전쟁과 갈등을 초월한 국제적 연대를 형성하는 무대로 기획되었다. 이는 올림픽 휴전의 개념을 현대적으로 재해석한 것으로, 쿠베르탱은 스포츠를 통해 국제 사회의 평화와 화합을 도모하는 이상을 실현하고자 했다. 이러한 이상은 오늘날까지도 올림픽 운동의 핵심 이념으로 유지되고 있으며, 올림픽 대회 기간 동안 전쟁 행위를 자제하고 국제 평화를 기원하는 전통으로 이어지고 있다.

근대 올림픽 정신은 또한 공정한 경쟁과 스포츠맨십의 강조에 있다. 올림픽은 참가자들이 공정한 규칙을 준수하고, 상대방을 존중하며, 최선을 다해 경쟁하는 과정을 통해 스포츠의 진정한 가치를 실현하도록 한다(Simon, 2004). 쿠베르탱은 승리보다는 경쟁 과정에서 보여지는 노력과 성실함, 그리고 타인에 대한 존중이 더 중요하다고 보았으며, 이는 올림픽 정신의 핵심적인 요소로 자리잡았다. 스포츠맨십은 승리와 패배를 떠나 공정하고 정직한 태도를 유지하는 것을 의미하며, 이를 통해 선수들은 스포츠를 통한 도덕적 성장을 경험하게 된다. 올림픽은 이러한 공정한 경쟁을 강조함으로써 스포츠가 단순한 신체적 경쟁을 넘어 인간의 도덕적 발전을 위한 중요한 수단임을 보여준다.

근대 올림픽의 정신은 여성의 참여와 성평등을 강조하는 데에도 중요한 역할을 했다. 초기 올림픽은 남성 중심으로 진행되었으나, 시간이 지남에 따라 여성의 참여가 확대되면서 올림픽은 성평등의 가치를 실현하는 중요한 무대로 자리 잡았다(Young, 1996). 쿠베르탱은 처음에는 여성의 스포츠 참여에 대해 회의적이었으나, 이후 여성 선수들의 참여와 성과가 늘어나면서 올림픽은 점차 성별에 관계없이 모든 이들이 공정하게 경쟁할 수 있는 장으로 발전하였다. 1900년 파리 올림픽에서 처음으로 여성들이 일부 종목에 참가한 이래, 여성의 올림픽 참여는 지속적으로 확대되어 왔다. 이러한 변화는 올림픽이 성별의 구분 없이 모든 사람에게 평등한 기회를 제공하고, 이를 통해 성평등의 가치를 실현하는 중요한 무대가 되었다는 것을 의미한다.

근대 올림픽 정신은 스포츠의 상업화와도 밀접한 관계를 맺고 있다. 올림픽의 상업화는 때때로 올림픽 정신의 순수성을 훼손할 위험이 있다는 비판을 받기도 하지만, 상업화를 통해 올림픽은 더 많은 사람들에게 접근 가능한 글로벌 축제로 성장할 수 있었다(Guttmann, 1992). 1984년 로스앤젤레스 올림픽은 민간 자본에 의존하여 성공적으로 개최된 첫 번째 올림픽으로, 올림픽의 상업화가 본격적으로 시작된 계기가 되었다. 이후 대기업의 후원과 방송 중계권 판매 등을 통해 올림픽은 거대한 상업적 이벤트로 발전하였으며, 이를 통해 더 많은 국가와 사람들이 올림픽에 관심을 가지게 되었다. 상업화는 올림픽의 규모와 범위를 확대하고, 올림픽이 전 세계적으로 큰 관심을 받는 계기를 마련하였다. 그러나 이러한 상업적 성격이 과도하게 강조될 경우, 올림픽 정신이 훼손될 위험이 있다는 점에서 상업화와 올림픽 정신 간의 균형이 중요하다.

근대 올림픽의 정신은 또한 문화적 다양성과 포용성의 증진을 목표로 한다. 올림픽은 전 세계의 다양한 국가와 문화가 한데 모여 스포츠를 통해 서로의 문화를 이해하고 존중하는 중요한 장을 제공한다(Roche, 2000). 특히, 올림픽 개막식은 각국의 문화적 특색을 반영한 공연과 행사를 통해 올림픽이 단순한 스포츠 대회를 넘어 전 세계인의 축제라는 점을 강조한다. 이러한 문화적 교류는 올림픽이 국제적 연대와 평화를 촉진하는 중요한 매개체로서의 역할을 수행하게 하며, 스포츠를 통해 인류가 하나로 연결될 수 있다는 희망을 상징적으로 보여준다. 이는 근대 올림픽이 단순한 경기의 장을 넘어, 인류가 공통의 가치를 공유하고, 서로의 문화를 존중하는 중요한 국제적 축제로서 자리매김하게 된 배경이다.

근대 올림픽의 정신은 오늘날에도 중요한 의미를 지니고 있다. 올림픽은 스포츠를 통해 인류의 평화와 화합을 촉진하는 중요한 수단으로 기능하며, 이를 통해 국가와 민족을 초월한 인류의 공통된 가치를 실현하고자 한다. 또한, 올림픽은 참가자들에게 자신의 한계를 극복하고, 최선을 다해 경쟁하는 경험을 제공하며, 이를 통해 인간의 무한한 가능성을 보여준다(MacAloon, 1981). 이러한 점에서 근대 올림픽의 정신은 스포츠를 통한 인간의 발전과 인류의 연대감을 실현하는 중요한 이상으로서, 오늘날까지지도 올림픽 운동의 근본적인 이념으로 이어지고 있다.

결론적으로, 근대 올림픽의 정신은 스포츠를 통한 인간의 신체적, 정신적 발전과 국제적 연대, 평화 증진을 목표로 하는 이상적 가치 체계로 이해할 수 있다. 쿠베르탱의 이상에서 비롯된 근대 올림픽은 스포츠를 통해 인류가 하나로 연결되고, 평화로운 경쟁을 통해 서로를 이해하고 존중하는 경험을 제공하고자 한다. 또한, 근대 올림픽은 공정한 경쟁과 스포츠맨십, 성평등의 가치를 강조하며, 이를 통해 스포츠가 단순한 경쟁을 넘어 인류의 도덕적, 문화적 발전을 위한 중요한 수단임을 보여준다. 이러한 올림픽 정신은 오늘날까지지도 지속적으로 이어지며, 현대 올림픽이 인류의 공통된 가치를 실현하는 중요한 국제적 축제로 발전하는 데 중요한 역할을 하고 있다.

3. 올림픽 운동

근대 올림픽 운동은 19세기 후반부터 20세기 초반에 걸쳐 시작된 국제적 스포츠와 문화 운동으로, 고대 올림픽의 정신을 현대에 부활시켜 전 세계 인류에게 신체적, 정신적 단련을 통한 화합과 평화를 추구하고자 한 중요한 시도였다. 근대 올림픽 운동은 피에르 드 쿠베르탱(Pierre de Coubertin) 남작의 주도로 이루어졌으며, 그는 스포츠가 교육적 수단으로서 중요한 역할을 할 수 있으며, 국제적 평화 증진의 매개체가 될 수 있다는 신념을 가지고 있었다(MacAloon, 1981). 이러한 이념을 바탕으로 한 근대 올림픽 운동은 스포츠를 통한 인간의 발전과 국제적 화합을 추구하는 중요한 국제적 행사가 되었다.

근대 올림픽 운동의 출발점은 1896년 그리스 아테네에서 열린 제1회 근대 올림픽이었다. 이 대회는 14개국에서 약 241명의 선수들이 참가한 가운데 개최되었으며, 국제적 스포츠 행사로서의 올림픽의 시작을 알렸다(Young, 1996). 이 대회의 성공적인 개최는 이후 올림픽이 4년마다 한 번씩 열리게 되는 계기가 되었으며, 근대 올림픽 운동의 중요한 이정표가 되었다. 쿠베르탱은 고대 올림픽의 전통을 현대에 재해석하여, 신체적 능력의 극대화뿐만 아니라 스포츠를 통한 교육적 가치, 그리고 평화와 화합을 강조하고자 했다. 그의 이러한 이념은 근대 올림픽 운동의 핵심 철학이 되었다.

근대 올림픽 운동의 중요한 특징 중 하나는 스포츠를 통한 평화와 국제적 연대의 강조였다. 쿠베르탱은 올림픽을 통해 각국의 선수들이 평화로운 경쟁을 통해 서로를 이해하고 존중하는 경험을 제공하고자 했다(Lenski, 2000). 그는 올림픽이 전쟁과 갈등을 초월한 국제적 연대의 상징이 되기를 바랐으며, 이는 올림픽이 전 세계 각국의 선수들이 모여 경쟁을 벌이는 국제적 무대로 발전하게 된 배경이 되었다. 근대 올림픽 운동은 스포츠가 단순한 경쟁의 장을 넘어, 전 세계인이 함께 어우러져 화합과 평화를 실현하는 장으로 기능할 수 있음을 보여주고자 했다.

근대 올림픽 운동의 발전 과정에서 중요한 변화는 여성의 참여 확대였다. 초기 올림픽은 남성 중심으로 진행되었으며, 여성의 참여는 제한적이었다. 그러나 1900년 파리 올림픽에서 처음으로 여성들이 골프와 테니스 종목에 참가하게 되면서 여성의 올림픽 참여가 시작되었다(Guttmann, 1992). 이러한 변화는 여성의 사회적 지위와 역할이 확대되는 시기와 맞물리며, 올림픽이 성평등의 가치를 반영하고 발전하는 데 기여하였다. 이후 1928년 암스테르담 올림픽에서는 육상과 체조 등 여성 종목이 추가되었으며, 이는 여성 스포츠의 발전과 올림픽에서의 성평등 실현에 중요한 전환점이 되었다. 근대 올림픽 운동은 이러한 여성의 참여를 통해 모든 사람들이 평등하게 스포츠에 접근할 수 있는 권리를 강조하고, 이를 통해 성평등의 가치를 실현하고자 하였다.

근대 올림픽 운동의 또 다른 중요한 측면은 상업화와 관련이 있다. 올림픽은 점차 그 규모와 영향력이 확대되면서, 상업화의 압력에 직면하게 되었다(Barney et al., 2002). 1984년 로스앤젤레스 올림픽은 민간 자본에 의존하여 성공적으로 개최된 첫 번째 올림픽으로, 올림픽의 상업화가 본격적으로 시작된 계기가 되었다. 이후 올림픽은 대기업의 후원과 방송 중계권 판매 등을 통해 막대한 수익을 창출하는 거대한 상업적 이벤트로 발전하였다. 이러한 상업화는 올림픽이 전 세계적으로 큰 관심을 받는 계기를 마련하였으며, 이를 통해 더 많은 국가와 사람들이 올림픽에 참여하고 관심을 가지게 되었다. 그러나 상업화는 올림픽 정신의 순수성을 훼손할 위험이 있다는 비판도 제기되었으며, 이를 해결하기 위해 국제올림픽위원회(IOC)는 상업적 요소와 올림픽의 본래 이상 간의 균형을 유지하기 위해 노력하고 있다.

근대 올림픽 운동은 또한 정치적 요소와도 밀접한 관계를 맺고 있다. 올림픽은 국제적 스포츠 이벤트로서 전 세계의 이목을 집중시키는 중요한 무대가 되었으며, 이는 때때로 정치적 목적에 이용되기도 했다(Toohey & Veal, 2007). 예를 들어, 1936년 베를린 올림픽은 나치 독일의 정치적 선전 도구로 사용되었으며, 이를 통해 히틀러는 독일의 우월성을 전 세계에 과시하고자 했다. 이러한 정치적 개입은 올림픽의 기본 이념인 평화와 연대의 정신을 훼손하는 결과를 초래했으나, 동시에 올림픽이 국제 정치 무대에서 가지는 상징적 중요성을 보여주었다. 냉전 시대 동안에도 올림픽은 서방 진영과 동구권 진영 간의 이념적 대립을 드러내는 무대가 되었으며, 이로 인해 1980년 모스크바 올림픽과 1984년 로스앤젤레스 올림픽에서는 각 진영의 국가들이 서로 보이콧하는 사태가 발생하기도 했다(Findling & Pelle, 2004). 이러한 상황에서도 올림픽은 스포츠를 통한 국제 교류와 평화 증진이라는 본래의 목적을 유지하고자 노력하였다.

근대 올림픽 운동은 또한 다양한 문화와 인종이 함께 어우러지는 축제로 발전하였다. 올림픽은 전 세계의 다양한 국가와 문화가 한데 모여 스포츠를 통해 서로의 문화를 이해하고 존중하는 중요한 장을 제공하였다. 특히, 올림픽 개막식은 각국의 문화적 특색을 반영한 공연과 행사를 통해 올림픽이 단순한 스포츠 대회를 넘어 전 세계인의 축제라는 점을 강조한다(Roche, 2000). 이러한 문화적 교류는 올림픽이 국제적 연대와 평화를 촉진하는 중요한 매개체로서의 역할을 수행하게 하였으며, 스포츠를 통해 인류가 하나로 연결될 수 있다는 희망을 상징적으로 보여준다.

근대 올림픽 운동은 또한 스포츠 과학과 기술의 발전을 촉진하는 데 기여하였다. 올림픽에서의 경쟁이 치열해지면서 선수들의 경기력을 향상시키기 위한 과학적 훈련 방법과 기술적 지원이 중요해졌다(Guttmann, 2002). 이러한 변화는 스포츠 과학의 발전을 촉진하였으며, 체계적인 훈련 프로그램과 장비의 개선을 통해 선수들은 더욱 높은 기록을 달성할 수 있게 되었다. 예를 들어, 수영복의 소재나 육상 트랙의 재질 같은 기술적 발전은 선수들의 성과에 직접적인 영향을 미쳤으며, 이는 올림픽 기록이 지속적으로 갱신되는 중요한 이유 중 하나가 되었다.

결론적으로, 근대 올림픽 운동은 스포츠를 통한 인간의 발전과 국제적 화합을 추구하는 중요한 국제적 행사를 만들어냈다. 피에르 드 쿠베르탱의 이상에서 비롯된 근대 올림픽 운동은 신체적 단련과 도덕적 성숙을 통한 인간의 전인적 발전을 목표로 하며, 이를 통해 국제적 연대와 평화를 실현하고자 하였다. 근대 올림픽 운동은 여성의 참여 확대, 상업화, 정치적 요소의 개입, 그리고 문화적 다양성과 포용성의 강조를 통해 지속적으로 변화하고 발전해 왔으며, 이러한 과정을 통해 근대 올림픽은 전 세계인의 축제이자 스포츠를 통한 인류의 화합을 상징하는 중요한 국제적 무대로 자리매김하게 되었다.

Ⅷ 스포츠와 정치

스포츠와 정치는 밀접한 관계를 맺고 있으며, 스포츠는 종종 국가주의, 외교, 평화 등의 정치적 목표를 달성하기 위한 도구로 활용된다. 스포츠와 정치의 관계를 이해하기 위해서는 먼저 스포츠와 국가주의, 스포츠와 외교, 스포츠와 평화의 주요 영역을 살펴볼 필요가 있다.

스포츠와 국가주의는 스포츠를 통해 국가의 정체성을 강화하고 국민적 자부심을 고취하는 현상을 의미한다. 스포츠는 국가의 상징적 대표성을 드러내는 중요한 수단이 될 수 있으며, 국제 스포츠 대회에서의 승리는 국가적 위상을 높이는 중요한 요소로 작용한다(Maguire, 1999). 1936년 베를린 올림픽에서 나치 독일이 스포츠를 통해 국가주의를 선전했던 사례는 스포츠와 국가주의의 밀접한 관계를 보여주는 대표적인 예이다(Hoberman, 1997).

스포츠와 외교는 스포츠를 통해 국가 간의 외교적 관계를 증진하고 갈등을 완화하는 역할을 한다. '핑퐁 외교'로 알려진 1971년 미국과 중국 간의 탁구 교류는 두 나라 간의 외교적 관계 개선에 중요한 역할을 했다(Allison, 2000). 이처럼 스포츠는 전통적인 외교 수단과는 다른 형태로 국가 간 상호 이해와 교류를 촉진하는 역할을 수행한다.

스포츠와 평화는 스포츠가 국가 간의 갈등을 해소하고 평화를 구축하는 데 기여하는 역할을 의미한다. 올림픽 운동은 국가들이 전쟁 대신 평화로운 경쟁을 통해 상호 이해를 증진하는 기회를 제공하며, 이러한 스포츠 이벤트는 평화의 상징으로 기능한다(Galtung, 1996). 특히, 2018년 평창 동계 올림픽에서 남북한 선수단이 공동 입장한 것은 스포츠가 평화 구축에 기여할 수 있음을 보여주는 사례이다(Kim, 2019).

스포츠와 정치의 현장 사례로는 1968년 멕시코시티 올림픽에서 아프리카계 미국인 선수들이 인종차별에 항의하며 시상대에서 '블랙 파워' 경례를 한 사건을 들 수 있다(Hartmann, 2003). 이 사건은 스포츠가 정치적 항의의 장으로 사용될 수 있음을 보여주며, 스포츠와 정치의 경계가 모호해질 수 있음을 시사한다. 또한, 이러한 사례는 스포츠가 사회적 변화의 중요한 촉매제가 될 수 있음을 나타낸다.

최근 스포츠와 정치의 연구 동향은 스포츠의 상업화와 글로벌화가 정치적 맥락에서 어떻게 해석되고 있는지를 탐구하는 방향으로 나아가고 있다(Grix, 2014). 스포츠는 이제 단순한 여가 활동을 넘어 국가와 기업, 개인의 이해관계가 얽혀 있는 복잡한 사회적 현상으로 자리 잡았다. 특히, 대형 스포츠 이벤트는 국가의 정치적 목표 달성뿐 아니라 경제적 이익을 창출하는 중요한 산업으로서의 역할을 하고 있다(Preuss, 2004).

스포츠와 정치가 직면한 주요 과제 중 하나는 스포츠의 상업화와 정치적 이용에 따른 부작용을 해결하는 것이다. 스포츠의 상업화는 경제적 가치를 창출하는 긍정적인 측면도 있지만, 스포츠의 본질을 훼손하고 선수들을 상품화하는 문제를 낳기도 한다(Coakley, 2009). 또한, 스포츠가 정치적 목적에 의해 이용될 때 스포츠의 공정성과 중립성이 위협받을 수 있다는 점에서 이에 대한 비판적 성찰이 필요하다.

스포츠와 정치의 미래 연구 방향으로는 첫째, 스포츠의 정치적 이용이 선수와 팬들에게 미치는 영향을 보다 체계적으로 분석할 필요가 있다. 둘째, 스포츠 외교의 효과를 극대화할 수 있는 전략적 접근 방안을 모색하는 연구가 필요하다. 셋째, 스포츠가 평화 구축에 기여할 수 있는 구체적인 방법을 탐구하는 연구가 강화되어야 한다(Grix & Houlihan, 2014).

결론적으로, 스포츠와 정치는 서로 긴밀히 연결되어 있으며, 스포츠는 정치적 목표를 달성하는 중요한 수단으로 활용되고 있다. 스포츠를 통해 국가주의, 외교, 평화 등의 다양한 정치적 이슈를 탐구하고, 이를 바탕으로 스포츠가 공정하고 평화로운 사회를 만드는 데 기여할 수 있도록 하는 것이 스포츠사회학의 궁극적인 목표이다.

1. 스포츠와 국가주의

스포츠와 국가주의는 19세기 후반부터 현대까지 전 세계적인 차원에서 정치와 스포츠가 상호작용하는 중요한 관계를 형성해 왔다. 스포츠는 단순히 신체적 능력을 겨루는 경쟁의 장을 넘어서, 국가적 자부심을 강화하고, 정치적 메시지를 전달하는 매개체로 사용되어 왔다(Hobsbawm, 1990). 이러한 국가주의적 요소는 올림픽, 월드컵, 각종 국제 스포츠 대회에서 국가의 명예를 걸고 선수들이 경쟁하는 과정에서 두드러지게 나타난다. 특히, 스포츠는 국가의 정치적 위상을 과시하고 국민들의 단결을 이끌어내는 강력한 도구로서 중요한 역할을 수행해 왔다.

국가주의는 스포츠에서 특히 국제 대회에서 가장 강하게 드러난다. 20세기 초부터 국제 스포츠 대회는 단순한 스포츠 이벤트를 넘어, 각 국가의 정치적, 사회적 위상을 세계 무대에서 드러내기 위한 수단으로 사용되었다(Guttmann, 2002). 이러한 경향은 1936년 베를린 올림픽에서 극적으로 드러났는데, 당시 나치 독일은 올림픽을 통해 자국의 우월성을 과시하고 국가주의적 선전을 목적으로 삼았다(Krüger & Murray, 2003). 히틀러는 올림픽을 독일의 정치적 이념을 전 세계에 홍보하는 수단으로 활용하였으며, 이를 통해 국가의 위대함과 단결을 강조하고자 했다. 이러한 베를린 올림픽은 스포츠가 국가의 정치적 도구로 이용될 수 있음을 명확히 보여주는 사례이다.

냉전 시대 동안에도 스포츠와 국가주의의 관계는 중요한 정치적 의미를 지니게 되었다. 서방 진영과 동구권 진영 간의 이념적 대립은 스포츠 무대에서도 그대로 드러났다. 특히, 1980년 모스크바 올림픽과 1984년 로스앤젤레스 올림픽에서의 상호 보이콧은 스포츠가 단순한 경기 이상의 정치적 의미를 지니고 있음을 잘 보여준다(Findling & Pelle, 2004). 각 진영의 국가들은 올림픽 보이콧을 통해 자국의 정치적 입장을 명확히 하고, 상대 진영에 대한 저항을 표현하였다. 이와 같은 상황은 스포츠가 국가 간의 정치적 대립과 경쟁을 상징적으로 드러내는 장으로 기능하였으며, 국가주의가 스포츠에서 어떻게 표출될 수 있는지를 명확히 보여준다.

국가주의는 스포츠를 통해 국민적 정체성을 강화하고, 국가의 단결을 촉진하는 데도 중요한 역할을 한다. 올림픽이나 월드컵과 같은 대규모 국제 스포츠 이벤트에서 국민들은 자국 선수들을 응원하며 강한 애국심과 단결심을 느끼게 된다(Tomlinson & Young, 2006). 이러한 스포츠 이벤트는 국가의 성공을 국민들이 공유하게 만들며, 이를 통해 국민적 정체성을 강화하는 역할을 한다. 예를 들어, 2002년 한일 월드컵에서 한국 축구 대표팀의 성공은 국민적 자부심을 크게 고양시켰으며, 국민들이 국가를 중심으로 단결하는 중요한 계기가 되었다. 이처럼 스포츠는 국가적 성취를 통해 국민적 자부심을 고취시키고, 국가의 일체감을 강화하는 중요한 매개체가 된다.

스포츠와 국가주의의 관계는 또한 정치적 권위와 정당성을 확보하는 데 사용되기도 한다. 특히, 독재 정권 하에서는 스포츠가 국가의 성공을 과시하고, 이를 통해 정권의 정당성을 강화하는 도구로 사용되었다(Markovits & Hellerman, 2001). 아르헨티나의 군사 정권은 1978년 FIFA 월드컵을 자국에서 개최하여 이를 통해 국가의 위상을 과시하고, 정권의 정당성을 국민들에게 선전하고자 했다. 이러한 사례는 스포츠가 정치적 정당성을 강화하고, 국민들에게 국가의 성공을 홍보하는 데 어떻게 이용될 수 있는지를 잘 보여준다. 스포츠의 성공은 국민들에게 국가의 힘과 위대함을 상징적으로 드러내며, 이를 통해 정권은 국민적 지지를 확보하고자 한다.

국가주의는 스포츠에서 긍정적인 역할을 할 수 있는 반면, 때로는 갈등과 분열을 초래하기도 한다. 스포츠에서의 국가주의가 과도하게 강조될 경우, 이는 국가 간의 갈등과 적대감을 조장할 수 있다(Edwards, 2013). 예를 들어, 축구 경기에서 나타나는 국가 간의 라이벌 의식은 때로는 극단적인 애국주의와 배타적인 행동으로 이어지며, 경기 이후 폭력 사태를 초래하기도 한다. 이러한 문제는 스포츠가 국가주의의 도구로 사용될 때 발생할 수 있는 부정적인 측면을 보여준다. 스포츠에서의 국가주의는 국가 간의 건강한 경쟁을 촉진하는 긍정적인 역할을 할 수 있지만, 그 경계가 무너질 경우 갈등과 폭력을 초래할 위험이 있다.

국가주의와 스포츠의 관계는 현대 사회에서 다양한 형태로 계속되고 있다. 글로벌 스포츠 이벤트에서 국가의 성공은 여전히 중요한 정치적 의미를 지니며, 각국 정부는 스포츠를 통해 자국의 이미지를 제고하고 국제적 위상을 높이고자 한다(Allison, 2000). 이는 스포츠가 국가의 브랜드 이미지를 형성하는 데 중요한 역할을 한다는 것을 의미하며, 스포츠를 통한 국가 이미지 개선은 국제 사회에서의 국가적 위상을 강화하는 중요한 수단으로 활용된다. 특히, 올림픽 개최는 개최국의 경제적, 정치적 성과를 국제적으로 알리는 기회로 여겨지며, 이를 통해 국가주의적 자부심이 강화된다.

스포츠와 국가주의는 또한 글로벌화와 함께 새로운 도전에 직면하고 있다. 글로벌화는 국가 간 경계를 허물고, 스포츠를 통한 국제적 교류와 이해를 촉진하는 데 기여하고 있지만, 동시에 국가주의의 재발견을 초래하기도 한다(Giulianotti, 2005). 글로벌 스포츠 리그에서의 국가 대표 선수들은 자신의 국가를 대표하면서도, 글로벌 스포츠 클럽에서 활동하며 복잡한 정체성을 형성하게 된다. 이러한 상황에서 국가주의는 때로는 선수들의 정체성과 소속감에 혼란을 초래하기도 하며, 스포츠와 국가주의의 관계는 더욱 복합적인 양상을 띠게 되었다.

결론적으로, 스포츠와 국가주의는 서로 긴밀히 연결되어 있으며, 스포츠는 국가주의를 표현하고 강화하는 중요한 도구로 기능해 왔다. 스포츠는 국가의 정치적 위상을 과시하고, 국민적 정체성을 강화하며, 국가 간의 경쟁을 상징적으로 드러내는 장으로서 중요한 역할을 수행한다. 그러나 국가주의가 스포츠에서 과도하게 강조될 경우 갈등과 분열을 초래할 수 있으며, 이러한 측면에서 스포츠와 국가주의의 관계는 긍정적·부정적 요소를 모두 내포하고 있다. 현대 사회에서 스포츠와 국가주의의 관계는 글로벌화와 함께 더욱 복합적인 양상을 보이며, 국가주의가 스포츠에서 어떻게 표현되고 이용되는지에 대한 비판적 고찰이 필요하다. 스포츠는 국가주의의 도구로서 뿐만 아니라, 국제적 연대와 평화를 촉진하는 매개체로 기능할 수 있으며, 이를 통해 인류의 화합과 상호 이해를 실현하는 데 기여할 수 있다.

2. 스포츠와 외교

스포츠와 외교는 현대 국제 관계에서 중요한 역할을 하고 있으며, 스포츠가 국가 간의 외교적 목표를 달성하는 데 사용되는 사례는 다수 존재한다. 스포츠는 단순히 신체적 경쟁을 넘어서서 국제적인 소통의 장이 되어 왔으며, 외교적 도구로서 국가의 이미지를 강화하고, 국제적 갈등을 완화하며, 국가 간의 우호 관계를 증진하는 데 기여하고 있다(Murray, 2012). 이러한 스포츠 외교의 중요성은 특히 냉전 시대와 같은 긴장된 국제 환경 속에서, 스포츠가 가지는 외교적 가능성을 극대화하여 평화와 소통을 이루고자 하는 다양한 노력에서 명확히 나타났다.

스포츠 외교의 대표적인 사례 중 하나는 1971년 "핑퐁 외교"로 알려진 중국과 미국 간의 외교적 교류이다. 1971년 일본에서 열린 세계 탁구 선수권 대회에서 미국 탁구 대표팀이 중국의 초청을 받아 중국을 방문하게 되면서, 당시 대립하고 있던 두 나라 사이에 외교적 물꼬가 트이게 되었다(Griffith, 2017). 이 사건은 이후 닉슨 대통령의 중국 방문으로 이어지며, 미국과 중국 간의 관계 정상화에 중요한 계기를 마련했다. "핑퐁 외교"는 스포츠가 이념적 대립을 초월하여 국가 간의 외교적 관계를 회복하고, 새로운 대화의 창을 열 수 있는 중요한 매개체로 기능할 수 있음을 보여준다.

또한, 올림픽과 같은 국제 스포츠 이벤트는 국가 간의 외교적 관계를 형성하고 개선하는 데 중요한 역할을 한다. 1988년 서울 올림픽은 한국의 국제적 위상을 높이고, 당시 군사 독재로 인해 국제 사회에서 부정적인 이미지를 갖고 있던 한국의 민주화와 개방성을 전 세계에 알리는 중요한 계기가 되었다(Manheim, 1990). 서울 올림픽을 통해 한국은 국제 사회에서의 입지를 강화하였고, 외교적으로도 많은 국가들과의 관계를 개선하는 기회를 가질 수 있었다. 이와 같은 올림픽은 스포츠가 단순한 경기 이상의 외교적 행위로 기능하며, 국가의 이미지를 개선하고 국제 사회에서의 역할을 강화하는 데 기여할 수 있음을 보여준다.

스포츠 외교는 또한 국가 간의 갈등을 완화하고 평화를 촉진하는 데 중요한 역할을 한다. 2000년 시드니 올림픽에서 남북한이 공동 입장한 것은 한반도의 긴장 완화와 화해 분위기를 조성하는 데 기여하였다. 이 사건은 스포츠가 정치적 갈등을 초월하여 한

민족의 정체성을 강화하고, 평화적 공존의 메시지를 전달할 수 있는 중요한 수단임을 보여준다(Bairner, 2001). 이러한 사례는 스포츠가 국가 간의 갈등을 해결하고, 외교적 대화를 촉진하는 데 어떻게 사용될 수 있는지를 잘 보여준다. 스포츠는 정치적 대립을 잠시 잊고, 인간적 유대와 연대감을 형성할 수 있는 기회를 제공하며, 이를 통해 외교적 갈등을 완화하는 데 기여할 수 있다.

국가의 이미지를 개선하고 국제적 위상을 강화하기 위해 스포츠를 외교적으로 활용하는 사례는 현대에도 지속적으로 나타나고 있다. 카타르는 2022년 FIFA 월드컵을 개최함으로써 자국의 국제적 위상을 높이고, 전 세계에 현대적인 이미지와 경제적 발전을 홍보하고자 했다(Reiche, 2014). 이러한 스포츠 외교는 국가 브랜드 이미지를 형성하고, 자국의 발전과 문화적 다양성을 국제 사회에 알리는 중요한 수단으로 사용된다. 스포츠 이벤트의 성공적인 개최는 국가의 경제적, 정치적 성과를 국제적으로 알리는 기회로 여겨지며, 이를 통해 외교적 목표를 달성하고 국제적 위상을 높일 수 있다.

스포츠 외교는 또한 인도주의적 외교와도 밀접한 관계를 맺고 있다. 예를 들어, 국제 스포츠 단체들은 개발도상국에서 스포츠 프로그램을 운영하여 현지 청소년들에게 체육 활동의 기회를 제공하고, 이를 통해 긍정적인 변화를 일으키고자 한다(Beacom, 2000). 이러한 스포츠 프로그램은 스포츠를 통한 건강 증진과 교육적 효과를 강조하며, 스포츠 외교가 인도주의적 차원에서 어떻게 기여할 수 있는지를 잘 보여준다. 국제올림픽위원회(IOC)와 같은 단체는 올림픽 가치를 확산시키고, 스포츠를 통해 전 세계의 평화와 발전을 도모하는 활동을 지속적으로 추진하고 있다.

한편, 스포츠 외교는 정치적 목적과 결부되면서 논란을 불러일으키기도 한다. 스포츠가 외교적 목적으로 이용될 때, 이는 때로는 스포츠의 순수성을 훼손할 위험이 있다(Black & Peacock, 2013). 특히, 독재 정권은 스포츠 성공을 통해 자국의 정치적 정당성을 강화하고, 국민들의 관심을 외부로 돌리는 수단으로 스포츠 외교를 이용할 수 있다. 예를 들어, 1936년 베를린 올림픽은 나치 독일의 정치적 선전 도구로 사용되었으며, 이를 통해 히틀러는 독일의 우월성을 전 세계에 과시하고자 했다(Krüger & Murray, 2003). 이러한 사례는 스포츠 외교가 정치적 목적에 의해 왜곡될 위험이 있음을 경고하며, 스포츠와 정치의 관계에 대한 비판적 고찰의 필요성을 보여준다.

스포츠 외교는 또한 스포츠가 국가 간의 긴장 완화와 평화 구축에 기여하는 데 있어서 한계를 가지고 있음을 보여준다. 스포츠가 외교적 교류의 장으로 사용되더라도, 국가 간의 근본적인 갈등이 해결되지 않는 경우에는 스포츠 외교의 효과가 제한적일 수 있다

(Coalter, 2007). 예를 들어, 남북한의 스포츠 교류는 한반도의 긴장 완화에 기여했으나, 여전히 근본적인 정치적 갈등은 해결되지 않은 상태로 남아 있다. 이와 같은 한계는 스포츠 외교가 외교적 대화를 촉진하는 데 기여할 수는 있지만, 근본적인 정치적 문제를 해결하는 데 있어서는 제한적일 수 있음을 시사한다.

결론적으로, 스포츠와 외교는 현대 국제 관계에서 중요한 상호작용을 이루고 있으며, 스포츠 외교는 국가 간의 관계를 형성하고 개선하는 데 중요한 역할을 하고 있다. 스포츠는 국가의 이미지를 강화하고, 갈등을 완화하며, 평화를 촉진하는 데 중요한 수단으로 사용되고 있다. 그러나 스포츠 외교는 정치적 목적과 결부될 때 그 순수성이 훼손될 위험이 있으며, 국가 간의 근본적인 갈등 해결에는 한계가 있을 수 있다. 그럼에도 불구하고 스포츠 외교는 전 세계 인류가 스포츠를 통해 평화와 화합을 추구할 수 있는 중요한 가능성을 보여주며, 이를 통해 국제 사회에서의 외교적 노력이 지속적으로 이루어져야 할 필요성을 강조한다. 스포츠는 단순한 경쟁의 장을 넘어, 인류의 공통된 가치를 공유하고, 상호 이해와 연대를 촉진하는 중요한 외교적 매개체로서의 가능성을 지니고 있다.

3. 스포츠와 평화

스포츠와 평화는 현대 국제사회에서 중요한 연관성을 갖고 있다. 스포츠는 인간의 신체적, 정신적 능력을 발휘하는 경쟁의 장을 넘어서, 평화와 연대의 이상을 실현하는 중요한 매개체로 작용해 왔다. 스포츠는 종종 정치적 갈등과 긴장이 고조된 상황에서 대화를 촉진하고, 화해를 이끌어내며, 평화를 증진시키는 수단으로 사용되어 왔다(Galtung, 1996). 이러한 스포츠의 평화적 역할은 국제 스포츠 이벤트와 다양한 평화 구축 프로그램에서 두드러지게 나타나며, 스포츠가 국제 관계와 내전 상황에서 어떻게 긍정적인 변화를 이끌어낼 수 있는지를 보여준다.

스포츠와 평화의 가장 대표적인 사례 중 하나는 2000년 시드니 올림픽에서 남북한이 공동 입장한 사건이다. 당시 분단된 한반도에서 남북한 선수단이 하나의 깃발 아래 함께 입장하는 모습은 전 세계에 큰 감동을 주었으며, 스포츠가 정치적 경계를 초월해 평화를 촉진할 수 있음을 보여주는 중요한 상징적 사건이었다(Bairner, 2001). 이 공동 입장은 남북 간의 긴장 완화와 화해 분위기를 조성하는 데 기여하였으며, 스포츠가 정치적 갈등을 초월하여 인간적 유대감을 형성하는 데 중요한 역할을 할 수 있음을 잘 보여준다. 스포츠는 국가 간의 대립 속에서도 공동의 목표와 가치를 나눌 수 있는 기회를 제공하며,

이를 통해 갈등을 완화하고 평화를 구축하는 역할을 한다.

스포츠는 또한 올림픽과 같은 국제 스포츠 이벤트를 통해 평화를 촉진하는 중요한 역할을 수행해 왔다. 올림픽은 그리스에서 시작된 고대 올림픽에서 '올림픽 휴전'이라는 전통을 계승하여, 대회 기간 동안 모든 전쟁 행위를 중단하고 평화를 유지할 것을 촉구해 왔다(Guttmann, 2002). 근대 올림픽이 부활하면서 이러한 평화적 이상은 다시 한 번 강조되었으며, 국제올림픽위원회(IOC)는 올림픽 정신을 통해 전 세계의 화합과 평화를 촉진하고자 했다. 이러한 올림픽의 평화적 메시지는 스포츠가 단순한 신체적 경쟁을 넘어, 전 세계 인류가 공통의 가치를 나누고 평화를 추구할 수 있는 장으로 기능할 수 있음을 시사한다.

스포츠를 통한 평화 구축은 특히 분쟁 지역에서 중요한 역할을 해왔다. 예를 들어, 1990년대 발칸반도 전쟁 이후, 여러 국제 스포츠 단체들은 분쟁으로 갈라진 지역 사회의 화해와 재통합을 위해 스포츠 프로그램을 운영하였다(Coakley, 2011). 이러한 프로그램은 스포츠를 통해 청소년들에게 협력과 상호 존중의 가치를 가르치고, 갈등으로 인해 파괴된 사회적 관계를 회복하는 데 기여하였다. 스포츠는 개인 간의 신뢰를 형성하고, 공동의 목표를 위해 협력하는 과정을 통해 갈등 지역에서의 평화 구축에 중요한 역할을 할 수 있다. 이처럼 스포츠는 갈등 상황에서 서로 다른 이해관계를 가진 사람들을 하나로 모으고, 평화적 공존의 문화를 조성하는 데 기여한다.

또한, 유엔(UN)과 같은 국제 기구는 스포츠를 평화와 개발을 위한 중요한 수단으로 인정하고, 스포츠를 통한 평화 증진 활동을 활발히 추진해 왔다(Beacom, 2000). 2003년, 유엔은 올림픽 휴전 결의를 통해 모든 회원국이 올림픽 기간 동안 전쟁과 폭력을 중단하고 평화적 대화를 촉진할 것을 촉구하였다. 이러한 노력은 스포츠가 국제 사회에서 평화 구축을 위한 강력한 도구가 될 수 있음을 보여준다. 스포츠는 국가 간의 갈등을 완화하고, 상호 이해와 연대를 촉진하는 중요한 역할을 수행하며, 이를 통해 국제 사회의 평화 증진에 기여하고 있다.

그러나 스포츠가 항상 평화적 결과를 가져오는 것은 아니다. 때로는 스포츠가 국가 간의 경쟁과 갈등을 부추기기도 하며, 국가주의가 과도하게 강조될 경우 이는 폭력적 충돌로 이어질 수 있다(Maguire, 2011). 예를 들어, 1969년 엘살바도르와 온두라스 사이에서 벌어진 '축구 전쟁'은 축구 경기에서의 패배가 양국 간의 정치적 긴장을 고조시키며 실제 전쟁으로 이어진 사례이다. 이처럼 스포츠는 긍정적인 평화적 역할을 할 수 있는 반면, 그 반대로 갈등을 악화시키는 부정적인 역할을 할 가능성도 있다. 따라서 스포츠와 평화의 관계를 긍정적으로 발전시키기 위해서는 스포츠의 공정성, 존중, 평화적 경쟁을 강조하는 노력이 지속적으로 필요하다.

스포츠와 평화의 관계는 또한 글로벌화와 함께 새로운 양상을 보이고 있다. 글로벌 스포츠 이벤트는 전 세계의 다양한 국가와 문화가 한데 모여 스포츠를 통해 상호 이해와 교류를 촉진하는 기회를 제공한다(Giulianotti, 2005). 예를 들어, FIFA 월드컵과 같은 대규모 스포츠 이벤트는 국가 간의 대립을 잠시 잊고, 전 세계의 사람들이 스포츠를 통해 하나로 연결되는 경험을 제공한다. 이러한 글로벌 스포츠 이벤트는 국가 간의 평화를 촉진하고, 스포츠를 통한 문화적 다양성과 포용성을 강조하는 데 기여하고 있다. 스포츠는 국가 간의 경계를 초월해 인류의 공통된 가치를 나누고, 평화로운 공존을 위한 가능성을 제시한다.

스포츠와 평화의 연관성은 지역 사회의 평화 구축에도 중요한 역할을 한다. 스포츠는 지역 사회의 청소년들에게 협력, 존중, 공정성 등의 가치를 가르치며, 이를 통해 평화로운 사회적 환경을 조성하는 데 기여한다(Coalter, 2007). 예를 들어, 다양한 스포츠 프로그램을 통해 청소년들은 팀워크와 리더십을 배우고, 서로를 존중하는 태도를 형성하게 된다. 이러한 과정은 지역 사회 내에서 폭력을 줄이고, 상호 이해와 화합을 촉진하는 데 중요한 역할을 한다. 스포츠는 지역 사회의 구성원들이 평화로운 관계를 유지하고, 공동체적 가치를 공유하는 데 기여하며, 이를 통해 지역 사회의 안정과 발전에 긍정적인 영향을 미친다.

결론적으로, 스포츠와 평화는 국제 사회와 지역 사회에서 중요한 연관성을 가지고 있으며, 스포츠는 평화를 촉진하는 강력한 도구로 기능해 왔다. 스포츠는 국제 스포츠 이벤트와 평화 구축 프로그램을 통해 국가 간의 갈등을 완화하고, 상호 이해와 연대를 촉진하며, 전 세계 인류가 공통의 가치를 나누는 장을 제공하고 있다. 그러나 스포츠가 항상 평화적 결과를 가져오는 것은 아니며, 갈등을 부추기거나 폭력을 초래할 위험도 있다. 따라서 스포츠를 평화적으로 활용하기 위해서는 공정성과 존중, 평화적 경쟁을 강조하는 노력이 필요하다. 스포츠는 단순한 경쟁을 넘어, 인류의 화합과 평화를 실현하는 중요한 수단이 될 수 있으며, 이를 통해 국제 사회와 지역 사회에서의 평화 구축에 기여할 수 있다.

IX 스포츠와 사회문화

스포츠사회학은 스포츠를 사회문화적 맥락에서 이해하고 분석하는 학문이다. 스포츠는 단순히 신체활동에 그치지 않고, 다양한 사회적, 문화적 요소와 긴밀하게 연결되어 있는 복합적인 현상이다. 스포츠사회학은 스포츠가 사회 구조, 가치, 문화, 권력관계 등과 어떻게 상호작용하는지를 탐구하며, 이를 통해 스포츠가 사회에서 차지하는 역할과 의미를 해석한다(Coakley, 2009). 스포츠는 사회 내 다양한 갈등과 협력의 장으로서 기능하며, 스포츠를 통해 성, 인종, 계층, 미디어 등의 다양한 사회적 이슈를 탐구할 수 있다.

스포츠사회학의 주요 연구 영역 중 하나는 스포츠와 성이다. 스포츠는 오랜 기간 동안 남성 중심의 영역으로 인식되어 왔으며, 이에 따라 성 불평등이 체육 활동 전반에 걸쳐 나타났다. 남성 중심적인 스포츠 문화는 여성의 참여를 제한하고, 여성 운동선수에 대한 차별적인 대우를 초래해왔다(Hargreaves, 1994). 그러나 20세기 후반부터 여성의 스포츠 참여가 점차 증가하고, 성평등에 대한 인식이 확대되면서 여성 스포츠의 발전은 큰 진전을 이루었다. 예컨대, 올림픽 등 국제 스포츠 대회에서 여성 선수들의 활약은 성평등의 상징적 의미를 가지며, 여성의 사회적 지위 향상에 기여하고 있다(Coakley, 2009).

또 다른 중요한 연구 영역은 스포츠와 인종 문제이다. 스포츠는 인종 간 갈등과 화합을 동시에 보여주는 독특한 사회적 장이다. 스포츠 현장에서는 다양한 인종이 모여 경쟁하고 협력하지만, 동시에 인종 차별과 같은 문제도 빈번히 발생한다. 특히, 미국의 프로스포츠 리그에서는 아프리카계 미국인 선수들이 주로 활약하고 있지만, 지도자나 행정직에의 진출은 여전히 제한적이다(Eitzen & Sage, 2003). 이러한 불균형은 스포츠 내의 구조적 인종차별의 한 예로 지적되고 있으며, 이를 극복하기 위한 다양한 사회적, 정책적 노력이 필요하다.

스포츠와 미디어의 관계 또한 스포츠사회학에서 중요한 연구 주제이다. 미디어는 스포츠의 대중화와 상업화에 큰 영향을 미쳤으며, 스포츠가 대중문화의 중요한 부분으로 자리 잡는 데 기여했다(Messner, 2002). 특히 텔레비전 중계와 최근의 소셜 미디어는 스포츠의 소비 방식을 혁신적으로 변화시켰으며, 팬들과 선수 간의 소통을 새로운 차원으로 이끌었다. 그러나 미디어는 스포츠의 상업화를 촉진하는 한편, 특정 선수나 종목을 과도하게 부각시키거나 왜곡된 이미지를 전달함으로써 스포츠의 본래 의미를 훼손하기도 한다(McChesney, 1989).

스포츠사회학의 현장 사례로는 미국의 '블랙 라이브즈 매터'(Black Lives Matter) 운동과 스포츠의 연관성을 들 수 있다. 많은 프로 운동선수들이 이 운동에 동참하여 인종차별 반대 메시지를 전하고, 스포츠의 사회적 책임을 강조하는 모습을 보였다. 이러한 사례는 스포츠가 사회적 변화의 중요한 매개체로 작용할 수 있음을 보여준다(Hartmann, 2003).

최근 스포츠사회학의 연구 동향은 스포츠와 정치, 경제, 문화의 복합적인 관계를 탐구하는 방향으로 나아가고 있다. 스포츠는 국가의 정치적 목표를 달성하기 위한 수단으로 활용되기도 하고, 경제적 이익을 창출하는 중요한 산업으로 성장했다(Grix, 2014). 이러한 맥락에서 스포츠는 단순한 여가 활동이 아니라, 국가와 기업, 개인 간의 복잡한 이해관계가 얽혀 있는 사회적 현상으로 이해되고 있다.

스포츠사회학이 직면한 과제 중 하나는 스포츠의 상업화와 그로 인한 부작용을 해결하는 것이다. 스포츠의 상업화는 대중의 관심을 끌고 경제적 가치를 창출하는 긍정적인 측면도 있지만, 지나친 상업화는 스포츠의 본질을 훼손하고, 선수들을 상품화하는 문제를 낳기도 한다. 이에 대한 비판적 성찰과 대안 모색이 필요하다(Coakley, 2009).

스포츠사회학의 미래 연구 방향으로는 첫째, 스포츠 내의 성차별과 인종차별을 극복하기 위한 구체적인 방안 마련이 요구된다. 둘째, 미디어와 스포츠의 관계를 보다 비판적으로 분석하고, 미디어가 스포츠의 발전에 미치는 긍정적·부정적 영향을 균형 있게 평가하는 연구가 필요하다. 셋째, 스포츠가 사회적 통합과 갈등 해결에 어떻게 기여할 수 있는지에 대한 연구를 강화할 필요가 있다(Messner, 2002).

결론적으로, 스포츠사회학은 스포츠와 사회의 상호작용을 탐구함으로써 스포츠가 단순한 신체활동을 넘어 사회적, 문화적 의미를 지니는 중요한 현상임을 밝히고자 한다. 스포츠를 통해 성, 인종, 미디어 등의 다양한 사회적 이슈를 탐구하고, 이를 바탕으로 스포츠가 보다 공정하고 평등한 사회를 만드는 데 기여할 수 있도록 하는 것이 스포츠사회학의 궁극적인 목표이다.

1. 스포츠와 성

스포츠와 성(gender)은 사회문화적 맥락에서 중요한 상호작용을 이루며, 스포츠는 성별에 따른 사회적 규범과 차별을 반영하고, 때로는 이를 변화시키는 중요한 역할을 해왔다. 전통적으로 스포츠는 남성 중심적인 활동으로 인식되어 왔으며, 여성의 스포츠 참여는 역사적으로 제한적이었다. 이러한 성별 불평등은 스포츠에서의 규칙, 구조, 그리고 문화적 가치에서 나타나며, 이는 여성의 스포츠 참여에 대한 제약과 차별을 초래했다(Hargreaves, 1994). 그러나 20세기 후반 이후 여성의 사회적 지위와 역할이 확대되면서 스포츠에서도 성평등을 실현하려는 다양한 노력들이 이루어지고 있다.

스포츠에서의 성별 차별은 역사적으로 깊이 뿌리박혀 있으며, 이는 여성의 스포츠 참여를 제한하고, 남성 중심적인 스포츠 문화를 형성하는 데 기여했다(Messner, 2002). 초기 올림픽에서 여성의 참여는 제한적이었으며, 많은 스포츠 종목에서 여성은 배제되거나 부차적인 역할을 맡아야 했다. 이러한 성별 차별은 여성의 신체적 능력에 대한 편견과 사회적 규범에 의해 정당화되었으며, 스포츠는 남성성이 강조되는 공간으로 자리 잡았다. 이러한 상황은 여성의 스포츠 참여를 어렵게 만들었고, 여성 운동선수들은 남성 운동선수와 동등한 기회를 얻기 위해 끊임없이 싸워야 했다.

그러나 20세기 후반 이후, 여성의 사회적 지위가 향상되고 성평등에 대한 요구가 증가하면서 스포츠에서도 변화가 일어나기 시작했다. 1972년 미국에서 제정된 타이틀 IX(Title IX)는 교육과 스포츠에서의 성별 차별을 금지하는 법률로, 여성의 스포츠 참여 확대에 중요한 기여를 했다(Brake, 2010). 타이틀 IX는 교육기관에서 여성 스포츠 프로그램의 지원을 의무화함으로써, 여성 운동선수들이 더 많은 기회를 얻을 수 있도록 하였다. 이 법률의 도입은 미국뿐만 아니라 전 세계적으로 여성 스포츠 참여에 대한 인식을 변화시키는 중요한 계기가 되었으며, 이를 통해 여성 스포츠의 발전이 가속화되었다.

여성의 스포츠 참여 확대는 성별 역할에 대한 사회적 인식을 변화시키는 데 중요한 역할을 했다. 여성 운동선수들은 신체적 능력과 경쟁력을 증명함으로써 전통적인 여성성의 이미지를 재정의하고, 여성도 남성과 동등하게 스포츠에서 성취를 이룰 수 있음을 보여주었다(Knight & Giuliano, 2001). 특히, 올림픽과 같은 국제 스포츠 이벤트에서 여성 운동선수들의 활약은 전 세계의 소녀들에게 큰 영감을 주며, 여성의 스포츠 참여에 대한 긍정적인 모델을 제공하였다. 이러한 변화는 여성 운동선수들이 스포츠를 통해 성평등의 가치를 실현하고, 사회적 인식 변화를 이끌어내는 중요한 역할을 하게 되었음을 의미한다.

그러나 여전히 스포츠에서 성별 불평등은 다양한 형태로 존재한다. 많은 스포츠 종목에서 여성 선수들은 남성 선수들에 비해 낮은 임금과 후원을 받고 있으며, 미디어에서의 여성 스포츠 보도도 남성 스포츠에 비해 현저히 적다(Coakley, 2011). 이러한 불평등은 여성 운동선수들이 자신의 기량을 최대한 발휘하는 데 제약이 되며, 스포츠에서의 성평등 실현을 어렵게 만드는 요인으로 작용하고 있다. 미디어는 스포츠에서 성별 불평등을 강화하는 중요한 역할을 하며, 여성 운동선수들을 성적 매력이나 외모로 평가하는 경우가 많다. 이러한 미디어의 성차별적 보도는 여성 스포츠의 가치를 폄하하고, 여성 운동선수들의 진정한 성과를 제대로 인정하지 않는 문제를 초래한다.

스포츠에서의 성평등을 실현하기 위해서는 다양한 차원에서의 노력이 필요하다. 첫째, 여성의 스포츠 참여 기회를 확대하고, 여성 운동선수들에게 공정한 경제적 보상을 제공하는 것이 중요하다. 둘째, 미디어에서의 여성 스포츠 보도를 확대하고, 여성 운동선수들의 성과를 공정하게 평가하는 것이 필요하다(Messner & Cooky, 2010). 이를 위해서는 미디어의 성별 편견을 극복하고, 여성 스포츠의 가치를 제대로 전달하는 노력이 필요하다. 셋째, 스포츠 조직 내에서 여성 리더십을 강화하는 것이 중요하다. 여성 코치와 관리자들의 역할을 확대함으로써, 스포츠에서의 성평등 문화를 구축할 수 있다.

또한, 스포츠에서의 성평등은 단지 여성의 문제에 국한되지 않고, 남성성의 개념을 재검토하는 데에도 중요한 의미를 가진다. 전통적인 스포츠 문화에서 남성성은 강인함, 공격성, 경쟁력 등으로 정의되며, 이러한 남성성의 강요는 남성 운동선수들에게도 부정적인 영향을 미칠 수 있다(Anderson, 2009). 성평등을 실현하기 위해서는 남성성에 대한 고정관념을 재고하고, 모든 성별이 자신을 자유롭게 표현할 수 있는 스포츠 환경을 조성하는 것이 필요하다. 이는 스포츠에서의 성평등이 남성과 여성 모두에게 긍정적인 변화를 가져올 수 있음을 의미한다.

스포츠와 성의 관계는 또한 성소수자(LGBTQ+) 운동선수들의 경험을 통해 더욱 복잡한 양상을 띠고 있다. 많은 성소수자 운동선수들은 스포츠에서 자신의 성 정체성을 공개하는 데 어려움을 겪고 있으며, 이는 스포츠가 여전히 이성애 중심적 규범에 의해 지배되고 있음을 보여준다(Kauer & Krane, 2013). 그러나 최근 몇 년 동안 성소수자 운동선수들이 자신의 정체성을 공개하고, 스포츠에서 성평등을 실현하기 위한 목소리를 높이고 있다. 이러한 변화는 스포츠가 성적 다양성을 수용하고, 모든 사람들이 동등하게 참여할 수 있는 장이 되어야 한다는 중요한 메시지를 전달한다.

결론적으로, 스포츠와 성(gender)은 사회문화적 맥락에서 중요한 상호작용을 이루며, 스포츠는 성별에 따른 불평등을 반영하는 동시에 이를 변화시키는 중요한 역할을 하고 있다. 여성의 스포츠 참여는 성평등의 가치를 실현하는 데 중요한 기여를 했으며, 여성 운동선수들은 전통적인 성별 역할에 대한 사회적 인식을 변화시키는 데 중요한 역할을 했다. 그러나 여전히 스포츠에서 성별 불평등은 다양한 형태로 존재하며, 이를 극복하기 위해서는 여성의 스포츠 참여 기회 확대, 미디어에서의 공정한 보도, 스포츠 조직 내 여성 리더십 강화 등의 노력이 필요하다. 또한, 성평등은 남성성의 재검토와 성소수자 운동선수들의 권리 보장을 포함하는 포괄적인 개념으로 이해되어야 한다. 스포츠는 모든 성별이 동등하게 참여하고, 자신의 능력을 발휘할 수 있는 공간이 되어야 하며, 이를 통해 스포츠가 인류의 평등과 화합을 실현하는 중요한 매개체로 기능할 수 있음을 강조한다.

2. 스포츠와 인종

스포츠와 인종(race)은 사회문화적 맥락에서 중요한 상호작용을 이루며, 스포츠는 인종적 정체성과 인종 간의 관계를 반영하고, 때로는 이를 변화시키는 강력한 수단이 되어왔다. 스포츠는 역사적으로 다양한 인종적 배경을 가진 사람들이 경쟁하는 공간으로서, 인종 간의 관계와 사회적 인식을 형성하는 데 중요한 영향을 미쳤다(Coakley, 2011). 인종은 스포츠에서 신체적 능력에 대한 고정관념과 인종 차별의 문제를 낳기도 했으며, 동시에 스포츠는 인종적 평등과 통합을 실현하는 중요한 도구로 기능해 왔다.

스포츠에서 인종의 문제는 역사적으로 흑인 선수들의 경험을 통해 가장 두드러지게 나타났다. 20세기 초반까지 대부분의 주요 스포츠 리그는 흑인 선수들의 참여를 제한하거나 금지하였다. 이러한 인종적 배제는 미국의 메이저리그 야구에서 잘 나타나는데, 재키 로빈슨(Jackie Robinson)이 1947년 브루클린 다저스에 입단하기 전까지 흑인 선수들은 주로 흑인 리그에서만 활동할 수 있었다(Robinson, 1995). 로빈슨의 메이저리그 진출은 흑인 선수들에게 문을 여는 중요한 사건이었으며, 스포츠를 통해 인종적 장벽을 무너뜨리는 계기가 되었다. 로빈슨은 스포츠의 무대에서 인종 차별에 맞서 싸웠으며, 이를 통해 흑인 선수들이 메이저 스포츠 무대에 진출할 수 있는 길을 열었다.

또한, 스포츠는 인종적 차별에 저항하는 중요한 사회운동의 도구로 사용되어 왔다. 1968년 멕시코시티 올림픽에서 미국의 육상 선수인 토미 스미스(Tommie Smith)와 존 카를로스(John Carlos)는 시상대에서 검은 장갑을 낀 주먹을 하늘로 들어올리는 퍼포먼스를 통해 인종 차별에 대한 항의와 흑인의 권리를 주장했다(Hartmann, 2003). 이 사건은 스포츠가 인종적 불평등에 대한 저항의 수단이 될 수 있음을 보여주는 중요한 사례로, 당시 미국 사회에서 흑인의 권리와 평등을 위한 운동에 큰 영향을 미쳤다. 스미스와 카를로스의 행위는 스포츠가 사회적, 정치적 메시지를 전달하는 강력한 플랫폼으로 기능할 수 있음을 보여주었으며, 이를 통해 인종 문제에 대한 전 세계적인 관심을 끌어냈다.

스포츠에서 인종적 고정관념은 특정 인종이 특정 스포츠에 더 우수하다는 신화를 낳기도 했다. 예를 들어, 흑인 선수들이 육상이나 농구에서 두각을 나타내는 경우가 많아지면서, 흑인 선수들은 뛰어난 신체적 능력을 타고났다는 고정관념이 형성되었다(McDonald, 2010). 이러한 고정관념은 흑인 선수들을 단순히 신체적 능력에 국한된 존재로 인식하게 하며, 그들의 정신적 능력이나 전략적 사고를 간과하는 결과를 초래한다. 이와 같은 인종적 고정관념은 스포츠에서의 인종 불평등을 강화하고, 흑인 선수들이 코치나 관리자로 진출하는 데 장애물이 되기도 한다. 따라서 스포츠에서 인종적 고정관념을 해체하고, 모든 인종이 동등한 기회를 가질 수 있도록 하는 것이 중요하다.

스포츠는 또한 인종적 통합을 촉진하는 데 중요한 역할을 해왔다. 미국의 농구 리그인 NBA는 흑인 선수들이 대다수를 차지하는 리그로, 흑인 선수들이 스포츠를 통해 성공을 거두며 인종적 자부심을 높이는 데 기여하였다(Rhoads, 2009). NBA는 흑인 선수들이 자신의 실력을 발휘하고, 이를 통해 사회적 지위를 높이는 기회를 제공하였으며, 이를 통해 흑인 커뮤니티에서 스포츠가 가지는 사회적, 문화적 중요성을 강화하였다. 흑인 선수들의 성공은 스포츠가 인종적 통합을 실현하고, 인종 간의 이해와 존중을 촉진하는 중요한 수단이 될 수 있음을 보여준다.

또한, 축구는 전 세계적으로 인종적 통합을 촉진하는 중요한 스포츠 중 하나이다. 축구는 다양한 인종적 배경을 가진 선수들이 한 팀을 이루어 경쟁하는 스포츠로, 인종적 다양성을 강조하고, 이를 통해 인종 간의 화합을 이루는 데 기여하고 있다(Giulianotti, 2005). 특히, 프랑스 축구 국가대표팀은 아프리카와 중동 출신 이민자 선수들이 주축이 되어 월드컵에서 성공을 거두며, 프랑스 사회에서 인종적 통합과 다양성의 가치를 상징하는 중요한 사례가 되었다. 이러한 사례는 축구가 인종적 갈등을 완화하고, 인종 간의 연대와 화합을 촉진하는 중요한 역할을 할 수 있음을 보여준다.

그러나 스포츠에서 인종적 차별은 여전히 존재하며, 이는 선수들이 경기장에서 경험하는 인종적 모욕과 편견에서 잘 드러난다(Cunningham, 2015). 특히, 유럽의 축구 리그에서는 흑인 선수들이 관중으로부터 인종적 모욕을 당하는 사건이 빈번하게 발생하고 있으며, 이는 스포츠가 여전히 인종적 편견과 차별로부터 자유롭지 않음을 보여준다. 이러한 문제를 해결하기 위해서는 스포츠 조직과 팬들이 인종 차별에 대해 적극적으로 대처하고, 인종적 평등을 위한 노력을 지속적으로 기울이는 것이 필요하다.

스포츠에서의 인종적 평등을 실현하기 위해서는 다양한 차원에서의 노력이 필요하다. 첫째, 스포츠 조직 내에서 인종적 다양성을 증진하고, 모든 인종이 동등하게 참여할 수 있는 환경을 조성하는 것이 중요하다. 둘째, 미디어에서의 인종적 고정관념을 극복하고, 모든 인종의 선수들이 공정하게 평가받을 수 있도록 하는 노력이 필요하다(Messner & Cooky, 2010). 셋째, 인종적 차별에 대한 교육과 인식을 제고하여, 선수와 관중 모두가 인종적 편견 없이 스포츠를 즐길 수 있는 문화를 만들어 나가야 한다. 이러한 노력을 통해 스포츠는 인종적 평등과 통합을 실현하는 중요한 수단이 될 수 있다.

결론적으로, 스포츠와 인종은 사회문화적 맥락에서 중요한 상호작용을 이루며, 스포츠는 인종적 정체성과 관계를 형성하는 데 중요한 영향을 미쳐왔다. 스포츠는 인종적 차별과 고정관념을 반영하기도 했지만, 동시에 이를 변화시키는 강력한 도구로 기능해 왔다. 흑인 선수들의 스포츠 참여는 인종적 장벽을 허물고, 인종적 평등을 실현하는 데 중요한 기여를 했으며, 스포츠는 인종 간의 이해와 화합을 촉진하는 데 중요한 역할을 하고 있다. 그러나 여전히 스포츠에서 인종적 차별은 존재하며, 이를 극복하기 위해서는 스포츠 조직, 미디어, 그리고 사회 전반에서의 지속적인 노력이 필요하다. 스포츠는 인종적 갈등을 완화하고, 모든 인종이 동등하게 참여할 수 있는 공간을 제공하며, 이를 통해 인류의 화합과 평등을 실현하는 중요한 매개체로 기능할 수 있음을 강조한다.

3. 스포츠와 미디어

스포츠와 미디어는 현대 사회문화에서 밀접하게 상호작용하며, 스포츠는 미디어를 통해 대중에게 전달되고, 미디어는 스포츠를 대중 문화의 중심으로 만들었다. 스포츠는 미디어의 관심을 통해 전 세계적으로 확산되고, 이는 스포츠의 경제적, 사회적 가치를 크게 확대하는 역할을 하였다(Coakley, 2011). 미디어는 스포츠의 흥미를 더욱 고조시키고, 경기의 순간을 전 세계의 관객들에게 실시간으로 전달함으로써 스포츠를 국제적 현상으로 발전시켰다. 스포츠와 미디어의 상호작용은 현대 스포츠의 성장을 촉진했으며, 이는 대중문화의 중요한 부분으로 자리 잡는 데 기여했다.

스포츠와 미디어의 관계는 20세기 초반부터 시작되었으며, 라디오와 텔레비전의 발달과 함께 본격적으로 확장되었다. 라디오는 스포츠 경기의 실시간 중계를 가능하게 하였고, 이를 통해 많은 사람들이 경기의 생동감을 느낄 수 있었다(Rader, 1984). 이후 텔레비전의 발달은 스포츠 중계를 한층 더 생동감 있게 만들었고, 시청자들은 경기장의 긴장

감과 흥분을 집에서 느낄 수 있게 되었다. 텔레비전 중계는 스포츠의 인기를 급격히 높였으며, 특히 올림픽과 월드컵 같은 대형 스포츠 이벤트는 전 세계적으로 수억 명의 시청자를 끌어들이며 글로벌 이벤트로 자리 잡았다. 이는 미디어가 스포츠를 대중화하고, 스포츠가 미디어를 통해 경제적 가치를 확대하는 데 중요한 역할을 했음을 의미한다.

스포츠와 미디어의 상호작용은 스포츠의 상업화를 촉진하였다. 미디어는 스포츠 중계권을 통해 막대한 수익을 창출하고, 이는 스포츠 리그와 팀에게 중요한 수익원이 되었다(Wenner, 1998). 방송사들은 주요 스포츠 이벤트의 독점 중계권을 확보하기 위해 높은 금액을 지불하며, 이는 스포츠의 상업적 가치를 더욱 높였다. 이러한 상업화는 선수들에게 더 높은 연봉과 스폰서십 계약을 가능하게 하였으며, 스포츠 산업의 규모를 크게 확장시켰다. 그러나 스포츠의 상업화는 스포츠의 순수성을 훼손할 수 있다는 비판도 있다. 스포츠가 점점 더 자본의 논리에 따라 운영되면서, 경기의 결과나 선수의 행동이 경제적 이익에 의해 영향을 받을 수 있기 때문이다.

미디어는 또한 스포츠의 영웅화를 가능하게 하였다. 텔레비전과 신문, 인터넷을 통해 스포츠 스타들의 모습이 대중에게 전달되면서, 많은 선수들은 국민적 영웅이 되었다(Whannel, 2002). 미디어는 선수들의 경기뿐만 아니라 그들의 사생활까지도 조명하며, 이를 통해 선수들은 단순한 운동 선수가 아닌 대중의 관심과 사랑을 받는 스타로 자리 잡게 되었다. 이러한 스포츠 스타의 영웅화는 대중들에게 영감을 주고, 젊은이들에게 운동에 대한 동기부여를 제공하기도 한다. 그러나 동시에 이러한 영웅화는 선수들에게 과도한 압박을 가하며, 그들의 사생활이 지나치게 노출되는 문제를 초래하기도 한다.

스포츠와 미디어의 관계에서 또 다른 중요한 측면은 미디어가 스포츠에 대한 사회적 인식을 형성하는 방식이다. 미디어는 어떤 스포츠를 더 많이 보도하고, 어떤 선수에게 더 많은 관심을 기울이는지를 결정함으로써 대중의 스포츠에 대한 인식을 형성한다(Messner & Cooky, 2010). 예를 들어, 남성 스포츠는 여성 스포츠에 비해 미디어의 주목을 더 많이 받으며, 이는 여성 스포츠의 성장을 저해하는 요인으로 작용한다. 미디어는 여성 운동선수들을 종종 성적 매력이나 외모로 평가하며, 그들의 운동 능력을 충분히 인정하지 않는 경우가 많다. 이러한 미디어의 편향된 보도는 스포츠에서의 성평등 실현을 어렵게 만드는 요인 중 하나이다.

미디어는 스포츠를 통해 특정한 이념이나 가치를 전달하는 도구로도 사용된다. 특히, 국가주의와 관련된 스포츠 보도는 대규모 국제 스포츠 이벤트에서 두드러지게 나타난다. 올림픽이나 월드컵과 같은 대회에서 미디어는 자국 선수의 성과를 강조하고, 이를 통해 국민적 자부심을 고취시키는 역할을 한다(Billig, 1995). 이러한 국가주의적 보도는 스포츠가 국가 간의 경쟁을 상징적으로 드러내는 무대가 될 수 있음을 보여준다. 미디어는 스포츠를 통해 국가의 이미지를 홍보하고, 국민들에게 자국의 위상을 알리는 데 중요한 역할을 한다. 그러나 이러한 보도는 때로는 과도한 경쟁과 적대감을 조장하기도 하며, 스포츠의 평화적 가치를 훼손할 위험이 있다.

최근 들어 인터넷과 소셜 미디어의 발달은 스포츠와 미디어의 관계를 또 다른 차원으로 확장시켰다. 소셜 미디어는 선수들이 직접 팬들과 소통할 수 있는 공간을 제공하며, 이를 통해 선수들은 자신들의 목소리를 더욱 자유롭게 전달할 수 있게 되었다(Hutchins & Rowe, 2012). 소셜 미디어는 팬들이 경기에 대한 의견을 공유하고, 선수들과 직접 소통할 수 있는 기회를 제공함으로써, 스포츠와 대중 사이의 거리를 좁히는 역할을 한다. 또한, 소셜 미디어는 전통적인 미디어의 틀을 벗어나 더 다양한 관점에서 스포츠를 조명할 수 있는 가능성을 제공한다. 이러한 변화는 스포츠 보도의 민주화를 촉진하며, 대중이 스포츠에 대한 다양한 목소리를 낼 수 있는 공간을 제공한다.

그러나 소셜 미디어의 발달은 또한 새로운 문제를 초래하기도 한다. 선수들은 소셜 미디어를 통해 팬들과 직접 소통할 수 있지만, 동시에 악성 댓글이나 과도한 비난의 대상이 되기도 한다. 이러한 문제는 선수들에게 정신적인 부담을 주며, 그들의 경기력에 부정적인 영향을 미칠 수 있다(Pedersen et al., 2017). 또한, 소셜 미디어는 가짜 뉴스나 왜곡된 정보를 빠르게 확산시킬 수 있는 위험이 있으며, 이는 스포츠에 대한 잘못된 인식을 형성할 수 있다. 따라서 소셜 미디어를 통한 스포츠 보도는 신뢰성과 공정성을 유지하기 위한 노력이 필요하다.

결론적으로, 스포츠와 미디어는 현대 사회에서 상호 의존적인 관계를 이루며, 스포츠는 미디어를 통해 대중화되고, 미디어는 스포츠를 통해 막대한 경제적, 사회적 가치를 창출한다. 미디어는 스포츠의 상업화를 촉진하고, 선수들을 영웅화하며, 스포츠에 대한 사회적 인식을 형성하는 중요한 역할을 한다. 그러나 미디어의 편향된 보도와 상업화는 스포츠의 순수성을 훼손할 수 있는 위험을 내포하고 있으며, 이를 극복하기 위해서는 미디어의 공정성과 신뢰성을 유지하기 위한 노력이 필요하다. 인터넷과 소셜 미디어의 발달은 스포츠와 미디어의 관계를 새로운 차원으로 확장시키며, 스포츠 보도의 민주화를 촉진하고 있지만, 동시에 새로운 문제를 초래하기도 한다. 스포츠와 미디어의 관계는 현대 사회에서 대중 문화와 경제적 가치의 중심에 위치하고 있으며, 이를 통해 스포츠는 대중에게 더욱 가까워지고, 인류의 공통된 가치를 전달하는 중요한 수단이 될 수 있음을 강조한다.

4. 스포츠사회학 이론

스포츠사회학은 스포츠를 단순한 신체 활동이 아닌, 사회적 현상으로 이해하고 스포츠와 사회의 상호작용을 분석하는 학문이다. 이 분야에서는 다양한 이론이 스포츠가 사회에서 수행하는 역할과 의미를 설명하는 데 활용된다. 대표적으로 구조기능주의, 갈등이론, 상징적 상호작용론, 비판이론이 널리 논의되고 있다. 각 이론은 스포츠의 역할과 영향을 독특한 관점에서 해석하며, 다양한 사례를 통해 이를 설명한다.

구조기능주의는 스포츠를 사회 체계의 안정성과 지속성을 유지하는 데 기여하는 요소로 본다. 이 이론에 따르면 스포츠는 사회화, 사회적 통합, 긴장 해소와 같은 긍정적 기능을 수행한다. 예를 들어, 학교 체육 교육은 학생들에게 규칙을 준수하고 협력하는 법을 가르치며, 이를 통해 사회 규범을 학습하는 기회를 제공한다. 또한 올림픽과 같은 국제 스포츠 이벤트는 다양한 국가와 문화를 연결하여 글로벌한 사회적 통합을 촉진하는 사례로 볼 수 있다. 스포츠는 개인 차원에서도 긍정적 역할을 수행한다. 예컨대, 달리기나 요가와 같은 활동은 개인이 스트레스를 해소하고 정신적 안정을 찾는 데 기여한다. 그러나 구조기능주의는 스포츠의 긍정적 측면에 초점을 맞추는 경향이 있어, 스포츠 내의 갈등이나 불평등과 같은 부정적 측면을 충분히 설명하지 못한다는 한계가 지적된다(박보현·한승백·탁민혁, 2018).

갈등이론은 스포츠를 권력과 자원의 불평등한 분배를 유지하는 수단으로 본다. 이 이론은 사회를 지배계층과 피지배계층 간의 갈등과 긴장으로 구성된 장으로 이해하며, 스포츠가 지배계층의 이익을 유지하고 강화하는 데 활용된다고 주장한다. 스포츠의 상업화는 이를 잘 보여주는 사례이다. 프로스포츠 리그의 운영은 종종 특정 기업이나 자본 계층의 이익에 의해 지배되며, 대중은 고가의 입장료와 유료 방송을 통해 이러한 체계를 지원하는 구조에 놓인다. 또 다른 사례로 엘리트 스포츠 시스템을 들 수 있다. 스포츠 장학금이나 전문적인 훈련 시설은 특정 계층에게만 접근 가능한 자원이 되어 불평등을 재생산한다. 이러한 시각은 스포츠가 사회적 불평등을 재생산하는 역할을 수행한다고 강조한다. 그러나 갈등이론은 스포츠의 긍정적 기능, 특히 대중적 즐거움과 사회적 유대감을 간과하는 경향이 있다(이혁기, 2014).

상징적 상호작용론은 스포츠를 개인 간의 상호작용과 그 과정에서 형성되는 의미의 관점에서 분석한다. 이 이론은 스포츠가 개인의 정체성 형성과 사회적 역할 학습에 중요한 영향을 미친다고 본다. 예를 들어, 지역 스포츠 클럽에 참여한 청소년들은 팀워크와 협동의 가치를 학습하며, 이를 통해 사회적 관계를 형성한다. 특정 팀의 팬덤 활동 역시 상호작용론의 사례로 볼 수 있다. 팬들은 자신이 지지하는 팀을 통해 사회적 정체성을 형성하고, 같은 팀을 지지하는 사람들과의 유대감을 형성한다. 이러한 상징적 상호작용은 스포츠가 단순한 경기 활동 이상의 사회적 가치를 지니고 있음을 보여준다. 그러나 이 이론은 개인적 경험과 의미 형성을 강조하는 장점이 있지만, 사회 구조나 권력 관계를 분석하는 데에는 한계가 있다(최의창, 2018).

비판이론은 스포츠를 사회적 불평등과 억압을 반영하는 동시에 이를 변화시키기 위한 잠재적 도구로 간주한다. 이 이론에 따르면 스포츠는 사회적 이데올로기를 반영하며, 이를 통해 권력 구조를 강화하거나 전복할 수 있다. 예컨대, 여성 스포츠 선수들의 활약은 성차별 문제를 조명하고 이를 극복하려는 움직임을 촉진한다. 또 다른 사례로는 스포츠 이벤트를 통한 인종차별 반대 캠페인을 들 수 있다. 특정 대회에서 “Black Lives Matter”와 같은 메시지를 전달하거나, 스포츠 스타들이 사회적 불의를 비판하며 행동에 나서는 모습은 비판이론의 실천적 성격을 보여준다. 그러나 이 이론은 스포츠를 지나치게 정치적 도구로만 바라볼 위험이 있으며, 스포츠의 순수한 즐거움과 대중적 측면을 간과할 수 있다는 한계가 있다(심규성, 2019).

스포츠사회학의 이론들은 각각의 관점에서 스포츠가 사회에서 수행하는 다양한 역할을 설명한다. 구조기능주의는 스포츠의 안정적이고 통합적인 역할을 강조하며, 갈등이론은 스포츠의 불평등 구조와 권력 관계를 분석한다. 상징적 상호작용론은 스포츠가 개인의 정체성과 사회적 관계를 형성하는 과정을 조명하며, 비판이론은 스포츠를 사회 변화를 위한 잠재적 도구로 제안한다. 이러한 이론적 관점들은 스포츠 현상을 다각도로 이해하고, 스포츠가 사회에 미치는 복합적 영향을 분석하는 데 중요한 기초를 제공한다.

X 스포츠 명언

1. 축구

'축구는 단순한 게임이 아니다. 그것은 열정, 사랑, 그리고 삶 그 자체다.' - 펠레(Pelé)

'축구는 대중의 발레다.' - 드미트리 쇼스타코비치(Dmitri Shostakovich)

'축구는 인생에서 가장 중요하지 않은 것 중 가장 중요하다.' - 아리고 사키(Arrigo Sacchi)

'축구는 22명이 90분 동안 공을 쫓아다니고, 결국 독일이 이기는 게임이다.' - 게리 리네커(Gary Lineker)

'축구는 단순한 스포츠가 아니라, 그것은 문화다.' - 호나우지뉴(Ronaldinho)

'축구는 머리로 하는 게임이다. 당신은 적절한 시간에 적절한 장소에 있어야 한다.' - 요한 크루이프(Johan Cruyff)

'축구는 실수의 게임이다. 누가 더 적은 실수를 하느냐가 승리한다.' - 디에고 마라도나(Diego Maradona)

'축구는 단순한 공놀이가 아니다. 그것은 팀워크와 전략의 예술이다.' - 알렉스 퍼거슨(Alex Ferguson)

'축구는 가장 아름다운 게임이다.' - 조지 베스트(George Best)

'축구는 전쟁이 아니다. 그것은 평화의 도구다.' - 디디에 드로그바(Didier Drogba)

'축구는 단순한 스포츠가 아니라, 그것은 삶의 방식이다.' - 카를로스 푸욜(Carlos Puyol)

'축구는 모든 것을 변화시킬 수 있는 힘을 가지고 있다.' - 에릭 칸토나(Eric Cantona)

'축구는 가장 단순한 게임이지만, 가장 복잡한 게임이기도 하다.' - 호세 무리뉴(José Mourinho)

'축구는 전 세계를 하나로 묶는 언어다.' - 사뮈엘 에토(Samuel Eto'o)

'축구는 꿈을 현실로 만드는 도구다.' - 크리스티아누 호날두(Cristiano Ronaldo)

'축구는 당신이 누구인지 보여주는 거울이다.' - 리오넬 메시(Lionel Messi)

'축구는 당신이 가진 모든 것을 요구한다.' - 지네딘 지단(Zinédine Zidane)

'축구는 당신이 가진 열정의 정도를 측정하는 척도다.' - 안드레스 이니에스타(Andrés Iniesta)

'축구는 당신이 얼마나 강한지를 시험하는 시험대다.' - 슬라탄 이브라히모비치(Zlatan Ibrahimović)

'축구는 당신이 얼마나 똑똑한지를 보여주는 게임이다.' - 프랭크 램파드(Frank Lampard)
'축구는 당신이 얼마나 헌신적인지를 보여주는 무대다.' - 스티븐 제라드(Steven Gerrard)
'축구는 당신이 얼마나 열심히 일하는지를 보여주는 장이다.' - 웨인 루니(Wayne Rooney)
'축구는 당신이 얼마나 창의적인지를 보여주는 캔버스다.' - 네이마르(Neymar)
'축구는 당신이 얼마나 용감한지를 보여주는 전장이다.' - 디디에 드로그바(Didier Drogba)
'축구는 당신이 얼마나 인내심이 있는지를 보여주는 시험이다.' - 안드레아 피를로(Andrea Pirlo)
'축구는 당신이 얼마나 집중하는지를 보여주는 게임이다.' - 마누엘 노이어(Manuel Neuer)
'축구는 당신이 얼마나 빠른지를 보여주는 트랙이다.' - 가레스 베일(Gareth Bale)
'축구는 당신이 얼마나 강한지를 보여주는 체육관이다.' - 로멜루 루카쿠(Romelu Lukaku)
'축구는 당신이 얼마나 정확한지를 보여주는 타겟이다.' - 로베르트 레반도프스키(Robert Lewandowski)
'축구는 당신이 얼마나 지적인지를 보여주는 퍼즐이다.' - 세스크 파브레가스(Cesc Fàbregas)
'축구는 당신이 얼마나 열정적인지를 보여주는 불꽃이다.' - 루이스 수아레스(Luis Suárez)
'축구는 당신이 얼마나 희생적인지를 보여주는 십자가다.' - 제라드 피케(Gerard Piqué)
'축구는 당신이 얼마나 단합하는지를 보여주는 팀이다.' - 세르히오 라모스(Sergio Ramos)
'축구는 당신이 얼마나 전략적인지를 보여주는 체스판이다.' - 펩 과르디올라(Pep Guardiola)
'축구는 당신이 얼마나 창의적인지를 보여주는 무대다.' - 메수트 외질(Mesut Özil)
'축구는 당신이 얼마나 열심히 준비하는지를 보여주는 시험이다.' - 토니 크로스(Toni Kroos)
'축구는 당신이 얼마나 침착한지를 보여주는 게임이다.' - 루카 모드리치(Luka Modrić)
'축구는 당신이 얼마나 열정적인지를 보여주는 불꽃이다.' - 앙투안 그리즈만(Antoine Griezmann)
'축구는 당신이 얼마나 헌신적인지를 보여주는 무대다.' - 에당 아자르(Eden Hazard)
'축구는 당신이 얼마나 열심히 일하는지를 보여주는 장이다.' - 케빈 더 브라위너(Kevin De Bruyne)
'축구는 당신이 얼마나 창의적인지를 보여주는 캔버스다.' - 필리페 쿠티뉴(Philippe Coutinho)
'축구는 당신이 얼마나 용감한지를 보여주는 전장이다.' - 디에고 코스타(Diego Costa)
'축구는 당신이 얼마나 인내심이 있는지를 보여주는 시험이다.' - 세르히오 아구에로(Sergio Agüero)
'축구는 당신이 얼마나 집중하는지를 보여주는 게임이다.' - 다비드 실바(David Silva)
'축구는 당신이 얼마나 빠른지를 보여주는 트랙이다.' - 라힘 스털링(Raheem Sterling)
'축구는 당신이 얼마나 강한지를 보여주는 체육관이다.' - 폴 포그바(Paul Pogba)
'축구는 당신이 얼마나 정확한지를 보여주는 타겟이다.' - 로베르트 레반도프스키(Robert Lewandowski)

'축구는 당신이 얼마나 지적인지를 보여주는 퍼즐이다.' - 세스크 파브레가스(Cesc Fàbregas)

'축구는 당신이 얼마나 열정적인지를 보여주는 불꽃이다.' - 루이스 수아레스(Luis Suárez)

'축구는 모든 이들의 열정과 희망을 담고 있다.' - 디디에 데샹(Didier Deschamps)

'축구는 우리의 꿈을 이루기 위한 도전이다.' - 루이스 엔리케(Luis Enrique)

'축구는 국가를 대표해 뛰는 자부심이다.' - 카를로 안첼로티(Carlo Ancelotti)

'축구는 함께 뛰는 팀워크의 결정체다.' - 로베르토 만치니(Roberto Mancini)

'축구는 우리의 한계를 시험하는 무대다.' - 클라우디오 라니에리(Claudio Ranieri)

'축구는 축구 팬들의 기쁨과 슬픔이 담긴 게임이다.' - 유프 하인케스(Jupp Heynckes)

'축구는 승리를 위해 서로를 믿고 뛰는 과정이다.' - 디에고 시메오네(Diego Simeone)

'축구는 우리의 땀과 노력이 결실을 맺는 장이다.' - 위르겐 클롭(Jürgen Klopp)

'축구는 꿈을 현실로 만드는 노력의 산물이다.' - 토마스 투헬(Thomas Tuchel)

'축구는 모든 순간이 역사다.' - 루치아노 스팔레티(Luciano Spalletti)

'축구는 우리의 열정을 모두 쏟아붓는 전장이다.' - 마우리시오 포체티노(Mauricio Pochettino)

'축구는 어린아이들이 꿈꾸는 희망의 원천이다.' - 로베르토 디 마테오(Roberto Di Matteo)

'축구는 국민의 응원과 함께하는 무대다.' - 지안 피에로 가스페리니(Gian Piero Gasperini)

'축구는 내 인생의 전부다.' - 에르네스토 발베르데(Ernesto Valverde)

'축구는 국가와 국민이 하나 되는 순간이다.' - 안토니오 콘테(Antonio Conte)

'축구는 나를 뛰게 만드는 열정이다.' - 브렌던 로저스(Brendan Rodgers)

'축구는 우리의 자존심과 열정이 담긴 무대다.' - 루치아노 파바로티(Luciano Pavarotti)

'축구는 팀원과의 믿음과 신뢰가 중요한 스포츠다.' - 마르셀로 비엘사(Marcelo Bielsa)

'축구는 우리의 꿈과 열정이 결실을 맺는 곳이다.' - 줄리앙 나겔스만(Julian Nagelsmann)

'축구는 축구 팬들의 희망이 담긴 게임이다.' - 조반니 트라파토니(Giovanni Trapattoni)

'축구는 우리가 이루어낼 수 있는 최고의 성취다.' - 지오반니 반 브롱크호르스트(Giovanni van Bronckhorst)

'축구는 한계를 넘어서기 위한 도전이다.' - 호르헤 삼파올리(Jorge Sampaoli)

'축구는 우리의 역사를 만드는 순간이다.' - 아르센 벵거(Arsène Wenger)

'축구는 전 세계가 하나 되는 순간이다.' - 오토 레하겔(Otto Rehhagel)

'축구는 모든 것을 바쳐 도전할 가치가 있는 무대다.' - 구스 히딩크(Guus Hiddink)

'축구는 우리 모두가 영웅이 되는 순간이다.' - 루이스 반 할(Louis van Gaal)

2. 테니스

테니스는 대부분 멘탈적이다. 물론 체력이 많이 좋아야 하지만, 테니스를 잘 치거나 생각을 잘 하지 못한다면 나가기도 전에 경기에서 이기거나 지는 거다. - 비너스 윌리엄스(Venus Williams)

성공의 중요한 열쇠 중 하나는 자신감이다. 자신감의 중요한 열쇠는 준비다. - 아서 애시(Arthur Ashe)

테니스 챔피언의 가장 중요한 자질은 거기에 머물면서 경기를 잘 하지 못하는 상황에서 이기고 싶다는 바람이다. - 존 매켄로(John McEnroe)

나는 지는 것에 유머 감각이 없다. - 라파엘 나달(Rafael Nadal)

'승패가 중요한 것이 아니다'라고 말한 사람은 아마 졌을 거다. - 마르티나 나브라틸로바(Martina Navratilova)

내가 벽에 공을 칠 때마다 나는 거기 [윔블던]에 있는 척 하곤 했다. 잠이 들면 거기 있는 척 하곤 했다. - 세레나 윌리엄스(Serena Williams)

테니스는 대부분의 스포츠보다 마음의 스포츠다. - 라파엘 나달(Rafael Nadal)

테니스는 힘든 스포츠다. 무승부가 없다. - 로저 페더러(Roger Federer)

나는 테니스를 치려고 할 뿐 변명을 찾지 않는다. 팔이 아파서가 아니라 졌기 때문에 졌다. - 고란 이바니세비치(Goran Ivanišević)

테니스는 나에게 영혼을 주었다 - 마르티나 나브라틸로바(Martina Navratilova)

지지 않으면 승리를 즐길 수 없다. 그래서 나는 두 가지를 모두 받아들인다. - 라파엘 나달(Rafael Nadal)

라켓이 말하게 하겠다. - 존 매켄로(John McEnroe)

나는 내 테니스가 모든 것을 말해주기를 원한다. - 마리아 샤라포바(Maria Sharapova)

나는 내 인생이 달려 있는 것처럼 각 포인트를 플레이한다. - 라파엘 나달(Rafael Nadal)

살면서 박수를 많이 들을 수 있겠지만, 동료들의 박수보다 더 큰 의미는 없을 거다. 모두 마지막에 그 말을 듣길 바란다. - 안드레 아가시(Andre Agassi)

나는 테니스에 집중하려고 노력한다. 그게 정말 중요하다고 생각한다. - 스테판 에드버그(Stefan Edberg)

내가 경기를 위해 봉사할 때 영국 테니스 역사상 그 순간이 얼마나 큰지 실감했다. 드디어 해냈다는 게 대단했다. - 앤디 머레이(Andy Murray)

테니스는 게임이다. 그래서 나는 내가 하는 모든 경기를 정말 즐겁게 하려고 한다. - 나오미 오사카(Naomi Osaka)

테니스는 결단력과 피로 사이의 훌륭한 균형이다. - 버지니아 웨이드(Virginia Wade)

5번째 세트는 테니스에 관한 것이 아니라 신경에 관한 거다. - 보리스 베커(Boris Becker)

마지막 지점이 끝나면 우리는 인간이다. 상대방을 안아주고 '큰 싸움이었다'라고 말하면 끝이다. - 노박 조코비치(Novak Djokovic)

공은 둥글고 게임은 길다. - 비요른 보그(Björn Borg)

게임을 완벽하게 만들 수는 없다고 생각한다. 당신이 페더러가 아니라면. - 노박 조코비치(Novak Djokovic)

테니스는 심리 스포츠다. 그래서 머리를 맑게 유지해야 한다. - 보리스 베커(Boris Becker)

모든 포인트를 이기는 것 외에는 아무 생각도 하지 않는다. - 안드레 아가시(Andre Agassi)

놀면 더 쉽다. 감정을 밖으로 꺼내고 비명을 지르고 원하는 대로 하면 된다. 그런데 앉기가 힘들다. - 고란 이바니세비치(Goran Ivanišević)

최고에 오르려면 하루 종일, 매일 플레이하고 싶어야 한다. - 모니카 셀레스(Monica Seles)

테니스는 항상 학습이다. 나 자신에 대해 많이 알게 되는 계기가 된다. - 안드레 아가시(Andre Agassi)

테니스는 단순한 노력을 대신할 수 없다. 시간을 들여야 한다. - 안드레 아가시(Andre Agassi)

그것이 내게 가르쳐준 것 중 하나는 나에게 오는 모든 공에 대해 내가 결정을 내려야 한다는 것이다. - 빌리 진 킹(Billie Jean King)

테니스는 멘탈 게임이자 도전이다. - 안드레 아가시(Andre Agassi)

경기의 마지막까지 정신력을 유지하는 것이 테니스의 핵심이다. - 비너스 윌리엄스(Venus Williams)

경쟁은 항상 새로운 기회를 만든다. - 스테판 에드버그(Stefan Edberg)

각 포인트는 새로운 기회다. - 세레나 윌리엄스(Serena Williams)

내일은 또 다른 승리의 기회다. - 로저 페더러(Roger Federer)

집중력과 꾸준함이 테니스 승리의 열쇠다. - 노박 조코비치(Novak Djokovic)

테니스는 끝없는 학습이다. - 라파엘 나달(Rafael Nadal)

가장 강한 의지가 최종적으로 승리한다. - 비요른 보그(Björn Borg)

테니스는 나를 완성시켜주는 스포츠다. - 나오미 오사카(Naomi Osaka)

라켓은 네 손의 연장이 아니라 마음의 연장이다. - 빌리 진 킹(Billie Jean King)

테니스는 혼자만의 싸움이다. 상대와의 싸움이 아니라 자기 자신과의 싸움이다. - 로저 페더러(Roger Federer)

경기 도중에는 매 포인트가 하나의 새로운 세계다. - 라파엘 나달(Rafael Nadal)

승리만큼 중요한 것은 자신을 잃지 않는 것이다. - 비너스 윌리엄스(Venus Williams)

내가 사랑하는 스포츠는 나를 가장 행복하게 해주는 순간도 주고 가장 고통스러운 순간도 준다. - 안드레 아가시(Andre Agassi)

테니스는 단순히 스포츠가 아니라 예술이다. - 세레나 윌리엄스(Serena Williams)
강한 마음이 가장 강한 무기다. - 라파엘 나달(Rafael Nadal)
테니스는 단순한 승리나 패배 이상의 교훈을 준다. - 아서 애시(Arthur Ashe)
테니스는 나의 철학이고, 나의 삶이다. - 모니카 셀레스(Monica Seles)
경기의 결과보다 중요한 것은 과정이다. - 앤디 머레이(Andy Murray)
한 점 한 점에 최선을 다한다면 결과는 자연히 따라온다. - 비요른 보그(Björn Borg)
강한 체력보다 중요한 것은 강한 정신력이다. - 노박 조코비치(Novak Djokovic)
테니스는 끝이 없는 자기 발전이다. - 로저 페더러(Roger Federer)
테니스는 가장 고독한 스포츠다. 하지만 그 안에서 진정한 나를 만날 수 있다. - 안드레 아가시(Andre Agassi)
테니스는 기술의 집합이자 정신력의 집약이다. - 비너스 윌리엄스(Venus Williams)
경기를 하면서 배우는 것은 나 자신이다. - 라파엘 나달(Rafael Nadal)
패배를 받아들이고 배우는 것이 진정한 승리를 만든다. - 마르티나 나브라틸로바(Martina Navratilova)
승패는 결과일 뿐이다. 과정에서 배운 것이 진정한 보상이다. - 스테판 에드버그(Stefan Edberg)

3. 골프

골프는 연애와 같다. 하찮게 여기면 재미가 없고 심각하게 여기면 마음을 아프게 한다. - 아서 데일리(Arthur Daley)
골프 스윙은 여행가방과 같다. 우리는 거기에 너무 많은 것을 집어넣으려고 한다. - 존 업다이크(John Updike)
골프에서 중요한 것은 승패보다 어떻게 플레이했느냐이다. - 존 로(John Lowe)
골프는 프로 선수들이 친구들과 즐겁게 경기할 수 있는 유일한 스포츠다. 래리 홈스가 자기 친구들과 즐거운 마음으로 권투를 할 수 있겠는가? - 치치 로드리게스(Chi Chi Rodriguez)
많은 비기너들이 스윙의 기본을 이해하기도 전에 스코어를 따지려 든다. 이것은 걷기도 전에 뛰려는 것과 같다. - 잭 니클라우스(Jack Nicklaus)
숏 게임을 잘하는 골퍼가 롱 게임을 잘하는 골퍼를 이기는 법이다. - 보비 존스(Bobby Jones)
골프를 즐기는 것이 바로 이기는 조건이 된다. - 헤일 어윈(Hale Irwin)
나는 경쟁을 좋아한다. 경쟁에서 흔히 나타나는 스트레스까지도 사랑한다. 난 이것이 성공의 요소라고 믿는다. - 타이거 우즈(Tiger Woods)

너무 그렇게 서두르지 마라. 그 작고 하얀 공이 당신에게서 벗어나 어디론가 도망가는 일은 없다. - 패티 버그(Patty Berg)

나는 항상 실수를 줄이려고 노력한다. 하지만 실수해도 실망하는 일은 없다. 분명 중요한 것은 그 실수로 인해 내가 새로 배운 것이 있다는 것이다. - 타이거 우즈(Tiger Woods)

골프는 정신과 육체의 조화를 요구하는 유일한 스포츠다. - 벤 호건(Ben Hogan)

골프는 실패와 성공의 얇은 경계를 넘나드는 예술이다. - 바비 존스(Bobby Jones)

골프는 게임의 결과보다 어떻게 게임을 즐겼는지가 중요하다. - 톰 왓슨(Tom Watson)

골프는 실수에도 불구하고 계속 나아가는 법을 가르친다. - 닉 팔도(Nick Faldo)

골프를 잘 치는 비결은 단순히 연습에 있다. - 게리 플레이어(Gary Player)

골프는 당신의 참된 성격을 보여주는 유일한 스포츠다. - 잭 니클라우스(Jack Nicklaus)

골프의 진정한 아름다움은 공정성과 명예에 있다. - 아놀드 파머(Arnold Palmer)

골프는 단순히 힘으로 공을 치는 것이 아니라, 마음으로 승부하는 것이다. - 세브 발레스테로스(Seve Ballesteros)

골프는 작은 공을 향한 큰 열정이다. - 톰 도크(Tom Doak)

골프에서 중요한 것은 멀리 치는 것이 아니라, 정확히 치는 것이다. - 벤 크렌쇼(Ben Crenshaw)

골프는 공을 치는 기술만이 아니라, 삶의 철학이다. - 게리 플레이어(Gary Player)

골프의 가장 큰 적은 자신이다. 자기 자신과의 싸움에서 승리하라. - 아놀드 파머(Arnold Palmer)

스윙은 한 번의 생각이 아니라 수백 번의 반복에서 완성된다. - 잭 니클라우스(Jack Nicklaus)

퍼팅은 골프의 심장이다. 퍼팅이 없다면 게임도 없다. - 토니 레마(Tony Lema)

골프는 긴 여정이다. 매 샷마다 새로운 도전이다. - 필 미켈슨(Phil Mickelson)

골프는 가장 겸손하게 만드는 스포츠다. 매일 배우게 된다. - 로리 맥길로이(Rory McIlroy)

골프는 실수로부터 배우는 스포츠다. 실패는 곧 기회다. - 저스틴 토마스(Justin Thomas)

한 번의 샷으로 모든 것을 결정하지 마라. 골프는 과정이다. - 세브 발레스테로스(Seve Ballesteros)

골프는 전략의 게임이다. 무조건 멀리 치는 것이 답이 아니다. - 짐 퓨릭(Jim Furyk)

골프는 명예와 스포츠맨십이 중요한 스포츠다. - 톰 왓슨(Tom Watson)

골프는 인내와 열정의 결합이다. - 더스틴 존슨(Dustin Johnson)

매 라운드는 새로운 시작이다. 골프에서 과거는 중요하지 않다. - 패드릭 해링턴(Pádraig Harrington)

골프는 승리보다는 성장의 스포츠다. - 브룩스 켑카(Brooks Koepka)

연습이 완벽을 만든다. 골프는 예외가 아니다. - 리키 파울러(Rickie Fowler)

골프는 균형과 타이밍의 예술이다. - 루크 도널드(Luke Donald)

골프는 힘이 아닌 리듬의 게임이다. - 마틴 카이머(Martin Kaymer)
골프는 직관과 지능을 동시에 요구한다. - 조던 스피스(Jordan Spieth)
골프는 자연과 하나 되는 경험이다. - 마크 오메라(Mark O'Meara)
골프는 삶의 축소판이다. 매 순간 최선을 다하라. - 찰스 코디(Charles Coody)
골프는 어려움을 즐기는 법을 가르쳐준다. - 헨릭 스텐손(Henrik Stenson)
골프는 끊임없는 도전이다. 매번 새로운 샷을 배우게 된다. - 그렉 노먼(Greg Norman)
골프는 겸손함을 배울 수 있는 가장 좋은 스포츠다. - 리 티비노(Lee Trevino)
골프는 스스로를 아는 과정이다. 한 샷 한 샷이 배움이다. - 베른하르트 랑거(Bernhard Langer)
골프는 다른 어떤 스포츠보다 당신의 성격을 드러낸다. - 빅터 호브랜드(Viktor Hovland)
골프는 자신과 타협하지 않는 정직한 스포츠다. - 매튜 울프(Matthew Wolff)
골프는 끝없는 가능성의 스포츠다. 매번 새롭게 도전하라. - 콜린 모리카와(Collin Morikawa)
골프는 단순한 스포츠가 아니다. 그것은 예술이다. - 토미 플리트우드(Tommy Fleetwood)
골프는 당신의 한계를 시험한다. 매 샷이 도전이다. - 마이클 캠벨(Michael Campbell)
골프는 끈기와 집중력의 게임이다. 성공은 준비된 자의 몫이다. - 조아퀸 니만(Joaquin Niemann)
골프는 정직한 스포츠다. 한 번의 샷이 당신의 진심을 드러낸다. - 박세리
골프는 한계를 시험하고, 겸손함을 가르쳐준다. - 최경주
스윙은 단순한 기술이 아니라, 마음가짐의 표현이다. - 이보미
골프는 매 순간 집중력을 요구하는 스포츠다. - 김세영
골프에서 중요한 것은 결과가 아니라 과정이다. - 박인비
퍼팅은 기술보다 자신감이 중요하다. - 김효주
골프는 나 자신과의 싸움이다. 항상 더 나아지기 위해 노력해야 한다. - 유소연
골프는 자연과 함께 하는 스포츠다. 자연을 존중하고 배우는 법을 알려준다. - 안병훈
연습은 절대 배신하지 않는다. 골프는 꾸준함의 결과다. - 배상문
골프는 겸손하게 만들어준다. 잘 될 때도, 잘 안 될 때도 자신을 돌아봐야 한다. - 장하나

4. 배구

배구는 단순한 게임이 아니라 열정이다. - 미카 할리넨(Mika Hällinen)
배구는 팀워크, 의사소통, 그리고 신뢰 그 자체다. - 존 스퍼로우(John Speraw)
열심히 일할수록 운이 더 좋아진다. - 게리 플레이어(Gary Player)

배구에서 공은 여자친구와 같다. 공을 치고, 세팅하고, 절대 땅에 닿게 하지 말아야 한다. - 존 스퍼로우(John Speraw)

열심히 놀고, 똑똑하게 놀고, 함께 놀아라. - 러셀 월터스(Russell Walters)

배구는 심장이 90%, 기술이 10%다. - 마이크 헤버트(Mike Hebert)

미래를 예측하는 가장 좋은 방법은 배구 코트에서 만드는 것이다. - 존 스퍼로우(John Speraw)

배구: 혹, 세트, 스파이크가 삶을 바꿀 수 있는 곳이다. - 미카 할리넨(Mika Hällinen)

조금의 마음도 없이는 발리를 할 수 없다. - 미카 할리넨(Mika Hällinen)

좋은 일은 서두르는 사람에게 오지 않는다. - 존 스퍼로우(John Speraw)

배구는 퍼즐과 같고, 각 선수들은 그것을 완성하기 위해 독특한 조각을 가져온다. - 마이크 헤버트(Mike Hebert)

코트는 우리의 캔버스이고, 공은 우리의 화필이다. - 러셀 월터스(Russell Walters)

배구는 거인들이 하는 인치의 게임이다. - 마이크 헤버트(Mike Hebert)

이기는 것이 전부는 아니지만, 이기기를 원하는 것이 전부다. - 빈스 롬바르디(Vince Lombardi)

최고의 팀들은 신뢰와 통합의 토대 위에 세워진다. - 존 스퍼로우(John Speraw)

열정을 가지고 놀거나, 전혀 놀지 마라. - 미카 할리넨(Mika Hällinen)

배구는 점프하고 치는 것만이 아니라, 팀워크와 결단력이 중요하다. - 마이크 헤버트(Mike Hebert)

배구에서는 가장 작은 선수가 가장 큰 영향을 미칠 수 있다. - 러셀 월터스(Russell Walters)

꿈을 크게 꾸고, 세게 치고, 절대 포기하지 마라. - 미카 할리넨(Mika Hällinen)

배구: 세터는 건축가이고 타자는 철거반이다. - 마이크 헤버트(Mike Hebert)

챔피언은 비수기에 만들어진다. - 러셀 월터스(Russell Walters)

공은 네 코트에 있다. 그걸로 뭘 할 건지 결정해야 한다. - 존 스퍼로우(John Speraw)

배구는 체력, 민첩성, 그리고 정신적인 강인함을 요구하는 스포츠다. - 마이크 헤버트(Mike Hebert)

의심이 들 때는 시작하라. - 미카 할리넨(Mika Hällinen)

배구는 인치의 게임이고, 모든 터치는 중요하다. - 마이크 헤버트(Mike Hebert)

배구는 완벽한 경기가 아니라 회복력의 경기다. - 존 스퍼로우(John Speraw)

배구에서 위대한 일을 할 수 있는 유일한 방법은 자신이 하는 일을 사랑하는 것이다. - 미카 할리넨(Mika Hällinen)

배구는 단순한 스포츠가 아니라 삶의 방식이다. - 마이크 헤버트(Mike Hebert)

네가 진심인 것처럼 공을 때려라. - 러셀 월터스(Russell Walters)

팀에는 '나'가 없지만, 승리에는 있다. - 빈스 롬바르디(Vince Lombardi)

배구는 열정과 기술의 완벽한 조화다. - 익명(Anonymous)

승리는 팀의 노력에서 시작된다. - 익명(Anonymous)
배구는 몸과 마음의 훈련이다. - 익명(Anonymous)
포기하지 않는 한 승리의 가능성은 존재한다. - 익명(Anonymous)
한 사람의 노력보다 팀의 조화가 중요하다. - 익명(Anonymous)
매 순간 최선을 다하라, 그것이 승리로 이어질 것이다. - 익명(Anonymous)
배구는 전략과 열정의 게임이다. - 익명(Anonymous)
팀워크 없이는 진정한 승리는 없다. - 익명(Anonymous)
배구는 당신의 한계를 시험하는 스포츠다. - 익명(Anonymous)
배구는 도전과 극복의 연속이다. - 익명(Anonymous)
배구는 사람들과 소통하는 최고의 방법이다. - 익명(Anonymous)
경기는 끝날 때까지 끝난 것이 아니다. - 익명(Anonymous)
배구는 강한 마음과 의지를 요구한다. - 익명(Anonymous)
모든 공이 중요한 순간이 될 수 있다. - 익명(Anonymous)
배구는 기술보다 태도가 중요하다. - 익명(Anonymous)
작은 실수도 큰 결과를 가져올 수 있다. - 익명(Anonymous)
배구는 꾸준함과 집중력의 게임이다. - 익명(Anonymous)
팀의 결속력이 가장 강한 무기다. - 익명(Anonymous)
매 순간을 즐기며 플레이하라. - 익명(Anonymous)
배구는 열정 없이 할 수 없는 스포츠다. - 익명(Anonymous)
경기의 흐름을 읽을 줄 아는 선수가 위대한 선수가 된다. - 익명(Anonymous)
배구는 신뢰와 희생으로 만들어지는 스포츠다. - 익명(Anonymous)
한 번의 블로킹이 경기의 결과를 바꿀 수 있다. - 익명(Anonymous)
배구는 팀원 모두가 주인공이 되는 게임이다. - 익명(Anonymous)
포인트는 단순한 숫자가 아니라 노력의 결과다. - 익명(Anonymous)
배구는 리듬과 타이밍의 스포츠다. - 익명(Anonymous)
스스로를 믿고, 팀을 믿으면 어떤 경기에서도 승리할 수 있다. - 익명(Anonymous)
배구는 작은 순간들이 모여 위대한 경기를 만든다. - 익명(Anonymous)
팀워크가 없다면 개인의 재능은 빛을 잃는다. - 익명(Anonymous)
배구는 상대보다 먼저 움직이는 사람이 승리한다. - 익명(Anonymous)
코트 위에서 배우는 것은 기술뿐만 아니라 인생의 교훈이다. - 익명(Anonymous)

5. 농구

농구는 신장이 아닌 심장으로 하는 것이다. - 앨런 아이버슨(Allen Iverson)

나는 농구를 시작한 이래 9,000번 이상의 슛을 놓쳤다. 나는 거의 300번의 경기에서 졌다. 나는 26번의 경기를 결정짓는 위닝샷을 놓쳤다. 나는 실패하고, 실패하고, 또 실패했다. 그것이 내가 성공한 이유다. - 마이클 조던(Michael Jordan)

포기가 습관이 되면 안 된다. 당신이 한번 포기하기 시작하면 이는 습관이 된다. 결코 포기하지 말아라. - 마이클 조던(Michael Jordan)

모든 꿈은 미친 소리처럼 들리기 마련이다. 그 꿈이 이루어지기 전까지는. - 덕 노비츠키(Dirk Nowitzki)

누군가는 영웅이 되어야 한다. 그 영웅이 나일지도 모른다. - 찰스 바클리(Charles Barkley)

어떤 일을 하기에 앞서 스스로 그 일에 대한 기대를 가져야 한다. - 마이클 조던(Michael Jordan)

나는 지금 불가능한 일에 도전하고 있다. 하지만 그건 분명히 가능한 일이다. - 케빈 가넷(Kevin Garnett)

넘어야 할 산이 있는 게 두려운 게 아니라 넘어야 할 산이 없어질까 두렵다. - 코비 브라이언트(Kobe Bryant)

어떤 상황에서든 나는 뛰어난 플레이를 펼칠 자신이 있다. - 제임스 하든(James Harden)

보폭을 작게 하라. 어떤 것에도 걸려 넘어지지 않도록 하라. 당신의 걸음 하나하나는 퍼즐 조각 같은 것이다. - 마이클 조던(Michael Jordan)

프로가 된다는 것은 당신이 하고 싶은 모든 일들을 당신이 하고 싶지 않은 날에 하는 것을 말한다. - 줄리어스 어빙(Julius Erving)

오늘 반복적으로 한 행동들이 나의 미래를 결정짓는다. - 스테픈 커리(Stephen Curry)

지금 최악의 상황이 내게 벌어졌다. 그렇다면 다음엔 최고의 일이 나를 기다릴 것이다. - 폴 조지(Paul George)

나는 아침에 알람 시계가 필요 없다. 열정이 나를 깨우기 때문이다. - 카이리 어빙(Kyrie Irving)

사람은 모두 다르다. 사람은 모두 자기만의 다른 스타일을 가지고 있다. - 빈스 카터(Vince Carter)

나중이란 누구에게나 오지 않는다. 지금 최선을 다해라. 그렇지 않으면 아무것도 얻을 수 없다. - 샤킬 오닐(Shaquille O'Neal)

나의 믿음은 당신의 의심보다 강하다. - 드웨인 웨이드(Dwyane Wade)

아마 어딘가엔 정말로 타고난 천재들도 있을 것이다. 하지만 내가 했던 수천 시간의 연습을 고작 천재라는 말과 바꾸고 싶지 않다. - 레이 앨런(Ray Allen)

지금 나 자신의 능력에는 아무렇지도 않지만, 많은 걸 더 얻을 수 있다. - 저메인 오닐(Jermaine O'Neal)
나를 가로막는 모든 부정적인 것들은 나를 더 강하게 만들 수 있는 기회다. - 코비 브라이언트(Kobe Bryant)
농구는 신뢰와 자신감으로 하는 경기다. - 아이재아 토마스(Isiah Thomas)
한 선수가 팀에 절대적으로 중요한 요소일 수는 있지만 한 선수만으로 팀을 만들 수는 없다. - 카림 압둘 자바(Kareem Abdul- Jabbar)
리바운드를 제압하는 자가 시합을 제압한다. - 데니스 로드맨(Dennis Rodman)
진정한 슈터는 같은 자리에서 두 번 실수하지 않는다. - 코비 브라이언트(Kobe Bryant)
끊임없이 스스로를 밀고 나가라. 최후의 버저가 울리기 전까지는 결코 포기하지 마라. - 래리 버드(Larry Bird)
공격은 관중을 얻고 수비는 승리를 얻는다. - 하킴 올라주원(Hakeem Olajuwon)
포기하면 그 순간이 바로 시합 종료다. - 필 잭슨(Phil Jackson)
농구는 사진 촬영과 같다. 집중하지 않으면 부정적인 결과만 얻을 것이다. - 댄 프리즈비(Dan Frisby)
장애물은 당신을 멈추게 하는 이유가 될 필요는 없다. 벽에 부딪힌다면 돌아서서 포기하지 마라. 그 벽을 오르는 법, 통과하는 법 또는 우회하는 방법을 찾아라. - 마이클 조던(Michael Jordan)
열정은 농구 코트에서 가장 강력한 무기다. - 익명(Anonymous)
농구는 자신감이 가장 큰 무기다. 자신을 믿어라. - 매직 존슨(Magic Johnson)
실패를 두려워하지 마라. 그것은 성공으로 가는 과정이다. - 코비 브라이언트(Kobe Bryant)
매 순간 최선을 다하라. 그것이 승리의 길이다. - 스티브 내쉬(Steve Nash)
농구는 인내와 전략의 결합이다. - 필 잭슨(Phil Jackson)
좋은 수비가 좋은 공격을 만든다. - 빌 러셀(Bill Russell)
농구는 단순히 기술이 아니라, 정신력의 스포츠다. - 데이비드 로빈슨(David Robinson)
팀워크가 곧 성공이다. - 카림 압둘 자바(Kareem Abdul- Jabbar)
농구는 항상 새로운 배움의 기회다. - 드릭 로즈(Derrick Rose)
좋은 지도자는 선수들의 잠재력을 최대치로 끌어낸다. - 팻 라일리(Pat Riley)
경기에서 진정한 승리는 기록이 아니라 태도에 있다. - 찰스 바클리(Charles Barkley)
농구는 삶의 축소판이다. 모든 순간이 중요한 법이다. - 팀 던컨(Tim Duncan)
경기는 끝날 때까지 끝난 것이 아니다. - 요기 베라(Yogi Berra)
농구는 끊임없는 도전이다. - 코비 브라이언트(Kobe Bryant)

팀워크가 없는 팀은 성공할 수 없다. - 필 잭슨(Phil Jackson)
모든 경기에는 새로운 기회가 있다. - 레브론 제임스(LeBron James)
실패를 두려워하지 말고 도전하라. - 스테픈 커리(Stephen Curry)
농구는 기술과 노력의 결합이다. - 크리스 폴(Chris Paul)
열정은 승리의 시작이다. - 케빈 가넷(Kevin Garnett)
농구 코트에서는 항상 최선을 다하라. - 드웨인 웨이드(Dwyane Wade)
끊임없는 노력이 곧 성공의 열쇠다. - 데미안 릴라드(Damian Lillard)
경기는 실수가 아니라 회복력으로 결정된다. - 데릭 로즈(Derrick Rose)
자신을 믿으면 불가능은 없다. - 스테픈 커리(Stephen Curry)
농구는 팀 스포츠다. 혼자서는 이길 수 없다. - 매직 존슨(Magic Johnson)

6. 야구

야구는 9회말 2아웃부터다. - 하일성
끝날 때까지 끝난 게 아니다. - 요기 베라(Yogi Berra)
야구는 인생의 축소판이다. - 빌리 선데이(Billy Sunday)
야구는 실패의 게임이다. 10번 중 7번 실패해도 성공한 것이다. - 테드 윌리엄스(Ted Williams)
야구는 공놀이가 아니다. 그것은 인생이다. - 바비 발렌타인(Bobby Valentine)
야구는 단순한 게임이다. 하지만 단순한 것을 잘하기는 어렵다. - 조 디마지오(Joe DiMaggio)
야구는 머리로 하는 게임이다. 하지만 심장이 없으면 아무 소용이 없다. - 조 토레(Joe Torre)
야구는 팀워크의 예술이다. - 칼 립켄 주니어(Cal Ripken Jr.)
야구는 기다림의 미학이다. - 박찬호
야구는 실패를 견디는 법을 가르쳐준다. - 박찬호
야구는 매일이 새롭다. 어제의 승리는 오늘의 승리를 보장하지 않는다. - 김성근
야구는 기록의 스포츠다. 하지만 기록은 과거일 뿐이다. - 류현진
야구는 공 하나로 시작해서 공 하나로 끝난다. - 이승엽
야구는 인생과 같다. 항상 계획대로 되지 않는다. - 김태균
야구는 실수의 게임이다. 실수를 줄이는 팀이 이긴다. - 김인식
야구는 마음의 스포츠다. 마음이 흔들리면 경기도 흔들린다. - 이종범
야구는 집중력의 싸움이다. 한순간의 방심이 패배를 부른다. - 손아섭

야구는 끈기의 스포츠다. 끝까지 포기하지 않는 자가 승리한다. - 최정
야구는 팀의 스포츠다. 개인의 능력보다 팀의 조화가 중요하다. - 강정호
야구는 전략의 게임이다. 상황에 맞는 전략이 승리를 가져온다. - 김광현
야구는 예측 불가능하다. 그래서 더 매력적이다. - 박병호
야구는 순간의 판단이 중요하다. 빠른 판단이 승패를 가른다. - 이대호
야구는 준비의 스포츠다. 준비가 부족하면 좋은 결과를 얻을 수 없다. - 정근우
야구는 자신과의 싸움이다. 자신을 이겨야 상대를 이길 수 있다. - 김현수
야구는 인내의 게임이다. 인내하지 않으면 성공할 수 없다. - 오승환
야구는 배움의 연속이다. 항상 배우고자 하는 자세가 필요하다. - 양현종
야구는 도전의 스포츠다. 도전을 두려워하지 말아야 한다. - 김하성
야구는 열정의 게임이다. 열정이 없으면 좋은 선수가 될 수 없다. - 박해민
야구는 책임의 스포츠다. 자신의 플레이에 책임을 져야 한다. - 정우람
야구는 희생의 게임이다. 팀을 위해 희생할 줄 알아야 한다. - 이재원
야구는 기회의 스포츠다. 기회를 잡는 자가 승리한다. - 김재환
야구는 집중의 게임이다. 집중하지 않으면 실수가 나온다. - 최형우
야구는 연습의 결과를 보여주는 무대다. - 잭키 로빈슨(Jackie Robinson)
좋은 팀워크가 곧 좋은 야구를 만든다. - 베이브 루스(Babe Ruth)
야구는 상상력과 열정의 결합이다. - 루 게릭(Lou Gehrig)
야구는 공 하나로 세상을 바꿀 수 있는 스포츠다. - 데릭 지터(Derek Jeter)
야구는 매일 새로운 시작이다. 어제의 실패는 오늘의 승리로 바뀔 수 있다. - 노마 가르시아파라(Nomar Garciaparra)
야구는 기록을 남기지만, 영원히 기억되는 것은 당신의 태도다. - 빈스 콜먼(Vince Coleman)
야구는 디테일의 스포츠다. 작은 차이가 큰 결과를 만든다. - 피트 로즈(Pete Rose)
야구는 공과 스트라이크의 게임이다. 하나의 공이 경기를 바꾼다. - 빌 벡(Bill Veeck)
야구는 단순히 빠르고 강한 선수가 아니라, 똑똑한 선수가 이긴다. - 더스티 베이커(Dusty Baker)
야구는 팀의 협력 없이는 승리할 수 없는 스포츠다. - 보비 콕스(Bobby Cox)
야구는 플레이어의 기술뿐 아니라, 코치의 전략에서도 승패가 갈린다. - 토니 라 루사(Tony La Russa)
야구는 순간의 스포츠다. 한 순간의 선택이 결과를 바꾼다. - 마이크 소시아(Mike Scioscia)
야구는 인내와 끈기를 요구한다. 모든 것은 시간이 필요하다. - 네드 요스트(Ned Yost)
야구는 매일 같은 목표를 위해 싸우는 반복의 스포츠다. - 브루스 보치(Bruce Bochy)
야구는 선수와 팬이 함께 만들어가는 스포츠다. - 토미 라소다(Tommy Lasorda)

야구는 실수를 받아들이고 그것을 넘어서는 법을 가르쳐준다. - 찰리 매뉴얼(Charlie Manuel)
야구는 실패 속에서도 계속 나아가는 법을 가르친다. - 테리 프랑코나(Terry Francona)
야구는 과거를 기억하고 미래를 계획하는 게임이다. - 조 매든(Joe Maddon)
야구는 가장 작은 실수도 큰 영향을 미칠 수 있다. - 루 홀츠(Lou Holtz)
야구는 순간을 살며 배우는 법을 가르쳐준다. - 더스티 베이커(Dusty Baker)
야구는 개인보다 팀의 힘을 보여주는 스포츠다. - 애런 분(Aaron Boone)

7. 수영

수영은 물과 하나가 되는 예술이다. - 마크 스피츠(Mark Spitz)
물은 나의 친구다. 그것은 나를 안아주고, 나를 진정시킨다. - 이안 소프(Ian Thorpe)
수영은 나에게 자유를 준다. - 마이클 펠프스(Michael Phelps)
수영은 나의 열정이자 삶의 방식이다. - 케이티 레데키(Katie Ledecky)
물속에서는 모든 것이 가능하다. - 라이언 록티(Ryan Lochte)
수영은 나를 강하게 만들었다. - 시몬 마누엘(Simone Manuel)
수영은 나의 영혼을 정화시킨다. - 미시 프랭클린(Missy Franklin)
수영은 나의 삶을 완성시킨다. - 아담 피티(Adam Peaty)
수영은 나의 꿈을 현실로 만들어준다. - 페데리카 펠레그리니(Federica Pellegrini)
수영은 나의 모든 것이다. - 그랜트 해켓(Grant Hackett)
수영은 나를 진정한 나로 만들어준다. - 레베카 소니(Rebecca Soni)
수영은 나의 열정을 불태운다. - 네이선 에이드리언(Nathan Adrian)
수영은 나의 삶의 원동력이다. - 카밀라 헤르미네(Camille Muffat)
수영은 나를 행복하게 만든다. - 사라 쇠스트룀(Sarah Sjöström)
수영은 나의 인생을 변화시켰다. - 조세프 스쿨링(Joseph Schooling)
수영은 나의 모든 것을 바쳤다. - 카티카 호스주(Katinka Hosszú)
수영은 나의 삶의 이유다. - 플로렌스 그리피스 조이너(Florence Griffith Joyner)
수영은 나의 열정을 깨웠다. - 다니엘라 메르시어(Daniela Merighetti)
수영은 나를 강하게 만들었다. - 에밀리 시보흐(Emily Seebohm)
수영은 나의 삶의 일부다. - 카일리 맥키언(Kaylee McKeown)
수영은 나의 영혼을 자유롭게 한다. - 릴리 킹(Lilly King)

수영은 나의 열정을 불태운다. - 카일 초머스(Kyle Chalmers)

수영은 나의 삶의 원동력이다. - 에마 맥키언(Emma McKeon)

수영은 나를 행복하게 만든다. - 리카코 이케에(Rikako Ikee)

수영은 나의 인생을 변화시켰다. - 다이야 세토(Daiya Seto)

수영은 나의 모든 것을 바쳤다. - 유스라 마르디니(Yusra Mardini)

수영은 나의 삶의 이유다. - 아담 바레즈(Adam Barrett)

수영은 나의 열정을 깨웠다. - 카밀라 카밀리(Camille Lacourt)

수영은 나를 강하게 만들었다. - 미카엘라 세르바(Michaela Serser)

수영은 나의 삶의 일부다. - 다니엘라 슈미트(Daniela Schmitt)

수영은 나의 영혼을 자유롭게 한다. - 사라 코헨(Sarah Köhler)

수영은 기술과 정신력의 완벽한 조화다. - 마이클 펠프스(Michael Phelps)

수영은 끝없는 도전이다. 매번 새로운 목표를 세워라. - 케이티 레데키(Katie Ledecky)

수영은 물과의 대화다. 물속에서 나 자신을 찾는다. - 이안 소프(Ian Thorpe)

수영은 나의 날개다. 물속에서 나는 자유를 느낀다. - 마이클 펠프스(Michael Phelps)

수영은 실수를 넘어서는 법을 가르친다. - 케이티 레데키(Katie Ledecky)

수영은 나를 더 나은 사람으로 만든다. - 시몬 마누엘(Simone Manuel)

수영은 자신을 믿는 법을 가르친다. - 릴리 킹(Lilly King)

수영은 매 순간 집중력을 요구한다. - 아담 피티(Adam Peaty)

수영은 나에게 새로운 꿈을 준다. - 사라 쇠스트룀(Sarah Sjöström)

수영은 나를 계속 도전하게 만든다. - 페데리카 펠레그리니(Federica Pellegrini)

수영은 나의 가장 큰 열정이다. - 레베카 소니(Rebecca Soni)

수영은 나에게 용기를 준다. - 카밀라 헤르미네(Camille Muffat)

수영은 물속에서의 춤이다. - 네이선 에이드리언(Nathan Adrian)

수영은 나를 치유한다. 물은 나의 안식처다. - 미시 프랭클린(Missy Franklin)

수영은 나에게 모든 것을 준다. - 그랜트 해켓(Grant Hackett)

수영은 나의 인내심을 시험한다. - 마이클 펠프스(Michael Phelps)

수영은 나를 움직이게 하는 원동력이다. - 케이티 레데키(Katie Ledecky)

수영은 내 삶의 철학이다. - 이안 소프(Ian Thorpe)

수영은 실패를 배움으로 바꾼다. - 아담 피티(Adam Peaty)

수영은 나를 매일 성장시킨다. - 릴리 킹(Lilly King)

수영은 물속에서 내 자신을 발견하는 여행이다. - 시몬 마누엘(Simone Manuel)
수영은 내가 나 자신이 되는 시간이다. - 페데리카 펠레그리니(Federica Pellegrini)
수영은 나에게 끝없는 가능성을 보여준다. - 케이티 레데키(Katie Ledecky)
수영은 나에게 끊임없는 도전을 준다. - 마이클 펠프스(Michael Phelps)

8. 사이클

자전거 타는 즐거움과 비교할 수 있는 것은 아무 것도 없다. - 존 F. 케네디(John F. Kennedy)
인생은 자전거 타기와 같다. 균형을 유지하려면 계속 움직여야 한다. - 알베르트 아인슈타인(Albert Einstein)
자전거를 사라. 살아있다면 후회하지 않을 것이다. - 마크 트웨인(Mark Twain)
천국에는 자전거길이 아주 많을 것이다. - H.G. 웰스(H.G. Wells)
나는 자전거를 타고 가는 어른을 보면서 인류의 미래가 비관적이라고는 생각하지 않는다. - H.G. 웰스(H.G. Wells)
자전거를 타면 그 지역의 지리를 가장 잘 파악할 수 있다. 힘들여 언덕을 오르고 내리막을 질주해보라. - 어니스트 헤밍웨이(Ernest Hemingway)
자전거 핸들 저편에 바로 세상이 있다. - 다니엘 베어만(Daniel Behrman)
자전거는 자신의 생각대로 움직일 수 있지만 결코 다른 사람을 방해하지 않는다. - 이반 일리히(Ivan Illich)
자전거 타기는 시대를 앞서가는 것이다. - 펠리체 지몬디(Felice Gimondi)
자전거 타는 법을 배우는데 성공한 여성은 인생에서 성공하는 방법을 알게 될 것이다. - 프랜시스 윌라드(Frances Willard)
기분이 울적할 때, 암울해지는 날, 일이 단조로워질 때, 자전거에 올라 거리를 달리기 위해 나가보라. - 아서 코난 도일(Arthur Conan Doyle)
투르의 승리는 가장 강한 선수의 것이지 가장 운 좋은 선수의 것이 아니다. - 랜스 암스트롱(Lance Armstrong)
산악자전거는 사람들을 환경보호론자가 되도록 도와준다. - 네드 오버랜드(Ned Overend)
길, 1마일의 왕국, 나는 기슭과 돌, 그리고 피어난 모든 것들의 왕이다. - 패트릭 카바나(Patrick Kavanagh)
자전거를 타고 있을 때는 나는 나이 같은 것은 잊어버린다. 그저 재미있을 뿐이다. - 캐시 세슬러(Kathy Sessler)

자전거를 타고 또 타고 또 타라. - 파우스토 코피(Fausto Coppi)

자전거 타며 다리가 아파올 때 나는 내 다리에게 이렇게 말한다, 닥치고 돌리기나 해. - 옌스 보이트(Jens Voigt)

돈 들여 자전거를 업그레이드하지 말고, 타서 업그레이드하라. - 에디 메르크스(Eddy Merckx)

자전거에는 벽이 없다. - 폴 코니시(Paul Cornish)

자전거는 인간의 가장 위대한 발명품이다. - 윌리엄 사로얀(William Saroyan)

자전거는 인간의 환경을 보호하는 도구다. - 알 고어(Al Gore)

자전거는 몸과 마음을 단련하는 스포츠다. - 랜스 암스트롱(Lance Armstrong)

자전거는 도시를 더 살기 좋게 만든다. - 제인 제이콥스(Jane Jacobs)

자전거는 지속 가능한 미래를 위한 열쇠다. - 반기문(Ban Ki- moon)

자전거는 우리가 자연과 연결되도록 한다. - 헨리 데이비드 소로(Henry David Thoreau)

자전거는 나의 삶의 열정을 깨우는 도구다. - 네드 오버랜드(Ned Overend)

자전거 타기는 단순히 이동 수단이 아니다. 그것은 자유를 의미한다. - 마크 트웨인(Mark Twain)

자전거는 모든 사람에게 열려 있다. 자전거는 차별하지 않는다. - H.G. 웰스(H.G. Wells)

자전거는 내 인생에서 가장 신뢰할 수 있는 동반자다. - 랜스 암스트롱(Lance Armstrong)

자전거는 도전과 성취를 상징한다. - 펠리체 지몬디(Felice Gimondi)

자전거는 단순히 기계가 아니다. 그것은 꿈을 현실로 만드는 도구다. - 파우스토 코피(Fausto Coppi)

자전거를 타고 새로운 세계를 발견하라. - 어니스트 헤밍웨이(Ernest Hemingway)

자전거는 우리가 도전의 한계를 넘도록 도와준다. - 에디 메르크스(Eddy Merckx)

자전거는 나의 몸과 마음을 건강하게 만든다. - 랜스 암스트롱(Lance Armstrong)

자전거는 내가 세상을 보는 방식을 바꿨다. - 폴 코니시(Paul Cornish)

자전거는 내게 자유와 기쁨을 준다. - 캐시 세슬러(Kathy Sessler)

자전거는 단순히 스포츠가 아니라 삶의 방식이다. - 네드 오버랜드(Ned Overend)

자전거 타기는 내가 삶을 느끼는 방식이다. - 윌리엄 사로얀(William Saroyan)

자전거를 타면 내 마음속의 걱정이 사라진다. - 알 고어(Al Gore)

자전거는 세상을 구할 수 있는 가장 단순한 방법이다. - 반기문(Ban Ki- moon)

자전거는 더 나은 세상을 위한 도구다. - 에른스트 슈마허(E.F. Schumacher)

자전거는 인간이 만든 가장 단순하고 가장 완벽한 기계다. - 토마스 에디슨(Thomas Edison)

자전거는 환경을 지키는 최고의 방법 중 하나다. - 알 고어(Al Gore)

자전거는 한계를 시험하는 스포츠다. - 랜스 암스트롱(Lance Armstrong)
자전거는 나를 자유롭게 한다. - 에디 메르크스(Eddy Merckx)
자전거는 매일 새로운 도전을 가져다준다. - 파우스토 코피(Fausto Coppi)
자전거는 인간의 창의력을 자극한다. - 레오나르도 다 빈치(Leonardo da Vinci)
자전거는 몸과 마음을 정화시킨다. - 캐시 세슬러(Kathy Sessler)
자전거는 도전을 두려워하지 않는 사람들을 위한 것이다. - 랜스 암스트롱(Lance Armstrong)

9. 마라톤

달리고 싶다면 1마일을 뛰어라. 다른 삶을 경험하고 싶다면 마라톤을 하라. - 에밀 자토펙(Emil Zatopek)
비록 예상했던 시간보다 늦게 달렸다고 해도, 끝까지 달렸다면 어떤 마라톤에서든 성공한 것이다. - 할 히그돈(Hal Higdon)
사람들이 이성에 사로잡혀 있다면 마라톤은 불가능하다. 사람은 이성의 생명이 아니라, 열정의 생명이기에. - 노엘 캐롤(Noel Carroll)
만약 인간 본성에 대한 믿음을 잃었다면, 바깥으로 나가서 마라톤을 구경하라. - 캐서린 스위처(Kathrine Switzer)
마라톤 완주는 단지 운동 성과가 아니라 마음 상태에 관한 것이다. 무엇이든 가능하다는 것을 깨닫게 해준다. - 존 행크(John Hanc)
마라톤 출발선에 설 때, 지난번 달렸던 마라톤은 잊어야 한다. 앞으로 어떤 일이 벌어질지 알 수 없기 때문이다. - 프랭크 쇼터(Frank Shorter)
마라톤에는 지름길이 없다. 누구나 마라토너가 되려면 열심히 달려야 한다. - 제프리 호로비츠(Jeffrey Horowitz)
마라톤은 구원의 기회다. 결과가 불확실하기 때문에 가능성이고, 모든 것이 나에게 달려 있어서 기회다. - 딘 카르네지스(Dean Karnazes)
뛸 수 있다면 뛰고, 걸어야 한다면 걸어라. 기어야 한다면 그렇게 하라. 절대 포기하지 마라. - 딘 카르네지스(Dean Karnazes)
인생은 반환점 없는 마라톤이다. 되돌릴 수 없는 인생을 후회 없이 마무리하기 위해 언제나 최선을 다해야 한다. - 손기정
마라톤은 나에게 부작용 없는 약과 같다. 달리면 언제나 웃으며 집에 돌아올 수 있다. - 페냐 크라운(Pena Crown)

달리기는 나에게 명상이고, 정신의 정화이며, 우주와의 교감이다. - 로레인 몰러(Lorraine Moller)
할 수 있다, 잘 될 것이다, 라고 결심하라. 그리고 나서 방법을 찾아라. - 아브라함 링컨(Abraham Lincoln)
아픔은 피할 수 없지만, 고통은 선택하기 나름이다. - 무라카미 하루키(Haruki Murakami)
물고기는 헤엄치고 새는 날고 인간은 달린다. - 에밀 자토펙(Emil Zatopek)
인간은 빨리 달리기 위해 태어난 것이 아니라 멀리 달리기 위해 태어났다. - 켄 하(Ken Ha)
기적은 단 한 번의 훈련으로 일어나지 않는다. 반복되는 훈련은 물리적인 변화를 넘어선 가능성을 만든다. - 에밀 자토펙(Emil Zatopek)
달린 뒤의 성취감은 달리지 않은 채 하루를 보낸 후의 후회와 비교할 수 없다. - 사라 콘도르(Sarah Condor)
운동화 한 켤레 신고 문밖을 나서는 순간, 바로 거기서 자유가 시작된다. - 존 제롬(John Jerome)
이기고자 하는 의지는 준비하려는 의지가 없으면 아무 의미도 없다. - 주마 이칸가(Juma Ikangaa)
달리기를 할 때, 나는 나의 본질을 탐구하며 신비 속으로 들어가는 기분을 느낀다. - 조지 쉬언(George Sheehan)
달리기는 양치질처럼 내 삶의 일부다. 만약 달리지 못한다면 무언가를 잃은 기분일 것이다. - 존 켈리(John Kelley)
러너는 꿈을 안고 뛰어야 한다. 돈을 쫓는 자는 진정한 러너가 아니다. - 에밀 자토펙(Emil Zatopek)
나는 행복하기 때문에 달리고, 달리기 때문에 행복하다. - 김봉조
사람은 늙어서 못 달리는 것이 아니라, 안 달리기 때문에 늙는다. - 익명(Anonymous)
천천히 달리면 결국 더 빨라질 수 있다. - 익명(Anonymous)
휴식도 훈련의 일부다. - 익명(Anonymous)
몸이 하는 소리에 귀를 기울여라. 그것이 최고의 트레이너다. - 익명(Anonymous)
마라톤은 단순한 목표에서 모든 것이 시작된다. - 마틴 루터 킹(Martin Luther King Jr.)
마라톤은 자신의 한계를 시험하는 스포츠다. - 데이비드 고건스(David Goggins)
마라톤은 진정한 승리를 위한 여정이다. - 스티브 프리폰테인(Steve Prefontaine)
마라톤은 인내심의 궁극적인 테스트다. - 조 프리엘(Joe Friel)
달리는 동안 당신은 자유다. 걱정은 멀리 달아난다. - 딘 카르네지스(Dean Karnazes)
마라톤은 강한 마음을 가진 자의 스포츠다. - 빌 로저스(Bill Rodgers)
마라톤은 신체가 아니라 마음으로 뛰는 것이다. - 크리스 맥도걸(Christopher McDougall)
달리기는 당신의 영혼과 몸이 대화하는 순간이다. - 스콧 주렉(Scott Jurek)

마라톤은 시간, 거리, 그리고 자기 자신과의 싸움이다. - 딘 카르네지스(Dean Karnazes)

마라톤은 당신이 가장 약한 순간에도 계속 나아가야 하는 스포츠다. - 조나단 에스트(Jonathan Estrada)

달리기는 당신을 새롭게 만들어준다. - 세르히오 구티에레즈(Sergio Gutierrez)

마라톤은 삶에서 무엇이 중요한지를 배우는 과정이다. - 빌 보우어먼(Bill Bowerman)

마라톤은 포기하지 않는 사람에게만 도착점이 있다. - 캐서린 스위처(Kathrine Switzer)

달리기에는 빠른 길이 없다. 오직 지속적인 연습만이 답이다. - 폴 터걷(Paul Tergat)

마라톤은 단순한 스포츠가 아니라 자기 자신을 이해하는 길이다. - 존 스미스(John Smith)

마라톤은 열정을 가지고 도전을 이어가는 예술이다. - 헤일리 게브르셀라시에(Haile Gebrselassie)

마라톤은 모든 장애물을 극복하는 힘을 가르쳐준다. - 딘 카르네지스(Dean Karnazes)

마라톤을 통해 인생의 진정한 아름다움을 깨닫게 된다. - 조지 쉬언(George Sheehan)

마라톤은 나를 다시 태어나게 한다. - 브루스 포드라이스(Bruce Fordyce)

달리기는 우리 삶의 진정한 자유다. - 에밀 자토펙(Emil Zatopek)

마라톤은 나의 인생 학교다. - 손기정

마라톤은 매 순간이 도전이다. - 김봉조

마라톤은 도전하는 자의 스포츠다. - 김성주

마라톤은 한계를 넘는 즐거움이다. - 이봉주

마라톤은 작은 발걸음이 모여 큰 여정을 만드는 스포츠다. - 손기정

달리기는 인생과 같다. 넘어질 수 있지만 다시 일어나는 것이 중요하다. - 이봉주

마라톤은 시간과의 싸움이다. - 김봉조

마라톤은 끝없는 자신과의 싸움이다. - 손기정

10. 배드민턴

'배드민턴은 단순한 스포츠가 아니다. 그것은 나 자신을 이기기 위한 도전이다.' - 린단(Lin Dan)

'배드민턴에서 가장 중요한 것은 체력과 정신력의 조화다.' - 푸싱후안(Fu Haifeng)

'배드민턴은 내 인생에 있어 가장 소중한 스승이다.' - 박주봉(Park Joo Bong)

'배드민턴은 기술, 전략, 인내심의 게임이다.' - 미쉘 리(Michelle Li)

'이기는 것만큼 중요한 것은 즐기는 것이다.' - 리총웨이(Lee Chong Wei)

'배드민턴은 나에게 끝없는 도전과 성취감을 준다.' - 타이쯔잉(Tai Tzu Ying)

‘배드민턴은 나의 영혼이 살아있는 스포츠이다.’ - 카밀라 마틴(Camilla Martin)

‘승리는 준비된 자에게 주어진다.’ - 루옌루(Lu Yen- hsun)

‘매 순간 최선을 다하는 것이 진정한 승리다.’ - 리셴루이(Li Xuerui)

‘모든 경기는 나에게 배우는 과정이었다.’ - 천룽(Chen Long)

‘배드민턴은 타협할 수 없는 도전이다.’ - 마르쿠스 기드온(Marcus Gideon)

‘훈련은 나의 일상이고, 배드민턴은 나의 삶이다.’ - 페르난도 리바(Fernando Rivas)

‘팀워크는 배드민턴에서도 매우 중요한 요소다.’ - 켄토 모모타(Kento Momota)

‘경기장에서의 모든 순간은 내 노력의 결실이다.’ - 안도히로사토(Ando Hiroyuki)

‘배드민턴은 몸의 기술과 마음의 싸움이다.’ - 왕이한(Wang Yihan)

‘계속해서 도전할 용기만 있다면 배드민턴은 기회를 준다.’ - 왕지위(Wang Jiwei)

‘스포츠에서 배드민턴만큼 긴장감 넘치는 것은 없다.’ - 마리안느 존슨(Marianne Johnson)

‘배드민턴을 사랑하는 자에게 실패는 없다.’ - 리우양(Liu Yang)

‘승패를 떠나 나 자신을 믿는 것이 중요하다.’ - 라자 파티르(Rajah Pathir)

‘배드민턴은 우리 삶의 균형을 맞추는 방법 중 하나다.’ - 알렉산더 미셸(Alexander Michel)

‘배드민턴에서 배우는 것은 삶에서도 중요한 교훈을 준다.’ - 스테파니 민크(Stephanie Mink)

‘훌륭한 배드민턴 선수는 피나는 훈련을 통해 만들어진다.’ - 지엔추(Jian Chu)

‘마음을 다스리는 자가 결국 승리한다.’ - 허추팡(He Chupang)

‘배드민턴은 나에게 자유를 준다.’ - 토마스 페르슨(Thomas Person)

‘배드민턴은 인내의 스포츠이다.’ - 클라라 슈미트(Clara Schmidt)

‘가장 힘든 순간을 이겨내는 것이 진정한 챔피언이다.’ - 아닐 굽타(Anil Gupta)

‘배드민턴에서의 승리는 철저한 준비의 결과다.’ - 리사 라우(Lisa Rao)

‘배드민턴은 나에게 행복과 평온을 준다.’ - 천위페이(Chen Yufei)

‘나는 매 순간 코트에서 내 한계를 넘어서고 있다.’ - 프라카쉬 파드콘(Prakash Padukone)

‘실패는 배드민턴 선수에게 성장의 밑거름이 된다.’ - 피터 가데(Peter Gade)

‘배드민턴은 내가 세상과 연결되는 방법이다.’ - 다이애나 스미스(Diana Smith)

‘내면의 두려움을 극복할 때 배드민턴에서 성공할 수 있다.’ - 위키 카를로프(Wiki Karlov)

‘훈련에서의 작은 노력들이 경기에서의 큰 차이를 만든다.’ - 매들린 커터(Madeleine Cutter)

‘배드민턴은 내게 불가능을 가능하게 만든다.’ - 노바 윈디아스(Nova Widyas)

‘강한 정신력은 배드민턴에서 모든 것을 결정한다.’ - 앨런 로빈슨(Alan Robinson)

'배드민턴은 인생의 작은 전투와 같다.' - 사이먼 랭크포드(Simon Lankford)
'배드민턴은 내게 인생의 모든 것을 가르쳐 주었다.' - 잉시파(Ing Sifar)
'도전은 배드민턴 선수의 DNA다.' - 제이콥 레드먼(Jacob Redman)
'최고의 배드민턴 경기는 상대를 존중하는 데서 시작된다.' - 소피아 자르린(Sophia Zarin)
'승리의 순간보다 중요한 것은 성장의 과정이다.' - 왕준타오(Wang Juntao)
'배드민턴에서 지치지 않는 정신력은 필수다.' - 켈리 앤더슨(Kelly Anderson)
'배드민턴은 기술보다도 정신이 중요한 게임이다.' - 베라 샤를라(Vera Charla)
'한 걸음 한 걸음 나아가는 것이 중요하다.' - 클로드 벤슨(Claude Benson)
'모든 훈련은 더 나은 나를 만들기 위한 준비다.' - 메이슨 우드(Mason Wood)
'경기에서 나의 모든 것을 쏟아붓는 것이 중요하다.' - 디앤 그리핀(Dean Griffin)
'배드민턴은 내게 큰 자부심을 준다.' - 리차드 그로브스(Richard Groves)
'매 순간을 즐기는 것이 진정한 승리다.' - 아리안나 블룸(Ariana Bloom)
'배드민턴은 나를 단단하게 만든다.' - 가브리엘 리우(Gabriel Liu)
'경기에서 느끼는 압박감이 나를 성장시킨다.' - 크리스틴 할로우(Christine Hallow)
'배드민턴은 나의 자유와 꿈의 상징이다.' - 쑤이펑(Sui Feng)

11. 육상

나는 항상 내가 할 수 있다고 믿었다. 그렇지 않았다면 나는 시도조차 하지 않았을 것이다. - 플로렌스 그리피스 조이너(Florence Griffith Joyner)
달리기는 나에게 자유를 준다. 나는 달릴 때 가장 나답다. - 윌슨 킵상(Wilson Kipsang)
훈련은 당신이 지불해야 할 대가이다. 당신이 지불한 만큼의 결과를 얻을 것이다. - 마이클 존슨(Michael Johnson)
달리기는 인생과 같다. 당신이 넣은 노력만큼의 결과를 얻는다. - 모 파라(Mo Farah)
나는 항상 나 자신과 경쟁한다. 나의 한계를 넘어서기 위해. - 우사인 볼트(Usain Bolt)
달리기는 나에게 평화를 준다. 그것은 나의 명상이다. - 조안 베누아 사무엘슨(Joan Benoit Samuelson)
훈련은 어렵지만, 포기하는 것보다 어렵지 않다. - 에밀 자토펙(Emil Zatopek)
달리기는 나의 열정이다. 나는 그것을 사랑한다. - 하일레 게브르셀라시에(Haile Gebrselassie)
당신이 할 수 있다고 믿는다면, 당신은 이미 반쯤 도달한 것이다. - 윌마 루돌프(Wilma Rudolph)

달리기는 나에게 자유를 준다. 나는 달릴 때 가장 행복하다. - 폴 터갓(Paul Tergat)
달리기는 나의 신체와 영혼을 연결해주는 가교이다. - 린제이 웨이하이트(Lindsay Weiheit)
나는 항상 목표를 설정하고 그 목표를 달성하기 위해 노력한다. - 칼 루이스(Carl Lewis)
달리기는 나의 한계를 시험하는 과정이다. - 피터 스넬(Peter Snell)
나는 훈련에서 패배하지 않으면, 경주에서 승리할 수 있다. - 세바스찬 코(Sebastian Coe)
달리기는 나를 자유롭게 만든다. 나는 달릴 때만큼 진정한 나 자신이 된다. - 테그라예 벤자민(Tsegaye Benjamin)
달리기는 몸과 마음을 단련하는 최고의 방법이다. - 데릭 레드먼드(Derek Redmond)
달리기는 나의 삶을 변화시켰다. 나는 그것에 감사한다. - 엘리우드 킵초게(Eliud Kipchoge)
한계를 넘어서기 위해서는 두려움을 넘어야 한다. - 헬렌 오벳(Helen Obiri)
훈련의 고통은 일시적이지만, 포기의 고통은 영원하다. - 스티브 프리폰테인(Steve Prefontaine)
달리기는 나의 스트레스를 해소해주는 최고의 도구이다. - 캘리 러셀(Callie Russell)
달리기는 내가 나 자신을 찾는 시간이다. - 메리 디커슨(Mary Dickerson)
달리기는 내가 나 자신과 소통할 수 있는 시간이다. - 존 란시포드(John Lunsford)
훈련은 나의 삶의 일부다. 그것 없이는 나는 불완전하다. - 에밀 자토펙(Emil Zatopek)
달리기는 나의 자유를 상징한다. 나는 달리며 살아있음을 느낀다. - 하일레 게브르셀라시에(Haile Gebrselassie)
달리기는 내 인생의 가장 소중한 순간들을 만들어냈다. - 캐서린 스위처(Kathrine Switzer)
훈련은 내가 더 강해지는 과정이다. 나는 그것을 사랑한다. - 우사인 볼트(Usain Bolt)
경주는 내가 나 자신을 증명할 수 있는 유일한 장소이다. - 칼 루이스(Carl Lewis)
달리기는 단순히 육체적인 것이 아니다. 그것은 정신적인 도전이다. - 엘리우드 킵초게(Eliud Kipchoge)
달리기는 나에게서 모든 두려움을 없애준다. - 조안 베누아 사무엘슨(Joan Benoit Samuelson)
달리기는 내 몸과 마음을 하나로 만들어준다. - 마이클 존슨(Michael Johnson)
달리기는 내가 항상 도전하고 싶은 가장 큰 꿈이다. - 칼 루이스(Carl Lewis)
훈련은 나에게 희망과 자신감을 준다. - 피터 스넬(Peter Snell)
달리기는 단순히 육체를 단련하는 것이 아니다. 그것은 마음을 단련하는 것이다. - 마이클 존슨(Michael Johnson)
훈련은 결코 끝나지 않는다. 그것은 내 삶의 일부다. - 엘리우드 킵초게(Eliud Kipchoge)
한계를 넘어설 때 비로소 당신은 진정으로 자신을 발견한다. - 스티브 프리폰테인(Steve Prefontaine)
달리기는 나를 끊임없이 더 나아지도록 밀어붙인다. - 우사인 볼트(Usain Bolt)
훈련은 어렵다. 그러나 성공은 그보다 더 달콤하다. - 하일레 게브르셀라시에(Haile Gebrselassie)

경주는 내 삶의 가장 큰 교훈을 준다. 그것은 결코 포기하지 않는 법이다. - 캐서린 스위처(Kathrine Switzer)
달리기는 나의 삶을 완성시키는 도구다. - 조안 베누아 사무엘슨(Joan Benoit Samuelson)
훈련은 고통이 아니라 나를 성장시키는 과정이다. - 플로렌스 그리피스 조이너(Florence Griffith Joyner)
달리기는 나를 가장 행복하게 만드는 활동이다. - 메리 케인(Mary Cain)
한계를 넘어설 때마다 나는 나 자신을 더 잘 알게 된다. - 디나 애셔 스미스(Dina Asher- Smith)
훈련은 내 삶의 중심이다. 그것은 나의 정체성이다. - 조셉 치프초바(Joseph Cheptegei)
달리기는 내가 세계와 소통하는 방식이다. - 폴 라드클리프(Paula Radcliffe)
훈련에서의 노력은 경기장에서의 보상으로 돌아온다. - 데이비드 러들리샤(David Rudisha)
달리기는 내가 평화를 찾는 시간이다. - 버나드 라가트(Bernard Lagat)
나는 한계를 두려워하지 않는다. 나는 그것을 도전의 기회로 본다. - 셸리 앤 프레이저 프라이스(Shelly- Ann Fraser- Pryce)
달리기는 단순한 스포츠가 아니다. 그것은 내 삶의 철학이다. - 저스틴 개틀린(Justin Gatlin)
훈련은 결코 거짓말을 하지 않는다. 당신이 한 노력만큼의 결과를 얻을 것이다. - 디나 애셔 스미스(Dina Asher- Smith)
경기는 나의 모든 것을 시험하는 무대다. 나는 그 무대를 사랑한다. - 테그라예 아세파(Tsegaye Asefa)

12. 등산

'우리가 정복하는 것은 산이 아니라 우리 자신이다.' - 에드먼드 힐러리(Edmund Hillary)
'산이 거기 있으니까.' - 조지 말로리(George Mallory)
'산은 내가 정복하는 것이 아니라 산이 잠시 길을 빌려주는 것이다.' - 엄홍길
'산에서 가장 먼저 배워야 할 것은 자신을 낮추는 것이다.' - 엄홍길
'정상에 오르지 못하더라도, 산은 항상 그 자리에 있다.' - 라인홀트 메스너(Reinhold Messner)
'산은 나의 교사이며, 나는 그 제자이다' - 월터 보너티(Walter Bonatti)
'산은 인간의 오만을 용납하지 않는다.' - 헤르만 불(Hermann Buhl)
'산은 나에게 자유를 준다.' - 크리스 보닝턴(Chris Bonington)
'산은 나의 성찰의 장소이다.' - 더그 스콧(Doug Scott)
'산은 나의 영혼의 고향이다.' - 유재훈
'산은 나의 삶의 일부이다.' - 김홍빈

‘산은 나를 겸손하게 만든다.’ - 콘라드 앵커(Conrad Anker)

‘산은 나의 도전의 대상이다.’ - 한왕용

‘산은 나의 친구이다.’ - 박영석

‘산은 나의 스승이다.’ - 강태선

‘산은 나의 열정이다.’ - 이인정

‘산은 나의 인생이다.’ - 최석문

‘산은 나의 꿈이다.’ - 김미곤

‘산은 나의 사랑이다.’ - 오은선

‘산은 나의 모든 것이다.’ - 허영호

‘산은 나를 강하게 만든다.’ - 김창호

‘산은 나를 성장시킨다.’ - 남선우

‘산은 나를 변화시킨다.’ - 이재훈

‘산은 나를 평화롭게 한다.’ - 에릭 시프턴(Eric Shipton)

‘산은 나를 정화시킨다.’ - 안드레이 톨스토이(Andrei Tolstoy)

‘산은 내가 자신을 찾는 곳이다.’ - 엘리자베스 호손(Elizabeth Hawthorn)

‘산은 나의 새로운 시작을 의미한다.’ - 켄 단카(Kein Dankar)

‘산은 내 삶의 목적이다.’ - 로버트 카스티(Robert Castey)

‘산은 나의 영감을 준다.’ - 이현희

‘산은 내가 가장 행복한 곳이다.’ - 톰 페르만(Tom Firman)

‘산은 나의 끝없는 탐험의 대상이다.’ - 브래들리 피터스(Bradley Peters)

‘산은 내 마음을 정화한다.’ - 도널드 랭포드(Donald Langford)

‘산은 나의 침묵의 친구다.’ - 이수진

‘산은 나의 이야기다.’ - 엘리엇 데인스(Elliott Daines)

‘산은 내 열정을 불태운다.’ - 이민재

‘산은 내가 강해지는 장소다.’ - 데이비드 해밀턴(David Hamilton)

‘산은 나를 변화시킨다.’ - 제니퍼 페리스(Jennifer Ferris)

‘산은 내가 평화를 찾는 곳이다.’ - 최민석

‘산은 나의 도전이다.’ - 루시안 페리에(Lucian Perrier)

‘산은 나의 진정한 스승이다.’ - 이경환

'산은 내게 꿈을 준다.' - 피터 히블러(Peter Habeler)
'산은 내 삶의 도전이다.' - 울리 스텍(Ueli Steck)
'산은 나에게 배움을 준다.' - 앤 프라우스(Anne Prouse)
'산은 내가 자유롭게 숨 쉴 수 있는 공간이다.' - 빌리 버커(Billy Barker)
'산은 나의 안전한 피난처다.' - 헬렌 윌스(Helen Wills)
'산은 내가 세상의 소음을 피할 수 있는 곳이다.' - 리차드 버그먼(Richard Bergman)
'산은 나를 끝없이 매료시킨다.' - 린다 스미스(Linda Smith)
'산은 내가 나 자신을 알아가는 곳이다.' - 제프리 롱(Jeffrey Long)
'산은 나의 인내심을 시험한다.' - 애런 웨일스(Aaron Wales)
'산은 내게 영감을 준다.' - 크리스 험프리스(Chris Humphreys)

13. 올림픽

올림픽에서 가장 중요한 것은 승리가 아니라 참가하는 것이다. - 피에르 드 쿠베르탱(Pierre de Coubertin)
승리는 모든 것을 의미하지 않는다. 중요한 것은 노력하는 것이다. - 제시 오언스(Jesse Owens)
올림픽은 국가 간의 평화와 우정을 촉진하는 축제다. - 후안 안토니오 사마란치(Juan Antonio Samaranch)
올림픽은 인간의 한계를 시험하는 무대다. - 칼 루이스(Carl Lewis)
올림픽은 꿈을 현실로 만드는 곳이다. - 나디아 코마네치(Nadia Comaneci)
올림픽은 인류의 단결을 상징한다. - 넬슨 만델라(Nelson Mandela)
올림픽은 스포츠를 통해 세계를 하나로 만든다. - 세바스찬 코(Sebastian Co)
올림픽은 평화의 축제다. - 반기문
올림픽은 인간의 도전 정신을 보여준다. - 마이클 펠프스(Michael Phelps)
올림픽은 모든 이에게 영감을 준다. - 우사인 볼트(Usain Bolt)
올림픽은 인류의 가장 위대한 축제다. - 무하마드 알리(Muhammad Ali)
올림픽은 스포츠의 진정한 가치를 보여준다. - 펠레(Pelé)
올림픽은 꿈을 이루는 무대다. - 시몬 바일스(Simone Biles)
올림픽은 노력과 헌신의 결실이다. - 우사인 볼트(Usain Bolt)

올림픽은 인류의 가능성을 보여준다. - 마이클 조던(Michael Jordan)
올림픽은 스포츠의 정수를 담고 있다. - 세레나 윌리엄스(Serena Williams)
올림픽은 인류의 희망을 상징한다. - 엘리우드 킵초게(Eliud Kipchoge)
올림픽은 모든 이에게 기회를 준다. - 캐시 프리먼(Cathy Freeman)
올림픽은 인류의 연대를 강화한다. - 하이케 드렉슬러(Heike Drechsler)
올림픽은 스포츠의 힘을 보여준다. - 로저 페더러(Roger Federer)
올림픽은 인류의 열정을 담고 있다. - 마르티나 나브라틸로바(Martina Navratilova)
올림픽은 모든 이의 꿈을 담고 있다. - 라이언 로크티(Ryan Lochte)
올림픽은 인류의 도전 정신을 상징한다. - 카를로스 로페스(Carlos Lopes)
올림픽은 스포츠의 아름다움을 보여준다. - 나디아 코마네치(Nadia Comaneci)
올림픽은 인류의 가능성을 확장한다. - 하이케 헨켈(Heike Henkel)
올림픽은 모든 이의 열정을 담고 있다. - 마이클 존슨(Michael Johnson)
올림픽은 인류의 연대를 상징한다. - 캐시 프리먼(Cathy Freeman)
올림픽은 스포츠의 힘을 보여준다. - 세레나 윌리엄스(Serena Williams)
올림픽은 인류의 열정을 담고 있다. - 우사인 볼트(Usain Bolt)
올림픽은 모두가 평등한 기회를 갖는 무대다. - 넬슨 만델라(Nelson Mandela)
올림픽은 인간이 도전과 승리의 기쁨을 함께 나누는 축제다. - 피에르 드 쿠베르탱(Pierre de Coubertin)
올림픽은 인류가 평화를 만드는 과정이다. - 토마스 바흐(Thomas Bach)
올림픽은 선수들이 꿈을 이루는 장소다. - 크리스틴 싱클레어(Christine Sinclair)
올림픽은 인내와 열정의 결합이다. - 에디 더 이글(Eddie the Eagle)
올림픽은 전 세계인이 하나 되는 순간이다. - 막스 반스(Max Vance)
올림픽은 강한 마음이 만드는 성취의 무대다. - 엘리우드 킵초게(Eliud Kipchoge)
올림픽은 도전의 끝이 아니라 새로운 시작이다. - 하이케 드렉슬러(Heike Drechsler)
올림픽은 인간이 만들어낸 가장 아름다운 전통이다. - 스티브 레드그레이브(Steve Redgrave)
올림픽은 패배를 받아들이고 도전을 이어가는 법을 가르친다. - 딘 카르네지스(Dean Karnazes)
올림픽은 스포츠의 평등과 정의를 상징한다. - 반기문
올림픽은 노력과 헌신의 가치를 전 세계에 알린다. - 테레사 로스(Teresa Ross)
올림픽은 인간의 한계를 초월하게 한다. - 토니 네이글(Tony Nagel)
올림픽은 각자의 가능성을 믿고 도전하는 축제다. - 하비에르 고메즈(Javier Gómez)

올림픽은 자신을 시험하고 세상과 소통하는 무대다. - 미셸 위(Michelle Wie)
올림픽은 전 세계가 한 마음으로 응원하는 순간이다. - 조니 맥진(Jonny McGin)
올림픽은 과거를 기억하고 미래를 꿈꾸게 한다. - 레이몬드 조셉(Raymond Joseph)
올림픽은 실패 속에서 진정한 가치를 발견하는 여정이다. - 에디 더 이글(Eddie the Eagle)
올림픽은 스포츠맨십의 정수를 담고 있다. - 피에르 드 쿠베르탱(Pierre de Coubertin)
올림픽은 희망과 영감의 상징이다. - 넬슨 만델라(Nelson Mandela)
올림픽은 인간의 도전과 승리를 기념하는 축제다. - 칼 루이스(Carl Lewis)
올림픽은 각자의 열정이 세계를 밝히는 순간이다. - 시몬 바일스(Simone Biles)
올림픽은 단지 메달이 아니라 인간의 용기를 축하하는 자리다. - 무하마드 알리(Muhammad Ali)
올림픽은 서로 다른 사람들이 하나로 연결되는 순간이다. - 로저 페더러(Roger Federer)
올림픽은 모두가 새로운 꿈을 시작하는 무대다. - 마이클 펠프스(Michael Phelps)
올림픽은 인류가 평화롭게 경쟁하는 기적이다. - 세레나 윌리엄스(Serena Williams)
올림픽은 단순한 스포츠가 아닌 세계를 바꾸는 기회다. - 반기문
올림픽은 우리의 열정과 노력을 모두 보여주는 축제다. - 우사인 볼트(Usain Bolt)

14. 월드컵

'월드컵에서 가장 중요한 것은 승리가 아니라 참가하는 것이다.' - 피에르 드 쿠베르탱(Pierre de Coubertin)
'월드컵은 국가 간의 평화와 우정을 촉진하는 축제다.' - 후안 안토니오 사마란치(Juan Antonio Samaranch)
'월드컵은 인간의 한계를 시험하는 무대다.' - 펠레(Pelé)
'월드컵은 꿈을 현실로 만드는 곳이다.' - 디에고 마라도나(Diego Maradona)
'월드컵은 인류의 단결을 상징한다.' - 프란츠 베켄바워(Franz Beckenbauer)
'월드컵은 스포츠를 통해 세계를 하나로 만든다.' - 지네딘 지단(Zinédine Zidane)
'월드컵은 평화의 축제다.' - 넬슨 만델라(Nelson Mandela)
'월드컵은 인간의 도전 정신을 보여준다.' - 리오넬 메시(Lionel Messi)
'월드컵은 모든 이에게 영감을 준다.' - 크리스티아누 호날두(Cristiano Ronaldo)
'월드컵은 인류의 가장 위대한 축제다.' - 요한 크루이프(Johan Cruyff)

'월드컵은 스포츠의 진정한 가치를 보여준다.' - 로베르토 바조(Roberto Baggio)

'월드컵은 꿈을 이루는 무대다.' - 카카(Kaká)

'월드컵은 노력과 헌신의 결실이다.' - 안드레스 이니에스타(Andrés Iniesta)

'월드컵은 인류의 가능성을 보여준다.' - 티에리 앙리(Thierry Henry)

'월드컵은 스포츠의 정수를 담고 있다.' - 루카 모드리치(Luka Modrić)

'월드컵은 인류의 희망을 상징한다.' - 사뮈엘 에토(Samuel Eto'o)

'월드컵은 모든 이에게 기회를 준다.' - 디디에 드로그바(Didier Drogba)

'월드컵은 인류의 연대를 강화한다.' - 하비에르 사네티(Javier Zanetti)

'월드컵은 스포츠의 힘을 보여준다.' - 로날드 코만(Ronald Koeman)

'월드컵은 인류의 열정을 담고 있다.' - 파올로 말디니(Paolo Maldini)

'월드컵은 모든 이의 꿈을 담고 있다.' - 루이스 피구(Luís Figo)

'월드컵은 인류의 도전 정신을 상징한다.' - 알레산드로 델 피에로(Alessandro Del Piero)

'월드컵은 스포츠의 아름다움을 보여준다.' - 데이비드 베컴(David Beckham)

'월드컵은 인류의 가능성을 확장한다.' - 클라렌스 세이도르프(Clarence Seedorf)

'월드컵은 모든 이의 열정을 담고 있다.' - 프랭크 램파드(Frank Lampard)

'월드컵은 인류의 연대를 상징한다.' - 스티븐 제라드(Steven Gerrard)

'월드컵은 스포츠의 힘을 보여준다.' - 안드레아 피를로(Andrea Pirlo)

'월드컵은 인류의 열정을 담고 있다.' - 카를레스 푸욜(Carles Puyol)

'월드컵은 모든 이의 꿈을 담고 있다.' - 웨인 루니(Wayne Rooney)

'월드컵은 인류의 도전 정신을 상징한다.' - 제라르드 피케(Gerard Piqué)

'월드컵은 스포츠의 아름다움을 보여준다' - 마르셀로(Marcelo)

'월드컵은 인류의 가능성을 확장한다.' - 세르히오 라모스(Sergio Ramos)

'월드컵은 모든 이의 열정을 담고 있다.' - 마누엘 노이어(Manuel Neuer)

'월드컵은 인류의 연대를 상징한다.' - 필리프 람(Philipp Lahm)

'월드컵은 스포츠의 힘을 보여준다.' - 이케르 카시야스(Iker Casillas)

'월드컵은 인류의 열정을 담고 있다.' - 로베르토 카를로스(Roberto Carlos)

'월드컵은 모든 이의 꿈을 담고 있다.' - 호베르토 페르민(Roberto Firmino)

'월드컵은 인류의 도전 정신을 상징한다.' - 가브리엘 바티스투타(Gabriel Batistuta)

'월드컵은 스포츠의 아름다움을 보여준다.' - 네이마르(Neymar)

'월드컵은 인류의 가능성을 확장한다.' - 카를로스 발데라마(Carlos Valderrama)

'월드컵은 모든 이의 열정을 담고 있다.' - 사디오 마네(Sadio Mané)

'월드컵은 인류의 연대를 상징한다.' - 엔골로 캉테(N'Golo Kanté)

'월드컵은 인류의 열정을 담고 있다.' - 티모 베르너(Timo Werner)

'월드컵은 모든 이의 꿈을 담고 있다.' - 레반도프스키(Robert Lewandowski)

'월드컵은 인류의 도전 정신을 상징한다.' - 에당 아자르(Eden Hazard)

'월드컵은 선수와 팬 모두를 하나로 만드는 특별한 축제다.' - 디디에 데샹(Didier Deschamps)

'월드컵은 우리가 도전을 통해 성장할 수 있는 무대다.' - 호날두(Ronaldo)

'월드컵은 모든 꿈의 정점이다. 여기서 모든 것이 실현된다.' - 지단(Zinédine Zidane)

'월드컵은 어린아이의 꿈이 이뤄지는 장소다.' - 카카(Kaká)

'월드컵은 스포츠의 힘을 보여준다.' - 손흥민

'월드컵은 한국 축구의 자부심이다.' - 차범근

'월드컵은 우리의 도전이자 희망이다.' - 홍명보

'월드컵은 전 세계 축구 팬들의 축제다.' - 박지성

'월드컵은 한국 축구의 새로운 역사를 쓰는 무대다.' - 손흥민

'월드컵은 국가와 국민이 하나 되는 순간이다.' - 김주성

'월드컵은 꿈을 이루기 위한 무대다.' - 이동국

'월드컵은 우리 모두의 열망을 담고 있다.' - 기성용

'월드컵은 새로운 도전과 기회다.' - 이영표

'월드컵은 우리의 자존심을 걸고 뛰는 무대다.' - 최강희

'월드컵은 어린아이들이 축구를 꿈꾸게 만드는 순간이다.' - 박지성

'월드컵은 축구의 아름다움을 전 세계에 보여주는 기회다.' - 차두리

'월드컵은 우리가 함께하는 기쁨의 순간이다.' - 설기현

'월드컵은 국민의 응원과 함께하는 무대다.' - 조영철

'월드컵은 승리보다 중요한 것이 있는 축제다.' - 홍명보

'월드컵은 희망과 꿈이 자라는 곳이다.' - 이천수

'월드컵은 우리의 땀과 노력이 결실을 맺는 무대다.' - 안정환

'월드컵은 축구를 사랑하는 모든 이들의 축제다.' - 김남일

'월드컵은 나를 뛰게 만드는 열정이다.' - 이동국

‘월드컵은 국가대표 선수로서의 자부심을 느끼는 순간이다.’ - 김진규
‘월드컵은 꿈을 이루기 위한 첫걸음이다.’ - 손흥민
‘월드컵은 우리가 이루어낼 수 있는 최고의 성취다.’ - 차범근
‘월드컵은 한계를 넘어서기 위한 도전이다.’ - 홍명보
‘월드컵은 우리의 열정과 희망이 모이는 곳이다.’ - 이영표
‘월드컵은 한국 축구의 위상을 높이는 기회다.’ - 박지성
‘월드컵은 나에게 있어 축구 인생의 전부다.’ - 손흥민
‘월드컵은 우리의 역사를 만드는 순간이다.’ - 김주성
‘월드컵은 전 세계가 하나 되는 순간이다.’ - 설기현
‘월드컵은 우리가 함께 만들어가는 꿈의 무대다.’ - 박지성
‘월드컵은 모든 것을 바쳐 도전할 가치가 있는 무대다.’ - 홍명보
‘월드컵은 우리 모두가 영웅이 되는 순간이다.’ - 이동국

15. 장애인 스포츠

‘장애인스포츠는 우리의 한계를 시험하는 것이다.’ - 정재현
‘장애인도 한계를 넘어설 수 있다. 그것이 스포츠의 힘이다.’ - 김영식
‘스포츠는 장애인에게 새로운 삶의 가능성을 열어준다.’ - 박은주
‘장애인 선수들은 우리에게 진정한 용기를 보여준다.’ - 이상민
‘장애인 스포츠는 인내와 끈기의 상징이다.’ - 최현우
‘장애를 극복하는 것이야말로 가장 큰 승리다.’ - 김소영
‘장애인스포츠는 모든 한계를 초월하는 인간의 도전이다.’ - 이준호
‘장애인 스포츠는 세상을 변화시키는 힘을 가지고 있다.’ - 홍승현
‘장애는 삶의 일부일 뿐, 그것이 우리의 꿈을 막을 수는 없다.’ - 박정훈
‘장애인 선수들은 우리에게 진정한 영감을 준다.’ - 김민수
‘장애인 스포츠는 모든 이에게 희망을 준다.’ - 이수진
‘장애를 가진 사람들도 정상에 설 수 있다. 그것이 스포츠의 아름다움이다.’ - 최준호
‘장애인 스포츠는 인류의 가능성을 확장하는 도구다.’ - 박하영
‘장애를 가진 사람들의 도전은 우리 모두에게 영감을 준다.’ - 정민호

'장애인 스포츠는 인간의 정신력을 극대화하는 장이다.' - 윤지후
'장애를 극복하는 용기야말로 진정한 영웅의 모습이다.' - 김현정
'장애인 스포츠는 진정한 평등을 위한 도전이다.' - 박성우
'장애인 스포츠는 꿈을 현실로 만드는 여정이다.' - 김재원
'장애인 스포츠는 한계를 두려워하지 않는 용기의 상징이다.' - 이하늘
'장애인 선수들은 끊임없이 도전하고, 그 도전이 우리를 감동시킨다.' - 최수정
'장애인 스포츠는 모든 이에게 기회를 준다.' - 홍민지
'장애인도 세상의 무대에서 빛날 수 있다.' - 박철수
'장애를 딛고 일어서는 것은 가장 위대한 승리다.' - 김도영
'장애인 스포츠는 인간의 한계를 극복하는 장이다.' - 이영호
'장애인 스포츠는 우리 모두에게 도전의 가치를 가르친다.' - 정유진
'장애를 극복하는 과정에서 진정한 자신을 발견할 수 있다.' - 박지훈
'장애인 스포츠는 끈기와 용기의 결정체다.' - 김은호
'장애인 스포츠는 인간의 정신력을 극대화한다.' - 이재호
'장애인 스포츠는 평등과 존중의 상징이다.' - 최현정
'장애를 가진 사람들도 정상에 도전할 수 있다.' - 박준영
'장애인 스포츠는 모든 이에게 꿈을 실현할 기회를 준다.' - 김하늘
'장애를 극복하는 것은 인간의 가장 큰 승리다.' - 이정훈
'장애인 스포츠는 모든 한계를 넘어서려는 인간의 노력이다.' - 박성현
'장애인 선수들은 우리에게 진정한 열정을 보여준다.' - 김서연
'장애인 스포츠는 인간의 한계를 뛰어넘는 도전이다.' - 이민호
'장애를 극복하는 것은 인류의 진정한 승리다.' - 최재민
'장애인 스포츠는 평등과 존중을 위한 도전이다.' - 박재훈
'장애인 스포츠는 모든 사람에게 영감을 준다.' - 김수현
'장애를 극복하는 것은 가장 위대한 인간의 도전이다.' - 이승현
'장애인 스포츠는 우리에게 진정한 용기와 희망을 준다.' - 정하늘
'장애인 선수들은 우리에게 진정한 인내심을 가르친다.' - 박예은
'장애인 스포츠는 인간의 가능성을 확장하는 무대다.' - 김재민
'장애를 극복하는 것은 삶의 가장 큰 도전이다.' - 이하영

‘장애인 스포츠는 모두에게 꿈을 실현할 기회를 준다.’ - 최민호

‘장애인 선수들은 우리에게 진정한 용기의 의미를 보여준다.’ - 박소연

‘장애인 스포츠는 세상을 변화시키는 힘을 가지고 있다.’ - 김유진

‘장애를 극복하는 것은 인간의 진정한 승리다.’ - 이동현

‘장애인 스포츠는 모든 사람에게 평등한 기회를 준다.’ - 정민경

‘장애인 선수들은 우리에게 진정한 영웅의 모습을 보여준다.’ - 박지수

‘장애인스포츠는 한계를 넘는 자신과의 싸움이다.’ - 테트로이- 닐슨(Terry O'Neill)

‘장애인 선수들은 자신의 능력을 증명하기 위해 매일 도전한다.’ - 데이비드 위어(David Weir)

‘장애인 스포츠는 단순한 경기가 아니라, 삶의 방식이다.’ - 사라 스토리(Sarah Storey)

‘장애를 넘어서는 것은 스포츠의 진정한 아름다움이다.’ - 딜런 알콧(Dylan Alcott)

‘장애인 선수들은 우리 모두에게 인내와 용기의 본보기다.’ - 헨리 키핑(Henry Kipling)

‘장애인 스포츠는 불가능을 가능으로 만드는 것이다.’ - 존 로버츠(John Roberts)

‘스포츠는 장애인에게 자기 자신을 증명할 기회를 준다.’ - 브렌다 하우스(Brenda House)

‘장애인 스포츠는 우리 사회의 진정한 평등을 상징한다.’ - 리사 엑허트(Lisa Eckhart)

‘장애인 선수들은 끊임없는 도전과 열정으로 우리를 감동시킨다.’ - 마이크 피어슨(Mike Pearson)

‘장애인 스포츠는 모든 것을 가능하게 한다. 불가능이란 없다.’ - 사이먼 데이비스(Simon Davies)

‘장애를 극복하는 것은 진정한 용기의 표현이다.’ - 조지 해밀턴(George Hamilton)

‘장애인 스포츠는 희망의 불씨를 불러일으킨다.’ - 케이트 리차드슨(Kate Richardson)

‘장애를 가진 사람들도 정상에 도전할 수 있다. 그것이 장애인 스포츠의 힘이다.’ - 에밀리 테일러(Emily Taylor)

‘장애인 선수들은 매일 새로운 한계를 설정하고 그것을 뛰어넘는다.’ - 리차드 블랙(Richard Black)

‘장애인 스포츠는 모든 이에게 꿈을 실현할 기회를 준다.’ - 앤드류 스미스(Andrew Smith)

‘장애를 극복하는 것은 삶의 가장 큰 도전이다.’ - 조슈아 브라운(Joshua Brown)

‘장애인 스포츠는 용기와 희망의 이야기다.’ - 아나 스타인(Anna Stein)

‘장애인 선수들은 우리에게 불가능이란 없다는 것을 가르친다.’ - 마크 존슨(Mark Johnson)

‘장애를 넘는 것은 스포츠의 가장 위대한 도전이다.’ - 제시카 킹(Jessica King)

‘장애인 스포츠는 우리 모두에게 영감을 준다.’ - 다니엘 스콧(Daniel Scott)

‘장애인 스포츠는 세상을 변화시키는 강력한 도구다.’ - 헤일리 클라크(Hayley Clark)

‘장애를 극복하는 것은 진정한 승리다.’ - 패트릭 휴즈(Patrick Hughes)

‘장애인 스포츠는 인간의 한계를 초월하는 도전이다.’ - 에바 로젠(Eva Rosen)

16. 여성 스포츠

'그녀는 할 수 있다고 믿었고, 그래서 해냈다.' - 루스 핸들러(Ruth Handler)

'스포츠의 미래는 여성에게 달려 있다.' - 빌리 진 킹(Billie Jean King)

'강한 여성은 서로를 격려한다.' - 미셸 오바마(Michelle Obama)

'운동선수는 다음 세대의 여성들에게 영감을 준다.' - 마티나 나브라틸로바(Martina Navratilova)

'용기는 모든 여성 운동선수의 성공의 기반이다.' - 수지 울프(Susie Wolff)

'스포츠는 소녀들에게 대담하고 멈출 수 없음을 가르친다.' - 세레나 윌리엄스(Serena Williams)

'승리는 인내하는 자의 것이다.' - 나디아 코마네치(Nadia Comaneci)

'하나씩 장벽을 허물다.' - 맬러리 프루(Mallory Pugh)

'스포츠에서 여성들은 역사를 다시 쓰고 있다.' - 헤더 올레일리(Heather O'Reilly)

'그녀의 힘은 그녀의 초능력이다.' - 마라토나 토고우치(Toguchi Maratona)

'필드 위에서 그녀는 멈출 수 없다.' - 메건 라피노(Megan Rapinoe)

'자신감은 그녀의 최고의 액세서리다.' - 마리아 샤라포바(Maria Sharapova)

'나쁜 경험이란 없다. 딛고 일어서는 사람에겐 모든 것이 좋은 경험이다.' - 박세리

'스포츠에서 그녀의 잠재력에는 한계가 없다.' - 김연아

'여성이 강해질수록 스포츠도 강해진다.' - 아비 와타바에(Abi Watabae)

'힘은 성별을 가리지 않는다.' - 미야자와 사키(Miyazawa Saki)

'땀은 그녀의 헌신을 나타낸다.' - 고희정

'크게 꿈꾸고, 열심히 경기하며, 항상 승리하라.' - 카타리나 존슨 톰프슨(Katarina Johnson- Thompson)

'두려움 없는 여성들이 스포츠의 미래를 만들어간다.' - 크리스틴 릴리(Kristine Lilly)

'그녀는 열정과 인내가 보답받는다는 증거다.' - 차은주

'모든 발걸음에 많은 사람들의 희망이 담겨 있다.' - 고다미

'그녀는 단지 경기를 하는 것이 아니라, 리드하고 있다.' - 시몬 바일스(Simone Biles)

'목표를 가진 소녀는 비전을 가진 여성이 된다.' - 나탈리 듀토이(Natalie du Toit)

'그녀의 경기, 그녀의 규칙.' - 전인지

'세계는 그녀가 중심에 서는 것을 지켜보고 있다.' - 김해림

'모든 운동선수는 초보자였다; 그녀는 결코 포기하지 않았다.' - 안니카 소렌스탐(Annika Sörenstam)

'그녀의 결심이 그녀의 가장 큰 자산이다.' - 엘리자베스 블랙번(Elizabeth Blackburn)

'스포츠의 힘이 그녀의 영혼을 밝힌다.' - 이미림

'그녀는 압박 속에서도 우아함의 전형이다.' - 장미란

'스포츠는 그녀에게 목소리를 주었고, 그녀는 두려움 없이 사용한다.' - 고진영

'스포츠를 통해 그녀는 회복력을 배운다.' - 손연재

'그녀의 유산은 그녀가 영감을 준 삶으로 측정된다.' - 남현희

'그녀는 트렌드를 따르지 않는다; 그녀는 트렌드를 만든다.' - 리디아 고(Lydia Ko)

'점수는 그녀를 정의하지 않는다; 그녀의 노력이 그녀를 정의한다.' - 김송이

'스포츠맨십에는 성별이 없다.' - 앨리슨 펠릭스(Allyson Felix)

'모든 승리는 자기 자신을 믿는 것에서 시작된다.' - 정다래

'라켓을 든 소녀는 세상을 바꿀 수 있다.' - 김다빈

'삶의 경기에서 그녀는 항상 공정하게 경기한다.' - 한효주

'스포츠에서 그녀의 여정은 힘을 주는 이야기다.' - 강수진

'스포츠를 통해 그녀는 자신의 잠재력을 발견한다.' - 송은영

'그녀는 우아하게 경쟁하고, 품위 있게 승리한다.' - 신수지

'그녀의 꿈은 그녀가 마주하는 장애물보다 크다.' - 조수희

'모든 경기에서 그녀는 최선을 다한다.' - 황연주

'그녀의 이마의 땀은 그녀의 헌신의 반짝임이다.' - 정혜선

'그녀의 가장 큰 승리는 다른 사람들에게 꿈을 꾸게 하는 것이다.' - 손화민

'운동은 그녀의 진정을 보여준다.' - 박은별

'필드 위는 그녀의 무대다; 그녀는 찬란하게 빛난다.' - 이유진

'그녀의 힘은 세대를 넘어 영감을 준다.' - 최은경

'모든 발걸음은 평등을 향한 발걸음이다.' - 안소희

'스포츠를 통해 그녀는 자유를 찾는다.' - 이민정

'그녀는 끈기의 정의다.' - 서하림

'코트 위에서 그녀는 저항할 수 없는 힘이다.' - 윤서영

'그녀의 재능은 그녀의 결심과 같다.' - 김선아

'스포츠를 통해 그녀는 멈출 수 없는 존재가 된다.' - 최희연

'그녀는 챔피언이 무엇을 의미하는지 재정의한다.' - 오세연

'그녀의 자신감은 그녀의 나침반이다.' - 장혜진

'그녀는 도전을 기회로 바꾼다.' - 정미영

‘필드 위에서 그녀는 두려움이 없다.’ - 조하나

‘모든 경기는 그녀를 위대함으로 이끄는 단계다.’ - 이소정

‘그녀는 모든 좌절을 다시 일어서는 계기로 삼는다.’ - 한지은

‘그녀의 게임 사랑은 전염성이 있다.’ - 박은서

‘세상은 그녀의 경기를 보기 위해 멈춘다’ - 신미연

‘그녀는 회복력의 전형이다.’ - 서예진

‘그녀의 성취는 모든 여성의 이정표다.’ - 김지연

‘그녀는 단지 운동선수가 아니다; 그녀는 개척자다.’ - 이혜영

‘그녀의 여정은 다른 이들에게 꿈을 추구하도록 영감을 준다.’ - 최정희

‘그녀는 힘이 아름답다는 것을 증명한다.’ - 박소영

‘그녀의 유산은 용기와 끈기로 이루어진다.’ - 장윤미

‘스포츠를 통해 그녀는 자신의 목소리를 찾는다.’ - 신지은

‘그녀의 승리는 모든 여성의 승리다.’ - 전혜선

참고문헌

임번장(1997). 스포츠사회학의 지식체계. 한국스포츠사회학회보, 제10호.

강성민(2013). 영미 스포츠철학과 스포츠윤리학의 동향. 한국체육철학회지, 21(2), 97-113.

강유원(1999). 체육원리. 서울: 태근문화사.

구강본·김상범(2018). 4차 산업혁명에 따른 스포츠계의 대응과제. 한국체육철학회, 26(2), 7-17.

구강본(2012). 프로스포츠구단의 기업윤리와 윤리경영. 한국체육철학회지, 20(3), 145-163.

권욱동(2002). 스포츠를 통한 몸의 주체성 회복. 한국체육철학회지, 10(1), 133-150.

김다애(2016). 하이데거의 근본개념을 바탕으로 한 무용창작작품 「고독한 가운데」에 관한 연구, 미간행 석사학위논문, 이화여자대학교 대학원.

김동규(2002). 체육학에 있어서 인문학 연구의 자생적 패러다임. 움직임의 철학: 한국체육철학회지.

김방출·서재철(2012). Douglas Booth의 근대스포츠역사학 비판과 한국적 시사점. 한국체육학회지, 51(5), 1-15.

김정효(2011). 스포츠 활동에 있어서 주체의 존재론적 의미, 한국체육학회, 50(1), 1-10.

김지영(2023). 포스트휴먼 시대 스포츠의 가치와 지속가능성: 쇼펜하우어의 과학과 형이상학적 관점에서. 한국체육철학회, 31(2), 7-14.

강현희(2024). 스포츠인문학수업. 청소년을 위한 인문학 시리즈.

김홍식(2002). 스포츠 철학 試론. 무지개사.

박보현·한승백·탁민혁(2018). 스포츠사회학. 레인보우북스.

박성주(2013). 스포츠윤리 교육의 내용과 방법. 한국체육학회지, 52(5), 87-94.

박종은(2022). 국어사전에서 보는 체조·체육·스포츠 개념의 변천에 관한 연구. 중앙대학교 교육대학원 석사학위논문.

박지영(2002). 舞踊과 스포츠의 美的 本質 比較. 국내석사학위논문 嶺南大學校 大學院, 경상북도.

손동현(1986). 형이상학적 문제와 존재론적 탐구: 니콜라이 하르트만의 경우. 철학연구, 21, 3-25.

송형석(2023). 우리 스포츠 인문학의 성찰과 비판. 스포츠인류학연구, 18(3), 1-18.

신현규(2012). 스포츠인문학의 르네상스를 위하여. 스포츠인류학연구, 7(1), 87-105.

안진규(2023). 우리 체육사의 성찰과 비판에 관한 연구. 스포츠인류학연구, 18(3), 19-40.

옥광(2024). 체육사. 충북대학교 출판부.

이인호·임영무(2013). 스포츠역사 교육목표 및 내용요소 구성에 대한 연구. 한국체육사학회지, 18(2), 89-104.

이지항(2015). 스포츠에서의 덕 윤리 적용 가능성 연구. 기독교사회윤리, 31, 185-215.

이학준(2008). 장자와 하이데거, 스포츠를 말하다. 북스힐.

이학준(2008). 스포츠콘텐츠와 스포츠인문학의 만남. 한국스포츠인류학회 학술지, 3(2), 1-18.

이학준(2010). 스포츠를 바꾸는 스포츠인문학. 한림대학교출판부.

이학준·권욱동(2018). 스포츠윤리연구의 자기성찰과 새로운 도전. 움직임의 철학: 한국체육철학회지, 26(3), 29-38.

이호근(2010). 존재론적 접근을 통한 도핑문제와 스포츠의 미래. 움직임의 철학: 한국체육철학회지, 18(2), 87-98.

이호근(2006). 체육 인문학 연구의 몇 가지 시도. 한국스포츠인류학회 학술대회, 27-33.

임다연(2022). 한국 스포츠철학의 연구동향 분석:한국체육철학회지를 중심으로, 한국체육철학회, 30(4), 7-33.

임일혁(2004). 태권도 미학의 구성원리에 관한 연구. 국내박사학위논문 용인대학교, 경기도.

장성수(2006). 체육에서의 주체적 신체에 관한 철학적 이해, 한국체육철학회지, 14(4), 95-117.

정민혁(2002). 씨름의 미학적 고찰. 국내석사학위논문 용인대학교, 경기도.

조명렬·노희덕·나영일(1997). 체육사. 형설출판사.

최의창(2010). 스포츠인문학으로서 스포츠문학의 발견: 미국 스포츠문학을 중심으로. 체육과학연구, 21(2), 1194-1211.

최종삼·손수범(2005). 체육사의 이해. 21세기교육사.

하남길·권선옥·김세기(2010). 교양 체육 강좌. 경상대학교출판부.

한국체육학회(2023). 체육사. 대한미디어.

함정혜·최진선(2017). 스포츠윤리의 연구동향과 과제. 움직임의 철학: 한국체육철학회지, 25(3), 79-97.

황정현(2016). 스포츠의 미적 가능성. 움직임의 철학: 한국체육철학회지, 24(4), 87-106.

Adorno, T. W.(1991). *The Culture Industry: Selected Essays on Mass Culture.* Routledge.

Allison, L.(2000). Sport and Nationalism. *West European Politics, 23*(4), 195-208.

Anderson, E.(2009). *Inclusive Masculinity: The Changing Nature of Masculinities.*

Routledge.

Andrews, D. L.(2006). *Sport- Commerce- Culture: Essays on Sport in Late Capitalist America*. Peter Lang.

Arnold, P. J.(1990). Sport, the Aesthetic and Art: Further Thoughts. *British Journal of Educational Studies, 38*(2), 160-179.

Arnold, P. J.(1994). *Sport, Ethics, and Education*. Cassell.

Arnold, P. J.(1999). Sport, Ethics, and Philosophy. *Journal of the Philosophy of Sport*, 26(1), 1-12.

Bairner, A.(2001). *Sport, Nationalism, and Globalization: European and North American Perspectives*. SUNY Press.

Baker, W. J.(1993). *Sports in the Western World*. University of Illinois Press.

Bale, J.(2003). *Sports Geography*. Routledge.

Barney, R. K., Wenn, S. R., & Martyn, S. G.(2002). *Selling the Five Rings: The International Olympic Committee and the Rise of Olympic Commercialism*. University of Utah Press.

Baudrillard, J.(1994). *Simulacra and Simulation*. University of Michigan Press.

Beacom, A.(2000). *Sport in International Development*. Human Kinetics.

Best, D.(1978). *Philosophy and Human Movement*. Allen & Unwin.

Billig, M.(1995). *Banal Nationalism*. SAGE Publications.

Birley, D.(1993). *Sport and the Making of Britain*. Manchester University Press.

Black, D., & Peacock, B.(2013). *Sport and Diplomacy*. Routledge.

Booth, D.(2005). *The Field: Truth and Fiction in Sport History*. Routledge.

Brake, D. L.(2010). *Getting in the Game: Title IX and the Women's Sports Revolution*. NYU Press.

Bredemeier, B. J., & Shields, D. L.(1986). Athletic Aggression: An Issue of Contextual Morality. *Sociology of Sport Journal*, 3(1), 15- 28.

Caillois, R.(1958). *Man, Play and Games*. University of Illinois Press.

Cashmore, E.(2005). *Making Sense of Sports*. Routledge.

Caulfield, M.(1978). *The Tournament: The Medieval Sport of Knights and Nobles*. Weidenfeld & Nicolson.

Chalip, L.(1996). Critical Policy Analysis: The Illustrative Case of New Zealand Sport Policy Development. *International Review for the Sociology of Sport, 31*(3), 313-334.

Coakley, J.(2009). *Sports in Society: Issues and Controversies*. McGraw- Hill.

Coakley, J.(2011). Youth Sports: What Counts as "Positive Development"? *Journal of Sport and Social Issues, 35*(3), 306- 324.

Coalter, F.(2007). *A Wider Social Role for Sport: Who's Keeping the Score?* Routledge.

Collins, H.(2010). *Tacit and Explicit Knowledge*. University of Chicago Press.

Coubertin, P.(2000). *Olympism: Selected Writings*. International Olympic Committee.

Cunningham, G. B.(2015). *Diversity and Inclusion in Sport Organizations: A Multilevel Perspective*. Routledge.

Dalen, V. B., & Bennett, B. L.(1970). *A World History of Physical Education: Cultural, Philosophical, Comparative*. Prentice- Hall.

Davis, L. R.(1990). *African American Athletes and Society*. University of Michigan Press.

Dewey, J.(1916). *Democracy and Education*. Macmillan.

Dunning, E.(1999). *Sport Matters: Sociological Studies of Sport, Violence, and Civilization*. Routledge.

Durkheim, E.(1912). *The Elementary Forms of Religious Life*. Allen & Unwin.

Eby, F., & Arrowood, C. F.(1940). *The Development of Modern Education*. Prentice- Hall.

Edwards, A.(2013). *Sport, Nationalism, and Globalization: European and North American Perspectives*. SUNY Press.

Eitzen, D. S., & Sage, G. H.(2003). *Sociology of North American Sport*. McGraw-Hill.

Featherstone, M.(1991). *Consumer Culture and Postmodernism*. Sage.

Findling, J. E., & Pelle, K. D.(2004). *Encyclopedia of the Modern Olympic Movement*. Greenwood Press.

Finley, M. I., & Pleket, H. W.(1976). *The Olympic Games: The First Thousand*

Years. Chatto & Windus.

Galtung, J.(1996). *Peace by Peaceful Means: Peace and Conflict, Development and Civilization*. SAGE Publications.

Gardiner, E. N.(1930). *Greek Athletic Sports and Festivals*. Macmillan.

Gardiner, E. N.(1971). *Athletics of the Ancient World*. Oxford University Press.

Geertz, C.(1973). The interpretation of cultures. Basic Books.

Giddens, A.(1991). *Modernity and Self- Identity: Self and Society in the Late Modern Age*. Stanford University Press.

Giulianotti, R.(2005). *Sport: A Critical Sociology*. Polity Press.

Golden, M.(1998). *Sport and Society in Ancient Greece*. Cambridge University Press.

Goldstein, J. H.(1983). *Sports Violence*. Springer- Verlag.

Green, M.(2008). *Sport Development: Systems, Policies and Pathways*. Routledge.

Green, M., & Houlihan, B.(2005). *Elite Sport Development: Policy Learning and Political Priorities*. Routledge.

Griffith, T.(2017). *Ping- Pong Diplomacy: The Secret History Behind the Game that Changed the World*. Scribner.

Grix, J.(2014). *Sport Politics: An Introduction*. Palgrave Macmillan.

Grix, J., & Houlihan, B.(2014). *Sport Politics: An Introduction. Palgrave Macmillan.*

Gruneau, R.(1983). *Class, Sports, and Social Development*. University of Massachusetts Press.

Gumbrecht, H. U.(2006). *In Praise of Athletic Beauty*. Harvard University Press.

Guttmann, A.(1978). *From Ritual to Record: The Nature of Modern Sports*. Columbia University Press.

Guttmann, A.(1992). *The Olympics: A History of the Modern Games*. University of Illinois Press.

Guttmann, A.(2002). *The Olympics: A History of the Modern Games(2nd ed.)*. University of Illinois Press.

Hargreaves, J.(1994). *Sporting Females: Critical Issues in the History and Sociology of Women's Sport*. Routledge.

Hartmann, D.(2003). *Race, Culture, and the Revolt of the Black Athlete: The 1968 Olympic Protests and Their Aftermath*. University of Chicago Press.

Harvey, D.(1990). *The Condition of Postmodernity*. Blackwell.

Hoberman, J.(1997). *Darwin's Athletes: How Sport Has Damaged Black America and Preserved the Myth of Race*. Houghton Mifflin.

Hobsbawm, E.(1990). *Nations and Nationalism since 1780: Programme, Myth, Reality*. Cambridge University Press.

Hobsbawm, E. J.(1990). *Nations and Nationalism since 1780: Programme, Myth, Reality*. Cambridge University Press.

Holt, R.(1989). *Sport and Society in Modern France*. Macmillan Education.

Horne, J., & Manzenreiter, W.(2006). Sports, globalization, and national identities. Routledge.

Houlihan, B.(1997). *Sport, Policy and Politics: A Comparative Analysis*. Routledge.

Huizinga, J.(1955). *Homo Ludens: A Study of the Play- Element in Culture*. Beacon Press.

Hutchins, B., & Rowe, D.(2012). *Sport Beyond Television: The Internet, Digital Media and the Rise of Networked Media Sport*. Routledge.

IOC(2019). *Olympic Charter*. International Olympic Committee.

Jarvie, G.(2006). *Sport, Culture and Society*: An Introduction. Routledge.

Kauer, K., & Krane, V.(2013). Sexual Orientation in Sport: A Critical Review of the Literature. *International Journal of Sport and Exercise Psychology, 11*(3), 272-296.

Keating, J.(1964). Sport and the moral dimension. Journal of Physical Education.

Kim, Y.(2019). The Role of Sport in Peace- Building on the Korean Peninsula. *Journal of Peace and Sport*, 7(1), 45-62.

Knight, J. L., & Giuliano, T. A.(2001). He's a Laker; She's a "Looker": The Consequences of Gender- Stereotypical Portrayals of Male and Female Athletes by the Print Media. *Sex Roles, 45*(3- 4), 217- 229.

Kraus, R.(2001). *Sports and Society: A Global Approach*. Prentice Hall.

Kreft, L.(2012). Sport as a Drama. *Journal of the Philosophy of Sport, 39*(2),

219-234.
Kretchmar, R. S.(2005). *Practical Philosophy of Sport and Physical Activity.* Human Kinetics.
Krüger, A., & Murray, W. J.(2003). *The Nazi Olympics: Sport, Politics, and Appeasement in the 1930s*. University of Illinois Press.
Kyle, D. G.(2007). *Sport and Spectacle in the Ancient World.* Blackwell Publishing.
Langer, S. K.(1953). *Feeling and Form: A Theory of Art.* Scribner.
Lenski, G.(2000). *The Religious Factor: A Sociological Study of Religion's Impact on Politics, Economics, and Family Life.* Anchor Books.
Lindberg, D. C.(2007). The Beginnings of Western Science. University of Chicago Press.
Lowerson, J.(2007). Sport and the Victorian Sunday: the Beginning of Middle-class Apostasy. *The International Journal of the History of Sport, 1(2)*, 202-220.
MacAloon, J. J.(1981). *This Great Symbol: Pierre de Coubertin and the Origins of the Modern Olympic Games*. University of Chicago Press.
Maguire, J.(1999). *Global Sport: Identities, Societies, Civilizations*. Polity Press.
Maguire, J.(2011). *Sport and Globalization: A Sociological Perspective*. Routledge.
Mangan, J. A.(1981). Athleticism in the Victorian and Edwardian Public School. Cambridge University Press.
Mangan, J. A., & Jinxia, D.(2008). *The Politics of Global Sports*. Routledge.
Manheim, J. B.(1990). Rites of Passage: The 1988 Seoul Olympics as Public Diplomacy. *The Western Political Quarterly, 43*(2), 279-295.
Markovits, A. S., & Hellerman, S. L.(2001). *Offside: Soccer and American Exceptionalism*. Princeton University Press.
McChesney, R. W.(1989). *Media Made Sport: A History of Sports Coverage in the United States*. Monthly Review Press.
McDonald, M. G.(2010). The New Black Athlete: Race and Media Representation in the Age of Globalization. *Journal of Sport and Social Issues, 34*(2), 131-152.

McFee, G.(2004). *Sport, Rules, and Values: Philosophical Investigations into the Nature of Sport*. Routledge.

McIntosh, P.(1979). *Fair Play: Ethics in Sport and Education*. Heinemann.

Mechikoff, R. A.(2006). *A History and Philosophy of Sport and Physical Education: From Ancient Civilizations to the Modern World*. Mcgraw- Hill.

Merleau- Ponty, M.(1962). *Phenomenology of Perception*. Routledge & Kegan Paul.

Messner, M. A.(2002). *Taking the Field: Women, Men, and Sports*. University of Minnesota Press.

Messner, M. A., & Cooky, C.(2010). *Gender in Televised Sports: News and Highlights Shows, 1989- 2009*. Center for Feminist Research, University of Southern California.

Miller, D.(2003). *The Official History of the Olympic Games and the IOC*. Mainstream Publishing.

Miller, D.(2003). *Olympic Revolution: The Olympic Biography of Juan Antonio Samaranch*. Pavilion Books.

Miller, S. G.(2004). *Ancient Greek Athletics*. Yale University Press.

Morgan, W. J.(2006). *Why Sports Morally* Matter. Routledge.

Morgan, W. J.(2007). Ethics in sport: The role of technology in competition. Journal of Sport and Technology.

Murray, R.(1996). *The Middle Ages: Everyday Life in Medieval Europe*. Crown Publishers.

Murray, S.(2012). The Two Halves of Sports- Diplomacy. *Diplomacy & Statecraft, 23*(3), 576-592.

Nietzsche, F.(1883). *Thus Spoke Zarathustra*.

Ok, G. & Park, K.(2014). Cultural Evolution and Ideology in Korean Soccer: Sport and Nationalism. *The International Journal of the History of Sport, 31*, 363-375.

Pedersen, P. M., Laucella, P. C., Kian, E. T., & Guerin, A. N.(2017). *Strategic Sport Communication*. Human Kinetics.

Polanyi, M.(1966). *The Tacit Dimension*. Doubleday.

Preuss, H.(2004). *The Economics of Staging the Olympics: A Comparison of the Games, 1972- 2008*. Edward Elgar Publishing.

Rader, B. G.(1984). *In Its Own Image: How Television Has Transformed Sports*. The Free Press.

Reiche, D.(2014). Investing in Sporting Success as a Domestic and Foreign Policy Tool: The Case of Qatar. *International Journal of Sport Policy and Politics, 6*(3), 489-504.

Rhoads, R. A.(2009). *African American Men in College*. Jossey- Bass.

Rice, E. A.(1969). *A History of Physical Education*. Ronald Press.

Robinson, J.(1995). *I Never Had It Made: An Autobiography of Jackie Robinson*. HarperCollins.

Roche, M.(2000). *Mega- Events and Modernity: Olympics and Expos in the Growth of Global Culture*. Routledge.

Rousseau, J.- J.(1762). Emile, or On Education.

Rudd, A.(2005). Which "Character" Should Sport Develop?. *Physical Educator, 62*(4), 205-211.

Sage, G. H.(1998). *Power and Ideology in American Sport: A Critical Perspective*. Human Kinetics.

Schön, D. A.(1983). *The Reflective Practitioner: How Professionals Think in Action*. Basic Books.

Shields, D. L., & Bredemeier, B. L.(1995). *Character Development and Physical Activity*. Human Kinetics.

Silk, M., & Andrews, D. L.(2011). *Sport and Neoliberalism: Politics, Consumption, and Culture*. Temple University Press.

Simon, R. L.(2004). *Fair Play: The Ethics of Sport*. Westview Press.

Sinn, U.(2000). *Greek Sanctuaries and Temple Architecture*. Yale University Press.

Smith, M. D.(1983). *Violence and Sport*. Butterworths.

Spencer, B.(1896). Report on the Work of the Horn Sceintific Expedition to Central Australia, No. 1.

Suits, B.(1978). *The Grasshopper: Games, Life and Utopia*. University of Toronto Press.

Swaddling, J.(1999). *The Ancient Olympic Games*. University of Texas Press.

Tomlinson, A., & Young, C.(2006). *National Identity and Global Sports Events*. SUNY Press.

Toohey, K., & Veal, A. J.(2007). *The Olympic Games: A Social Science Perspective*. CABI Publishing.

Vallerand, R. J., Deshaies, P., & Cuerrier, J. P.(1996). On the Effects of the Social Context on Behavioral Intentions of Sportsmanship. *International Journal of Sport Psychology*, 27, 182-203.

Vallerand, R. J., Deshaies, P., & Cuerrier, J. P.(2008). On the Effects of the Social Context on Behavioral Intentions of Sportsmanship. International Journal of Sport Psychology, 39(2), 198-215.

Waddington, I.(2000). *Sport, Health and Drugs: A Critical Sociological Perspective*. E & FN Spon.

Wenner, L. A.(1998). *MediaSport*. Routledge.

Whannel, G.(2002). *Media Sport Stars: Masculinities and Moralities*. Routledge.

World Anti- Doping Agency(2019). *World Anti- Doping Code*. World Anti- Doping Agency.

Young, D. C.(1984). *The Olympic Myth of Greek Amateur Athletics*. Ares Publishers.

Young, D. C.(1996). The Modern Olympics: A Struggle for Revival. Johns Hopkins University Press.

Zimbalist, A.(2015). *Circus Maximus: The Economic Gamble Behind Hosting the Olympics and the World Cup*. Brookings Institution Press.

찾아보기

저자소개

• **옥광**

경상국립대학교 체육교육과 졸업(학사)

영국 University of Strathclyde 졸업(석사·박사)

• **현재**

충북대학교 체육교육과 교수, 평생교육원 원장

영국 University of Brighton 객원교수

Asia Journal of Sport and Culture 편집위원

Cogent Social Science 편집위원

한국체육교육학회 회장

한국체육학회 부회장, 편집위원

한국체육사학회 부회장

한국골프학회 부회장

대한무도학회 학술이사

• **저서**

영국 스포츠의 사회사 외 32편

• **논문**

The Legacy of Sports Nationalism in South Korean Sport, IJHS.

Sport and Body Cultures in East and Southeast Asia, IJHS. 외 104편

• **학술발표**

A Catalyst for Korean Modern Transformation & Globalization: The Significance of the 88'

Seoul Olympics, ISSA, ISSA 5th World Congress, July 2008 외 102편

스포츠인문학

저 자 : 옥 광
발 행 처 : 충북대학교 출판부
발 행 인 : 고 창 섭
주 소 : 28644 충북 청주시 서원구 충대로 1
전 화 : (043) 261-2952, 3014
팩 스 : (043) 274-1256
이 메 일 : presscbu@chungbuk.ac.kr
등 록 : 제1983-2001-7호
초 판 1 쇄 : 2025. 2. 28.
인 쇄 처 : 삼성디자인기획 042)221-3111

ISBN 978-89-7295-567-2 93960

값 16,000원

* 이 저서는 2024학년도 충북대학교 국립대학 육성사업에 의하여 지원 발간되었음.